第 2 版

ウォーミングアップ法学

Warming Up
for Legal Studies

石山文彦
山本紘之
堀川信一

ISHIYAMA Fumihiko, YAMAMOTO Hiroyuki, HORIKAWA Shinichi

ナカニシヤ出版

第 2 版の刊行にあたって

　本書を刊行して、すでに 10 年になる。その間に、本書を利用している学生や教員の方々からさまざまな要望や意見が寄せられた。また 2017 年には「民法の一部を改正する法律」が成立し、2020 年 4 月 1 から施行されており、民法に関する説明を大幅に見直す必要が生じた。そこで、本書刊行 10 年を機に第 2 版を刊行することとした。

　第 2 版では、初版の記述を見直し、よりわかりやすく、より簡潔にする努力をした。また第 2 版では、法学検定試験委員会の転載許諾を得て、実力確認問題として法学検定［ベーシック］の問題も新たに取り入れた。ぜひ各 Part を学び終えたのち、腕試しに活用してほしい。

　最後になったが、ナカニシヤ出版編集部の酒井敏行氏には、この本を世に出すにあたり、企画の段階からたいへんお世話になったが、今回の改版にあたっても、引き続き、校正、索引作成に至るまで、たいへんお世話になった。執筆者を代表し、ここに記して、深く感謝の意を表するしだいである。なお、本書の内容は大東文化大学法学部法律学科において長年実践されてきた導入教育がもとになっている。第 2 版から執筆を退いた先生もおられるが、これらの先生方の知見は第 2 版でも活かされていることも付言し、感謝を申し上げたい。

2021 年 3 月

編 者 一 同

本書の使い方

　本書は、法の個別の分野の解説本やハウツー本ではなく、日本の法制度全般について学ぶための「入門の入門」書である。これから大学や法科大学院で、法学を専門的に学ぼうとする人にとっては、本格的な勉強に入る前の「準備運動」として、また、法について専門的に深く学ぶわけではないが、個別の法制度について断片的な知識を得るのではなく、日本の法制度全般について知りたいと考えている人にとっても、その第一歩として、本書はきっと役に立つであろう。

本書の特徴

　本書の特徴は、はじめて法学の世界に足をふみ入れる読者のために、内容の面でも記述の面でも、通常の法学の入門書よりもさらに強く入門的性格をもたせたところにある。

　まず記述についていえば、きわめて平易な解説となるよう心がけた。そのため、学問的に見れば、かならずしも厳密とはいえない記述となっているところも、たくさん存在する。「準備運動」の段階では、例外的事例の存在などといった、細かな枝葉の問題に気をとられるのではなく、大まかなイメージをもつことが重要だからである。

＊参照に関する表記

　本書のなかで、相互に参照可能な事項については、以下の例のように、本文や注のなかでそれを示してある。索引とあわせて、これを積極的に利用して、理解を深めるようにしよう。

　（例）（☞ 2-3-2）……「2-3-2.　裁判員制度」を参照、という意味。

　取り上げた事項の面では、**Part 2** に、本書の特徴が大きく現れている。本書全体の構成について説明する前に、まず次に、法を学ぶ際に重要なポイントとあわせて、**Part 2** についてやや詳しく説明しよう。

（1）法の世界における言葉づかいに気をつけよう

（☞ 9 〜11「わかりにくい法律用語・表現」）

　法について学ぶ際に、つまずきの原因となりやすいものの 1 つが、法の世界における言葉づかいの特殊性である（これはまた、一般の人びとを、法から遠ざけている原因の 1 つでもある）。本書では、法の世界で用いられる<u>独特の用語だけでなく、日常用語と共通していても、意味が微妙に異なっていたり、意味をイメージしにくかったりする言葉</u>についても、その解説を載せている（ただし、本書で取り上げることができたのは、代表的なものに限られる。それ以外の法律用語については、『基礎からわかる法令用語』［学陽書房］、『新法令用語の常識』［日本評論社］、『似たもの法律用語のちがい』［法曹会］などの参考書を参照してほしい）。この部分は、順番どおりに読んでいってもよいし、ほかの箇所を読んでいるときに、適宜、参照するというかたちで読んでもよいだろう。

　法の世界で使われる言葉には、<u>難しい漢字で書かれたカタイもの</u>もたくさんある。大学生以上であれば、こうした漢字の読み書きができることも、法学を学んだ成果として求められる。

（2）条文を必ず参照しよう （☞ 8「条文の読み方と構造」）

　法について学ぶ際、法律の<u>条文を参照する</u>ことは必須の作業である。法制度がどうなっているのかを知る、第 1 の手がかりが、法律の条文だからである。しかし、本書を含め、多くの法律書では、記述に際して、たんに条文番号を示すだけで、条文そのものを丸ごと載せていることはほとんどない。これは、条文を見なくても法について学ぶことができるということでは、けっしてない。各自が<u>指示された条文をそのつど参照</u>しながら、その条文を「解釈」したものとして、本の記述を理解することが求められているのである。

① 「六法」を用意しよう

　条文を参照するには、まず法令集を用意しなければならない。大学や法科大学院で法律を学ぶ学生は、授業の際も自習の際も、当然のこととして、「六法」と呼ばれる法令集を、かならず手元に置いていることが求められる。「六法」を持参せずに授業に出ている学生は、法について本気で学ぶ意志がないとみなされても仕方ない。

　「六法」には、大型のものから小型のものまであるが、初学者には小型のもの（『ポケット六法』［有斐閣］、『デイリー六法』［三省堂］、など）で十分である。「六法」は基本的に毎年改訂されるが、いつも最新の版を参照する必要がある。

　本書を読み進めるにあたっても、本書を「卒業」し、さらに詳しく法について学んでいこうという場合にも、条文が示されている箇所で、その条文を参照することが必要なのはいうまでもない。もっとも、本書自体は、「六法」の用意がなくても、何とか理解可能なように記述されている（ただし一部の練習問題については、解答にあたり「六法」が必要である）。また本書では、条文を引用する際に、原文にルビや下線、用語の意味説明を付け加えていることがある。

　また、書籍としての「六法」ではなく、総務省行政管理局の e-Gov 法令検索（https://elaws.e-gov.go.jp/search/elawsSearch/elaws_search/lsg0100/）などのホームページでも、条文を参照することはできる。ただし、一度に参照すべき条文が多くなると、ホームページでは作業が煩雑になってしまうので、「六法」のほうが便利である。

② 「六法」で条文を探してみよう

　それでは、説明文のなかで言及されている条文は、具体的に法律のどこの部分のことを指しているのだろうか。

　条文の具体的な箇所を指し示すときには、「○条○項」「○条○号」だとか、「本文」「前段」だとかの言い方が使われる。これらがどこを指しているのかわからないと、せっかく「六法」を用意しても、肝心の条文にたどりつくことはできない。

　本書では、8（「条文の読み方と構造」）で、この点を詳しく説明している。

条文を参照する前に、この部分の解説を読み、<u>条文の指示のしかたを理解し</u><u>よう</u>。この点の理解ができていなければ、条文を参照することができず、そうなると、法についてしっかりと学ぶこともできないのである。

本書の各部分の概要と使い方

目次を見てみよう。本書は「はじめに」のあとに、5つの Part が続き、最後に付録がつけられている。

「はじめに」：法が、われわれの日常生活との関連で、どのようなはたらきをしているのかを説明したものである。一読しただけでは、すべてを理解できないかもしれないが、気にすることはない。本書を「卒業」するときに、もう一度読んでみよう。きっと、よく理解できるようになっているであろう。

Part 1：5つの Part のうち、**Part 3** から **Part 5** までは、日本の法制度のうち、最も基本的な法である憲法・民法・刑法の概要を、ごく簡潔に説明した部分である。ここから読みはじめたいと思う人がいるであろうが、ここの説明を十分に理解するためにも、<u>まず Part 1 をひととおり読もう</u>。Part 1 では、個別の法分野について学ぶ前に、知っておくべきことが説明されている。通常の法学の入門書と重なる部分も多いが、簡潔で平易な説明がなされている。ほとんどの場合、<u>解説のあとに 2 種類の練習問題がつけられているので</u>、積極的に利用しよう。「確認問題」は、解説が理解できたかどうか、自分でチェックするための簡単なものだが、「発展問題」は、記述式を基本とし、解説を適宜まとめたりする作業が要求される。

なお、**Part 1** の最後に、「実力診断問題」が用意されている。これは「法学検定」に出題された実際の試験問題である。**Part 1** を学び終えたら、ぜひチャレンジして欲しい。

Part 2：これについては、すでに説明したとおりである。

Part 3 から Part 5 まで：憲法・民法・刑法という、最も基本的な法の概要を、ごく簡潔に説明した部分である。それぞれの Part ごとに、独立したものとして読むことができる。ここでも、ほとんどの場合、解説のあとに練習問題がつけられている。また、**Part 1** 同様、「実力診断問題」も用意されている。自習に役立てよう。

「**付録 1．法律学習に役立つ略語一覧**」：法について学んでいくと、多くの略語や省略表記に出会うことになる。それらの一部は、本書でも使われている。たとえば、裁判所の判決を指し示すとき、次のような表記が使われる（本書でもこれにならっている）。

― 判例に関する表記 ―

（例）最大判昭和 44 年 12 月 5 日……最高裁判所大法廷判決昭和 44 年 12 月 5 日、という意味。

こうした表記や略語には、本書を「卒業」して、さらに法について詳しく学ぼうとすれば、まずまちがいなく出会うことになるだろう。「**付録 1．法律学習に役立つ略語一覧**」では、それらの略語について、その元のかたちを示している。必要に応じて参照してほしい。

「**付録 2．大学での試験とその取り組み方**」：法学部における試験においては、「〜について論じなさい。」といった小論文式の問題も多く見られる。本書で専門用語を身につけたあとは、それを用いて小論文式の答案も作成できるようになることが必要である。手紙の書き方に「型」があるのと同じように、法学部の試験における小論文型問題にも、一定の「型」がある。「**付録 2．大学での試験とその取り組み方**」では、試験問題のモデルケースを用いながら、小論文式の答案の型を示している。本書で基礎的な知識を身につけたら、ここを読んで、その使い方も身につけてほしい。

以上、法を学ぶ際に重要となるポイントとあわせて、本書の概要と使い方

を説明した。本書が読者にとって、日本の法制度の全体的イメージを得るための第一歩となることを、執筆者一同、心より願っている。

2021 年 3 月

編 者 一 同

目　次

Part 2　法律の読み方

Part 3　憲法

Part 4　民法

Part 5　刑法

― コラム ―

0. はじめに——日常生活と法

0-1 「ふだんの法」はコワクない
0-2 「いざというときの法」はコワイ顔を見せる
0-3 法はみずからの「コワサ」をコントロールする

　法は、人びとの日常生活と、どのように関わっているのだろうか。

　法が日常生活とは縁遠い存在だという印象をもつ人は多いだろう。それどころか、「法の常識は社会の非常識」といわれることもあるように、たとえば裁判の場で極悪非道の犯罪者の肩をもつような発言をする弁護士を見たりすると、法律の専門家はどこかおかしいのではないかと感じてしまうのも、ごく自然なことかもしれない（しかも、弁護人を依頼する権利は、国の最高法規である日本国憲法によって保障されているのである）。

　このような印象がもたれるのには、それなりの理由がある。しかし、法に対するこうしたイメージは、一面的なものである。法は、日常生活とまったく別の世界の存在ではなく、むしろ日常生活のなかにこそ存在している。以下では、法が人びとに対して何を行っているのか、したがって、法を学ぶこととは何を学ぶことなのかを述べることにより、法が日常生活と切り離せない存在であることを示し、あわせて、法に対する上記のイメージが生まれる原因の1つを述べることにしよう。これを一読すれば、安心して法の世界に足をふみ入れることができるだろう。

0-1. 「ふだんの法」はコワクない

　「法」という言葉で連想されるのは、何だろうか。事件や事故、裁判、有罪、泥沼の離婚、慰謝料、骨肉の相続争い、などといった言葉が思い浮かぶかもしれない。これらはたしかに、通常の生活ではめったに経験しないものだし、

経験したくないものでもある。「自分は法律のお世話になんかなったことは
ないし、これからもそんなコワイもののお世話にはなりたくない」と思って
いる人は、多いかもしれない。

　しかし法とは、このように事件や事故などの問題や争いごとがあったとき
にだけ存在するものではない。このような問題の生じていない、<u>最も身近な
生活の場面でも、法はいたるところに存在している</u>。次の例を考えてみよう。

例①
A君は昨日、電車で大学に行き、コンビニ弁当を買って昼食をとり、DVD
をレンタルした。

　この例でA君は、3つの事柄について、それぞれ契約を締結し、契約上の
義務を果たしている。鉄道会社とのあいだでは運送契約を、コンビニエンス
ストアとのあいだでは売買契約（☞22-2-3の（3））を、そしてレンタルショ
ップとのあいだでは賃貸借契約（☞22-2-3の（3））を結び、それらの契約上
の義務（「債務」と呼ばれる）として、運賃や代金を支払ったのである。ほと
んどの人は、これらのことを、契約の締結や契約上の義務の履行^{りこう}だと意識し
てはいないだろうが、それでもA君は、契約という法制度を利用したのであ
る。

　このように、日常のごくありふれた事柄も、実は法の世界のなかで展開さ
れており、ただそのとき、<u>人びとが法の存在を意識していないだけ</u>なのであ
る。これは、空気（酸素）で満たされている空間のなかで人間が生きている
のと似ている。日常生活のなかに、すでに法は存在している。そのような法
を、「**ふだんの法**」と呼ぶことにしよう。人びとは、ふだんの法が何であるか
を知らなくとも、だいたいにおいて法に従い、法を使うことができる。それ
はちょうど、酸素がなぜ人間の生命にとって必要不可欠であるかを知らなく
ても、人が生きていけるのと同じことである。

　<u>法を学ぶことは、第1に、このような「ふだんの法」が何であるのかを学
ぶことである</u>。「ふだんの法」とは、人びとがそれと知らなくても、だいたい
において従っているルールなのだから、人びとが実際にとっている行動、あ
るいは人びとが実際に従っている常識的なルールを、法のめがねで見て、法

の言葉で表現すれば、それが「ふだんの法」ということになる。それはちょうど、酸素がどのように人間の生命に役立っているかを、科学の言葉で説明するのと同じである。

　したがって、「ふだんの法」の内容は「社会の非常識」ではなく、むしろ常識にほぼ合致したものである。

＝ コラム 1 ＝

子どもの結んだ売買契約の効力は？

　通常の大人が、他人から何かを買うと約束した場合、その物を相手から受け取る権利と同時に、代金を支払う義務が生じ、約束した以上、常識的に見て、一方的にそれを反故にする（なかったことにする）ことはできないはずである。では、同じことを、子どもがした場合はどうだろうか。この点に関する日本の法制度の概要は、次のように表現できる（☞ 18-1-2 の（2）（3））。

①「契約をした者が意思能力を欠いていた場合、その契約は無効である」
②「未成年者が親権者の同意を得ずに結んだ契約は取り消すことができる」
③「ただし、親権者が処分を許した財産の処分については、親権者の同意がなかったとしても契約を取り消すことができない」

　これらの法のルールは、「意思能力」「行為能力」「契約自由の原則」「法律行為」「意思表示」「未成年者」「法定代理人」「親権者」「無効」「取消し」などの概念（法の言葉）を使って組み立てられており、それらの意味を知らなければ、法がどのような論理で何を述べているのかは理解できない。

　しかし、こうした法のルールが人びとに求めていることは、結局のところ、以下のような常識に、ほぼ合致している。まず、子どもといっても、幼児から 10 代後半の高校生までさまざまだし、売買される物も、高価なものから安価なものまでさまざまだということをおさえておこう。

①かりに、ある幼児が、相手から「買いますか」と問われて「うん」と答えたとしても、そもそも買うとはどういうことか理解できていないだろうから、これで約束をしたとはいえない。
②高校生であっても、不動産や宝石のような高価な物の売買の場合、大人と同様に「はい、買います」と答えた以上はその約束に縛られるということになれば、悪賢い者から簡単にお金を巻き上げられてしまうだろう。だから、このような場合には、本人や親が、あとからその約束をなかったことにしてもよい。

3

③しかし他方で、10歳前後の子どもが親からもらった小遣いでゲームソフトを買う場合は、大人と同じ扱いでよいだろうし、そうでないと（約束をあとで反故にされてしまうおそれがあると、店が物を売ってくれなくなるので）不便だろう。

以上のように、法を学ぶことは、第1に、「ふだんの法」が何であるかを学ぶことであり、それはだいたいにおいて、人びとが実際に従っている常識的なルールを、法の言葉で表現することである。「ふだんの法」は、その存在が気づかれることも少ない。人びとに対して積極的にはたらきかけてくるわけではない。したがって、「ふだんの法」はとくにコワイものではないのである。

0-2.「いざというときの法」はコワイ顔を見せる

ここまで見たように、人びとは、法の内容を知らなくても、だいたいは法に従っているし、また、法を使ってもいる。日常生活で何も問題が生じていなければ、人びとは、自分が法のお世話になっていることを、ほとんど意識していない。しかし次の例のようなことが生ずれば、当事者は法の存在を意識するだろう。

例②③④

②B氏がスーパーで買った「国産肉」が、実は輸入品だったと判明したが、スーパー側は、その肉をすでに食べてしまった場合は代金を返却しないといっており、B氏はこれに納得がいかない。
③レストランCが客に提供した料理の食材に、有毒物質が混入していたことが判明した。Cは、その食材が欠陥商品であることをまったく知らずに仕入れていたので、落ち度はないと考えていたが、営業停止処分を受けてしまった。
④繁華街で通り魔殺人事件が発生し、容疑者としてDが逮捕された。

このように、事件や事故、争いが生じてはじめて、ふだんは気づかれることのなかった法が、姿を現してくる。人びとが法だと意識するものは、ほと

んどがこのような場面ではたらく法である。これを「**いざというときの法**」と呼ぶことにしよう。

「いざというときの法」は、「国産肉」の代金の返却をスーパーに命じたり（例②の場合）、料理店に営業停止を命じたり（例③の場合）、犯罪を行った者に刑罰を科したり（例④の場合）といった、さまざまな<u>不利益を課す</u>ことが多い。しかも法は、これらの不利益を、それを課された者の納得が得られなくても課し、<u>最終的には国家の力で強制的に実現する</u>仕組みを整えている。これが、法の見せるコワイ顔なのである。人びとが法をコワイものと感じるのは、人びとには「いざというときの法」しか意識されないからである。

さて、<u>法を学ぶことは、第2に、この「いざというときの法」が何であるかを学ぶことである</u>。「いざというときの法」は、人びとに対して、「ふだんの法」を守るように求め、場合によっては、「ふだんの法」を守らない者に対して不利益を課すが、このとき、<u>「ふだんの法」の存在が前提</u>となっており、「いざというときの法」は、いわばその延長線上にある。「ふだんの法」と「いざというときの法」は別々のものではなく、両者は一体である。したがって、「いざというときの法」の内容は、その大枠において、社会の常識と合致するはずである。

しかし、「いざというときの法」の内容のすべてを、社会の常識によって確定させることができるわけではなく、判断の難しい事柄も多い。次の例を見てみよう。

> **例⑤**
> E氏が、F氏と口論の末、Fの顔を平手でたたいたところ、Fは顔には何ら傷を負わなかったものの、外見からは知ることのできない脳の持病のために、たたかれた衝撃で脳組織が破壊されて、数日後に死亡してしまった。

この場合、Fの遺族からすれば、Eの行為がなければFは死ななかったのだから、Eに対してFの死に関する損害賠償を求めるのは当然だし、Eが殺人罪に問われるのも当然と思えるかもしれない。他方、Eの側からすれば、Fをたたいたことによって通常生ずるような結果については責任があるとしても、通常では予想できないような結果についてまで責任を負わせられるの

〈加害者の責任はどこまで？〉

は、納得いかないだろう。何らかの損害賠償や刑罰が必要だとしても、どれ
だけの賠償やどれだけの刑罰が適切なのかは、簡単に答えることができない。

　もう1つ、例を挙げよう。

例⑥

　G氏は、美術商のH氏に、高価な絵画を手配して入手するよう注文し、代
金を支払った。Hは、別の画商からその絵画を購入し、Gに届けるまで倉
庫に保管した。ところが、巨大地震が発生してその倉庫が火災になり、絵
画が焼失してしまった。Gは、Hに支払った代金の返却を求めているが、
Hは拒んでいる。

〈誰にも落ち度がないのに……〉

　この場合、Gは注文した絵画が入手できないのに、代金が戻ってこないのは理不尽だと思うだろう。他方、Hは、Gに代金を返却してしまったら、画商に支払った絵画の購入代金の分だけ損失を被ることになり、自分に落ち度がないのにそのような損失を負わされるのは、納得できないだろう。ここでは例⑤の場合と異なり、どちらの側にも落ち度はなく、不利益を課されてもしかたがないといえる人はいない。「いざというとき」の対処として何が適切かは、例⑤の場合よりも、さらに答えるのが難しい。

　事件、事故や争いが生じたのは、だれかが悪かったからなのだから、その人に不利益を課せばよいと思われるかもしれないが、例⑥のように、誰も悪いわけではなくても争いごとは生じうるし、例⑤のように、一方の当事者が

悪い場合であっても、その者に、実際どれだけの不利益を課すのがよいかは、判断の困難なことも多い。これらの場合、相対立する2つの主張があり、そのいずれにも、常識に基づいたそれなりの理由がある。いわば、複数の常識が衝突してしまっているのである。このように、「いざというときの法」の内容は、常識をもち出すことによって確定させることのできない部分も大きい。

それでは、こうした場合について、「いざというときの法」は、どのように考えて答えを出しているのだろうか。さまざまな場合について、その答えが何なのかは、少しずつ学んでいくしかないことであるが、法を学んでいく過程では、日常生活ではなかなか身につけることのできないものごとへのアプローチのしかたを、自然と育むことができるだろう。そのアプローチとは、複数の異なった視点からものごとを認識し理解するというものである。

わたしたちは、よほど意識しているのでないかぎり、誰か1人の視点に立って、ものごとを認識しようとするものである。小説、ドラマや映画などのストーリーも、登場人物の誰か1人の立場になって受けとめるのが、自然な理解のしかたであるし、そうすることで、ストーリーの理解が容易になるのである。例⑥の出来事について、絵を注文したG氏が、友人のI氏に、「絵画の入手を依頼して代金も支払ったのに、絵は自分のものにならず、代金だけ取られてしまった」といえば、I氏は「それはひどい」と思うだろう。

しかし、当事者の主張が対立する場面では、当事者双方の主張を公平に受けとめたうえで、結論を出さなければならない（これは、対立する主張を「足して2で割ればよい」ということとは異なる）。例⑥の出来事について、G氏から知らされたI氏は、その時点ですでに、G氏の視点でものごとを理解し、ときにはG氏に同情さえしており、そのあとで、美術商のH氏の側から「注文された絵を入手したが、保管中に地震による火災で焼けてしまったので、代金は返せない」と聞かされても、その言い分を公平に受けとめることは難しいだろう。G氏とH氏の争いについて、公平な判断を下そうとすれば、G氏の主張をいったん忘れて、H氏の主張を、いわばゼロから聞かなければならず、それには、誰か1人の立場でものごとを理解しようとする、わたしたちの自然の傾向を、自覚的に抑制しなければならない。

「いざというときの法」を学ぶことで、わたしたちは、1つの事実を別々の視点から見ることが容易になるだろう。こうした態度は、日常の世界では、けんかをしている兄弟の訴えを聞く親や、生徒間のトラブルを処理する教師に、典型的に期待されるものだが、法的な思考において、とりわけ要請されるものである。こうした態度を育むことができるのは、法を学ぶことで得られる大きな効用の1つといえるだろう。

0-3. 法はみずからの「コワサ」をコントロールする

法には、たしかにコワイ面があり、そのコワサは危険である。0-2 で見たように、とくに「いざというときの法」が、みずからの要求を強制的に実現しようとするとき、法の危険性は明確に現われる。したがって、法のコワイ顔は、その向けられる相手がまちがっていたり、必要以上にコワイものであったりしてはいけない。なぜなら、これらの点で失敗があると、その被害は深刻だからである。法の強制装置がはたらくと、財産などの生活の糧が奪われたり、自由や生命までもが奪われたりする。法は、人の生活や人生そのものを、破壊しかねない存在なのである。

この意味で、法は、よく切れるナイフや護身用具、薬、自動車などと、共通した特徴をもっているといえる。これらはみな便利で有益なものだが、使い方を誤ると重大な被害を引き起こす可能性がある。「いざというときの法」は、人びとの対立を最終的には国家の力で収めようとするものであり、きわめて有益なものだが、それが失敗したときの被害も深刻なのである。

そこで法は、みずからの内部に、強制装置がまちがって発動されるのを防ぐための、さまざまな仕組みを備えている。法を学ぶことは、第3に、それらの仕組みがどのようなものであるかを学ぶことである。憲法、刑法、行政法などは、この点との関連なしには理解できないものである。裁判や犯罪捜査などの手続を、法が細かく定めているのも、このことに関係している。

このように、法はみずからのコワサを自覚し、そのコワサが暴発せず、適切に現れるように気を配っている。そして、冒頭で言及した法と社会常識のズレが出てくる原因の1つが、実はこの、法みずからのもつ、権力行使に対

する慎重な態度なのである。たとえば、人をだますのは悪いことであるが、刑法の詐欺罪の範囲は、刑法の解釈によってきわめて厳格に考えられており、だますことがすべて詐欺罪に該当し、だました人に刑罰が科されるというわけではない。また、冒頭の疑問に対する1つの解答を示すとすれば、刑事裁判において、弁護人が社会常識に反する言動をすることがあるように見えるのも、権力のまちがった行使を防ぐのに役立っていると考えられる。刑罰を科す相手をまちがえたり、必要以上の刑罰を科したりしてしまったら、それによって生じた重大な被害の責任は、（直接的には捜査担当者や裁判官にあるとしても）最終的には主権者たる国民にあるといわなければならない。刑事裁判における弁護人は、かならずしも被告人の味方をしているわけではなく、国民が主権者として誤りを犯すのを防ぐ役割を果たしているのである。

　人びとのイメージする法は、たしかにコワイ顔をしているが、以上述べたことからわかるように、それは法の1つの面にすぎない。コワイのは「いざというときの法」であるが、それはわたしたちが日常生活でだいたいにおいて実践している「ふだんの法」を前提としている。「ふだんの法」がなければ、「いざというときの法」も必要ないし、「ふだんの法」を確実に実現するためにこそ、「いざというときの法」はコワイ顔をするのである。そのうえ、法はみずからの内部に、そのコワサを抑制する仕組みを備えているのである。

Part　1

法とは何か

1. 法の2つの分野

1-1. 民事の分野と刑事の分野

　日常生活で「法」や「法律」という言葉自体を聞くことは少ないかもしれないが、ニュースではこれらに関係する言葉をよく見聞きしているのではないだろうか。離婚、慰謝料、殺人、強盗……、数え上げればきりがない。法律学では、これらを大きく見て2つの分野のどちらかに属するものとして区別する。すなわち**民事の分野**と**刑事の分野**である。離婚や慰謝料は前者の分野に、殺人や強盗は後者の分野に属する。この2つの分野は裁判についても異なる扱いを受ける、すなわち**民事訴訟**と**刑事訴訟**に分かれている。

　重要なのは、この2つの分野を混同しないことである。起こった事件が刑事訴訟に関わることでも、事件によって生じた損害について支払いを求める場合は、刑事訴訟とは別に民事訴訟で争うことになる。

　このことを具体的にイメージするために、交通事故を例にして考えてみよう。

【設例】
　大学から自宅に帰ろうとXが歩いていたところ、Yの運転する自動車に接触され、ケガをした。事故の原因は、Yが携帯電話が鳴ったことに気をとられ、ブレーキを踏むのが遅れたことにあった。事態の展開に応じて3種類の問題が起こる可能性がある。

①YはXの入院している病院を訪れ、謝罪した。しかしXには入院にかかる費用、アルバイトに行けなかった期間の収入の減少といった損害が生じており、この損害分をYに賠償してもらいたいと思っている。ところが、Yにはその気がなく、Xから求められても応じなかった。XがYから賠償を受ける手段はあるのだろうか。

②Yは、わざとXに接触したわけではないものの、そしてXの求めに応じて金銭を支払ったとしても、ケガをさせたのは確かな事実である。このことにつき、Yは刑罰を受けるべきだろうか。

③Yは自分が住んでいるZ県公安委員会により、運転免許が停止させられた。しかしYとしては、真剣に反省しているし、今後は十分に注意して運転するつもりであり、運転免許の停止は厳しすぎると思っている。このことにつき、Yは争えるのだろうか。

このように、交通事故という 1 つの出来事から、 3 種類の法律上の問題が発生する可能性がある。このうち、①が民事の分野、②が刑事の分野である。③については 1-2 で扱う。

民事の分野の法、すなわち民事法は、市民間の権利義務を定め、争いが生じたときにそれを解決するためのものである。民事の分野に属する法律問題は設例のような交通事故の損害賠償の請求以外にも、不倫に関する慰謝料、貸金の返済請求、敷金の返還請求、離婚した元配偶者に対する養育費の支払い請求、など多岐にわたる（☞ 17〜23）。

刑事分野の法、すなわち刑事法は、いかなる行為が犯罪になるかを定め、犯罪が行われたときに、犯人を特定し、その者にふさわしい処罰をするためのものである（☞ 24〜29）。

1-2.　訴訟の分類──民事訴訟と刑事訴訟

1-1 で見たように、交通事故という 1 つの出来事から、民事と刑事両方の法律問題が発生する可能性がある。そしてこれらの問題を法律上最終的に決着させるのが訴訟であり、問題の種類に応じて訴訟制度も別になっている。民事の問題を扱うのは**民事訴訟**、刑事の問題を扱うのは**刑事訴訟**である。民事においては訴訟以外でも、調停、審判などの非公開の紛争解決手続きが用

〈訴訟の分類〉

意されている。また裁判所が関与する和解（訴え提起前の和解と訴訟上の和解）で紛争が終結する場合もある。

なお、1-1 の③における運転免許の停止は**行政処分**と呼ばれるものであるが、この処分を争う（この場合、行政処分の取消しを求める）訴訟を**行政訴訟**と呼ぶ。行政訴訟とは行政庁の公権力の行使に関する紛争を処理する訴訟であるが、これは広義の民事訴訟である。行政訴訟を含まない場合は狭義の民事訴訟ということになる。

1-3. 民事と刑事の関係

民事と刑事の分野の間にはさまざまな違いがあるが、次の2つが特に注意しておくべき点である。

①1つの出来事について、民事の分野と刑事の分野とで評価が異なる場合がありうる。
②同一の用語でも、民事の分野と刑事の分野とで区別して理解しなければならない場合がある。

①につき、たとえば民事訴訟で損害賠償を請求した側が勝ち、訴えられた側が損害を賠償しなくてはならないという判決が出た場合でも、刑事訴訟において後者が罰せられないことはある。
②につき、たとえば現在の日本では不倫行為は、民事の分野では違法であり、不倫行為をした配偶者と不倫相手に対して慰謝料を請求することができる。しかし不倫行為は、刑事の分野では違法ではなく、不倫行為をした当事者は処罰されない（戦前の日本には刑法に姦通罪があり、夫のいる妻とその

相手双方が、夫の告訴により罰せられた。妻のいる夫は、相手の女性に夫がいる場合のみ処罰対象になった）。同じ「**違法**」という言葉を使っていても、民事の分野と刑事の分野とでは、まったく同じ意味ではない。

　さらに、**1-2**で説明した2種類（行政訴訟を区別するなら3種類）の訴訟は、互いに独立したものである。すべての種類の訴訟が起こることもありうるし、1つの訴訟のみが起こることもあるし、何も起こらないこともありうる。**1-1**で用いた交通事故の事例でいえば、3つの訴訟が起こることもあれば（行政訴訟はYが起こすことになる）、YがXの言うとおりに損害を賠償し、行政処分に納得している場合に刑事訴訟のみが起こることもあるし、刑事訴訟すら起こらないこともありうる（不起訴処分〔☞ 1-5〕）。

　以上のように、法律には民事と刑事の2つの分野があること、それぞれの分野に別々の訴訟制度があること、そして両者の区別をつねに意識することが重要である。

1-4. 民事訴訟を軸とした民事紛争の処理の流れ

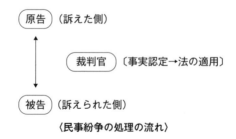

〈民事紛争の処理の流れ〉

　民事の分野に属する争いは、当事者の一方が訴訟による決着を望んだ場合、典型的には上の図のような経過をたどる。

　まず、訴訟による決着を望んだ当事者が**原告**となり、他方当事者を**被告**として民事訴訟を起こす（「**訴えの提起**」）。民事訴訟では原則、誰でも原告になることができ、誰を被告にすることもできる。**1-1**で用いた交通事故の事例では、YがXを被告として、損害賠償の義務がないことを裁判所に確認し

てもらうための訴訟を起こすこともできる。

　YがXからの損害賠償の請求に応じないとき、Xは訴訟を起こすのではなく自力でYの財産を奪ってよいだろうか。このような行為は許されていない（「**自力救済の禁止**」）。またXは訴訟で（あるいは訴訟以外の手段で）債務名義（債務の存在・範囲を公的に証明する、**強制執行**に必要な文書であり、確定判決、調停調書、審判書、和解調書などがある）を得たのに、それでもYが支払いをしない場合はどうだろうか。この場合でも、Xは自力でYの財産を自力で奪ってはいけない。Yが支払いをしない場合、Xは債務名義を用いて強制執行の手続きをする必要がある。事例においては、Xが裁判所に強制執行を申し立てると、裁判所はYに預貯金などがある場合にはそれを差し押さえて、Xに認められた金額を渡すことになる。Yに十分な現金がなかった場合は、Yの不動産や家財道具を差し押さえ、**競売**により換金し、Xに認められた金額を渡すことになる。

　なぜ自力救済は原則禁じられているのだろうか。かつて国家権力が十分な紛争解決能力をもたなかった時期は、当事者が直接相手方の財産を奪い、場合によっては報復することも認められていた。しかし、実力行使を独占する国家が成立することにより、自力救済は禁じられるようになった。また、支払いを求められている側のもつ力の強弱により、損害の回復の成否が決まってしまい、不公正だという点も問題である。

　もちろんすべての場合に強制執行までされるわけではない。たとえば判決文の内容どおりに被告が原告に金銭を払う場合、強制執行をまたずに紛争は終わる。また原告が訴えを取り下げたり、和解が成立した場合は、判決には至らない。調停はそもそも訴訟とは別のルートによる紛争解決手続きである。

　なお、調停や和解というと原告と被告が歩み寄り、双方納得した内容で合意するので被告から原告に合意内容どおりの賠償がなされると思いがちだが、実際はかならずしもそうではない。だから事態が合意どおりに進まなかった場合、強制執行することが認められているのである。

1-5. 刑事訴訟を軸とした犯罪への対処の流れ

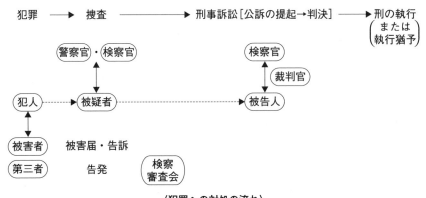

〈犯罪への対処の流れ〉

　刑事訴訟は、**検察官**が**公訴**を提起する（＝**起訴**する）ことによって起こる。刑事訴訟は原則として検察官のみが起こすことができる（検察審査会の起訴議決を受けて公訴が提起される場合には例外的に弁護士がこれを行う〔☞2-3-1〕）。犯罪の被害者や一般人は、たとえ犯人を知っていても刑事訴訟を起こすことができない。

　犯罪が発生した場合、ただちに公訴が提起されるわけではない。まず捜査が**警察官**や**検察官**によって行われる。犯罪の被害者は捜査機関に対して犯罪の事実を伝え、犯人の処罰を求める意思を表示することができる（「**告訴**」）。なお、第三者が申し出た場合は「**告発**」である。被害者からの申し出であっても、犯人の処罰を求める旨の意思表示はない場合は「**被害届**」となる。捜査段階で犯人と疑われた者は、日常的には容疑者と呼ばれることが多いが、法律では**被疑者**と呼んでいる。

　捜査の結果、被疑者に犯罪の嫌疑があることが明らかになった場合、検察官は被疑者を起訴する（公訴を提起する）。ただし、検察官は、被疑者に犯罪の嫌疑があることが明らかになった場合でも、被疑者の反省の程度など、あらゆる事情を考慮して、公訴を提起しないことができる（**不起訴処分**）。これを**起訴便宜主義**（または起訴裁量主義）という。検察官は公訴を提起する

権限を独占し（検察官以外の者は原則として刑事訴訟を起こすことができない）、そのうえ公訴提起についての裁量権ももつため、被害者などの意向に反して被疑者が不起訴になる（あるいは逆に起訴される）こともありうる。この点に関連するのが、「**検察審査会**」（☞ 2-3-1）の制度である。

　公訴が提起されると、被疑者は**被告人**と呼ばれることになる（刑事訴訟において検察官から処罰を求められている者は、日常的には「被告」と呼ばれることも多いが、法律では、民事訴訟の被告と区別して、「被告人」と呼んでいる）。被告人が有罪判決を受け、その判決が確定すると、刑が執行されることになる。ただし、有罪判決でも**執行猶予**が付されている場合は、刑がただちに執行されるわけではない。たとえば「被告人を拘禁刑2年に処する。この裁判確定の日から3年間その刑の執行を猶予する」という判決（「拘禁刑2年、執行猶予3年」の判決）であれば、刑の執行を3年間猶予され、その期間内に、たとえば別の犯罪を行うなどといった事情がないかぎり、3年間経過すると現実には刑の執行を受けないですむ。

　以上の説明からもわかるように、すべての犯罪について刑事訴訟が起こされ、有罪判決が出され、刑が執行されるというわけではない。まず、そもそも公訴を提起するかどうかは検察官の裁量に委ねられており、とくに日本では、検察官は有罪判決を得られる見込みが高くない場合に公訴を提起しないことが多い。また、有罪判決でも執行猶予が付されている場合、刑は結局執行されないことが多い。さらに、次のような場合もある。第1に、たとえば、名誉毀損罪、器物損壊罪のように、犯罪の種類によっては被害者の告訴がなければ公訴を提起できないもの（それぞれ、刑法232条、264条を参照。**親告罪**と呼ばれる）があり、これらの犯罪については、告訴がないかぎり公訴は提起されない（以前は一部の性犯罪につき、被害者の名誉を考慮して親告罪の規定があった（改正前刑法180条）。しかし、処罰が被害者の意思に委ねられることが被害者の心理的負担になるなどの理由から、2017（平成29）年改正で親告罪規定は廃止された）。第2に、軽微な犯罪については、正式な裁判を経ずに簡易な手続で有罪を確定させることができる制度もある。**略式手続**と呼ばれるこの制度では、被疑者に異議がないことを前提としたうえで、検察官の提出した書面のみに基づき、被告人を出頭させないまま、裁判官は100万円

以下の罰金または科料（☞ 25-1-2）を科す略式命令を出す。被告人は、略式命令を受けたあと、14 日以内であれば正式裁判を求めることはできるが、そうしない場合、有罪が確定する。

───── 練習問題 ───────────────────────────────────

〈確認問題〉

1．次の文章を読んで、以下の設問に答えなさい。
　　　歩行者XがYの運転する車にはねられ、傷害を負ったとしよう。このときYは、Xからは損害賠償を求めて (a) 訴えを提起され、（①）からは (b) 処罰を求めて公訴を提起され、行政庁からは運転免許停止などの（②）を受けることが考えられる。これらの３つの事態は、（Ⓐ）。さらに、Yが自分の受けた運転免許停止の（②）を不当だと考えたとしよう。この場合、Yはその（②）の取消しを求めて (c) 訴えを提起することができる。

（１）（①）、（②）のなかに最も適切な語を入れなさい。
（２）下線部 (a) 〜 (c) の３つの訴訟がそれぞれ何と呼ばれる種類の訴訟かを答えなさい。
（３）（Ⓐ）に当てはまる最も適切な文章を、次の（ア）〜（エ）から選びなさい。
　（ア）すべてが起こることも、その一部のみが起こることも、その１つも起こらないことも、ありうる
　（イ）かならずそのすべてが起こるのであり、一部のみが起こるということはない
　（ウ）かならずその一部のみが起こるのであり、すべてが起こるということはない
　（エ）少なくともその一部は起こるのであり、１つも起こらないということはない

2．次の用語はそれぞれ主として、民事の分野に関わるものか、刑事の分野に関わるものか、答えなさい。

①不法行為　②犯罪　③損害賠償　④刑罰　⑤強制執行
⑥告訴　⑦公訴　⑧原告　⑨被告　⑩被告人

〈発展問題〉

3．次の設問に答えなさい。

（1）訴訟の分類関係を図で示しなさい。
（2）民事の紛争が訴訟を経て解決されるまでの流れを説明しなさい。
（3）犯罪が発生してから犯人が処罰されるまでの流れを説明しなさい。
（4）交通事故を例として、法律の２つの分野の違い、および両者の関係について説明しなさい。

2. 司法制度

2-1. 裁判所

2-1-1. 裁判所の組織

　日本の裁判所は、大きく分けると**最高裁判所**と**下級裁判所**に分けることができる（憲法76条1項）。さらに下級裁判所は、**高等裁判所、地方裁判所、簡易裁判所、家庭裁判所**に分けられる（裁判所法2条1項）。これらあわせて5種類の裁判所のあいだには上下関係があり、この関係を**審級関係**という。

　日本では三審制を採用しており、裁判所の判断に不服のある当事者は上級の裁判所に訴え出て、その判断を仰ぐことができる。これを**上訴**という。第一審の判決に不服がある場合の上訴を**控訴**といい、控訴審の判決に不服がある場合の上訴を**上告**という。また、裁判所の決定（☞コラム1）に対しては**抗告**や**再抗告**が可能である。ただし、上訴がなされても事件をゼロから見直すわけではなく、裁判所に提出された証拠や当事者間に争いのない事実関係に関連する事実認定は、審理のなかで引き継がれる。

　第一審→控訴→上告と上訴することができることから、野球でいう三振

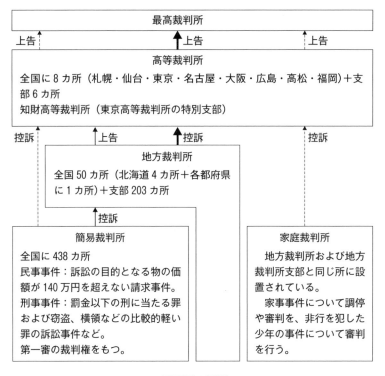

〈裁判所の組織〉

（３ストライクでバッターはアウトになる）と同じように、「裁判を受けることができるのは３回まで」と考えていないだろうか。実は、三審制とは野球の三振とは異なる制度なのである。

　光市母子殺害事件や永山則夫連続射殺事件では、事件を起こしたときに未成年であった被告人に対して死刑を科すことができるかが大きな争点となっていた。いずれの事件でも、被告人らは、地方裁判所・高等裁判所・最高裁判所で裁判を受け、最高裁判所が高等裁判所の判決を破棄して差戻しを命じたため、再び高等裁判所で裁判を受け、その判決を不服として最高裁判所に上告した。被告人らは、死刑判決が確定するまでに合計５回の裁判を受けたことになる。

　これらの事件の例では、高等裁判所よりも上級の裁判所である最高裁判所が高等裁判所の判決（原判決）を取り消す（破棄する）ことによって、事件

は高等裁判所の判決前の状態にリセットされてしまう。双六でいうと「1つ戻る」というところにコマが進んだので戻ってきたという状態である。

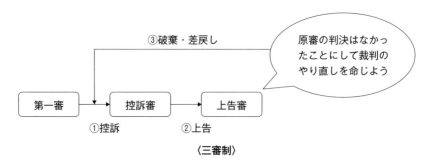

〈三審制〉

　裁判を3回受けることを三審制というのではなく、<u>審級が異なる3段階の裁判所の判断を仰ぐことができるというのが三審制の本当の意味</u>である。

=== コラム1 ===

判決・決定・審判

　「**判決**」とは、訴訟事件の終局的判断その他の重要な事項について、裁判所がする裁判であり、原則として口頭弁論[注1]に基づいて行われる。これに対して「**決定**」とは、訴訟指揮、迅速を要する事項および付随的事項等について、「判決」よりも簡易な方式で行われる、裁判所がする裁判であり、口頭弁論を経ることを要しない。

　また、家庭裁判所では、少年事件および家事事件を取り扱う。罪を犯した少年については少年法が適用され、家庭裁判所が非行事実の有無・保護処分を行うことの可否・行うべき保護処分の内容を定める**少年審判**を行う。なお、刑事処分相当と判断されたときには、検察庁に逆送される[注2]。**家事審判**とは、家事事件手続法に基づき家庭裁判所において家族関係について判断されるもので、原則として口頭弁論に基づいて行われるため、判決に含まれる。

（注1）　口頭弁論とは、原告と被告がお互いの主張を証拠に基づいて立証していく裁判のことをいう。ドラマの法廷シーンを思い浮かべる人も多いだろう。実際の裁判の様子はどのようなものであろうか？　裁判所で法廷傍聴をしてみることを勧める。

（注2）　成人の場合、検察庁において起訴すべきか否かを判断し、起訴相当となったときに刑事裁判の被告人となる（検察庁→裁判所）が、少年事件の送送の場合は、家庭裁判所から検察庁に事件が送致される（裁判所→検察庁）。

2-1-2. 最高裁判所

最高裁判所は、**終審裁判所**である（憲法 81 条）。終審裁判所とは、その裁判に対してさらにこれを審査する上級の裁判所をもたない裁判所のことをいう。

最高裁判所の構成メンバーは、1 人の最高裁判所長官と 14 人の最高裁判所判事である（裁判所法 5 条 1 項・3 項）。最高裁判所長官は、内閣の指名に基づいて天皇が任命し（憲法 6 条 2 項）、最高裁判所判事は内閣が任命する（憲法 79 条 1 項）。

最高裁判所の審理と裁判は、15 名の裁判官全員が構成する合議体である**大法廷**で行う場合と、3 名以上の裁判官で構成する合議体である**小法廷**で行う場合とがある（裁判所法 9 条 1 項・2 項）。

2-2. 法曹──司法制度の担い手

2-2-1. 裁判官（☞ 16-2-3 の（4）、16-4-4）

裁判官は、裁判所を構成する国家公務員であって、裁判事務を担当することを職務とする。

裁判官の任命資格については、裁判の独立を保障するため、厳格な要件が定められている（憲法 76 条、79 条、80 条）。さらに、裁判官は強い身分保障がなされており、国会に設置される弾劾裁判所（憲法 64 条）における**弾劾裁判**によらなければ罷免されない（憲法 78 条前段）ほか、行政機関による裁判官の懲戒は禁止されている（憲法 78 条後段）。なお、裁判官には強い身分保障があるが、裁判所に対する民主的な統制の一手段として、最高裁判所の裁判官については任命後最初の衆議院議員総選挙の際と、その後 10 年を経過するごとに、**国民審査**を受けることとされている（憲法 79 条 2 項）。

―― コラム 2 ――

解職（リコール）

最高裁判所判事の国民審査において、国民の多数が罷免を可とする場合には、当該裁判官は罷免される（「最高裁判所裁判官国民審査法」などを参照）。ただし、いままで実際に国民審査の結果によって罷免された事例はない。最高裁判所判事の国民審査は、憲法 15 条で保障されている国民による公務員の

選定・罷免の権利であり、1952（昭和27）年2月20日の最高裁判決（民集6巻2号122頁）において解職の制度であるとの判断が示されている。**解職（リコール）**とは、公職者を、有権者の請求によって解職する手続を指す。日本では、地方自治法（76条乃至88条参照）に基づき、住民の意思で都道府県知事や市町村長（首長という）、地方公共団体議員などの要職者を、任期が終わる前に解職できたり、地方議会の解散を請求できたりする制度がある。

2-2-2. 検察官

検察官は、刑事事件について、**公訴の提起**などを行うことを任務とする<u>行政官である</u>（検察庁法4条）。検察官はすべての被疑者を起訴する必要はなく、犯罪行為の程度、被疑者の反省の程度、被害者との示談が成立しているかなどの事情を考慮した上で、公訴を提起するかどうかを判断することができる。これを**起訴便宜主義**（または**起訴裁量主義**）（☞ 1-5）という。

なお、検察官が公訴を提起しない、すなわち、不起訴とした事件については、検察審査会によって不起訴処分が相当であったかが審査され、不起訴処分が不当（起訴すべきであった）という判断が示されることもある（☞ 2-3-1）。

2-2-3. 弁護士

弁護士は、基本的人権を擁護し、社会正義を実現することを使命として、当事者その他関係人の依頼などにより、訴訟事件や他の一般の法律事務を行うことを職務とする（弁護士法1条・3条）。また、検察審査会において検察官は被疑者を起訴すべきであったとの議決（起訴議決〔☞ 2-3-1〕）を行ったときには、裁判所が選任した弁護士が公訴の提起を行う（検察審査会法41条の9・同41条の10）。この場合には、弁護士は検察官の役割を果たすこととなる。

=== コラム3 ===

弁護士と社会正義の実現

あってはならないことだが、無実の人が有罪判決を受けて刑務所に服役したり、死刑判決を受けて長い間未決囚として拘置所に身柄を拘束されたりすることがある。

1914年に強盗殺人罪で無期懲役刑が確定した吉田石松さんが**再審**を求め

続け、5度目の再審請求が認められてやり直しの裁判を受けた結果、1963年に再審史上はじめて無罪判決を勝ち取った。吉田さんはこの間約50年を犯罪者の汚名を着せられて過ごしたことになる。吉田さんは、アレクサンドル・デュマの『モンテ・クリスト伯』の主人公になぞらえられて「昭和岩窟王」と呼ばれた。このほかにも、死刑判決を受けてから30年以上経過したのちに再審によって無罪となった事例もある（財田川事件・免田事件など）。これらの事件では、無実を訴え続ける被告人を支援した弁護士の尽力なしには無罪を勝ち取ることが難しかったであろう。

　悪質商法などの消費者トラブルでは、1人あたりの被害額が比較的少額であるが被害者が多数に上る「少額多数被害」が特徴的であり、個人が民事訴訟を通じて被害回復を図るには費用や労力が見合わず、泣き寝入りさせられるケースが多い。そこで、トラブルに巻き込まれた消費者を救済するため、国に認定された「特定適格消費者団体」が被害者に代わって裁判を起こすことができる「消費者裁判手続特例法」（消費者の財産的被害の集団的な回復のための民事の裁判手続の特例に関する法律）に基づき、第1段階の裁判で事業者に支払い義務があると認められれば、第2段階から被害者が参加し、裁判所が支払い額を決める制度が導入されている。医学部の入学試験において、女子受験生や浪人生に対して不利益な取り扱いをした大学に対して、2020年に東京地方裁判所は、受験料などに相当する額の賠償義務があるとの判断を示した（東京地方裁判所令和2年3月6日判決）。被害者の救済にあたった適格消費者団体でも弁護士が活躍している。

2-3. 裁判に民意を反映させる制度

2-3-1. 検察審査会

　公訴権の実行（公訴を提起するか否か）に関して民意を反映させてその適正を図るため設けられた制度として、**検察審査会**がある。これは、地方裁判所またはその支部に置かれる機関である。検察審査会のメンバーは、選挙権を有する<u>一般市民のなかから11人が抽選</u>で選出される（検察審査会法4条）。検察審査会は、不起訴処分（検察官による「公訴を提起しない」という処分〔刑事訴訟法248条〕）の相当性について、告訴人（「告訴」については☞1-5）などの申し立てなどがあったときに審査する。

　検察審査会においては、「起訴相当」・「不起訴不当」・「不起訴相当」[1]のいずれかの議決が行われる（検察審査会法39条の5）。「起訴相当」または「不起

訴不当」の議決が行われたときには、検察官はその議決を参考にして事件を再捜査し、速やかに（☞ 10-7）起訴するか否かを判断しなければならない（検察審査会法 41 条）。検察官が再び「起訴しない」という判断をしたときには、「起訴相当」の議決をした検察審査会において、この不起訴処分の相当性について審査をし、起訴することが相当である（11 人中 8 人が「起訴すべきである」と判断する）と認めるときは、「起訴議決」を行う。（検察審査会法 41 条の 2・41 条の 6）。起訴議決に基づく公訴の提起は弁護士が行い（☞ 2-2-3）、被疑者はかならず起訴されることとなる。

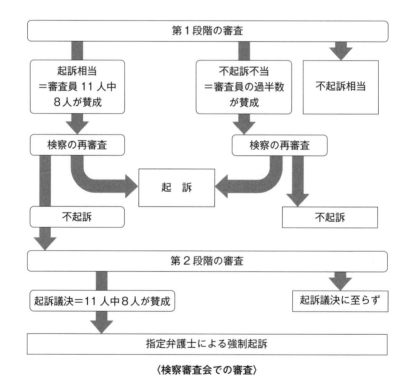

〈検察審査会での審査〉

---

(1)　11 名の検察審査員のうち、6 名以上（過半数）が「起訴すべきである」としたときには、「不起訴不当」の議決を、8 名以上が「起訴すべきである」としたときには、「起訴相当」の議決を行う。

=== コラム4 ===

不起訴＝無実？

　ラッシュ時の電車のなかで痴漢行為をしたのではないかと疑われた青年を主人公にした映画（『それでもボクはやってない』）のなかで、弁護士が主人公の青年に「日本の刑事裁判では有罪率が 99.9%。1000 件に 1 件しか無罪はない」と告げる場面がある。検察官は証拠などを慎重に検討したうえで、被疑者が有罪であると確信した事件について公訴を提起する。しかし、そうではない場合、検察官は公訴を提起せず、不起訴処分とする。

　2008 年に長野県の柔道教室で、当時小学生だった A 君が教室の指導者に投げ技をかけられ、急性硬膜下血腫により重い後遺症が残った事例では、元指導者が業務上過失傷害容疑で送検されたものの、2012 年 7 月に 1 度目の不起訴処分（嫌疑不十分）となった。これに対して検察審査会（☞ 1-5）で「起訴相当」の議決が行われ、同年 12 月に長野地方検察庁が再び不起訴処分（嫌疑不十分）とした。翌 2013 年 3 月に検察審査会が起訴議決を行ったため、同年 5 月に指定弁護士により強制起訴が行われ、2014 年 4 月に、指導者であった被告人に対して執行猶予付きの有罪判決（長野地方裁判所松本支部平成 23 年 3 月 16 日判決〔判時 2155 号 75 頁〕）が行われている[注]。

――――――――――――――――――――――――――――――――――

（注）この事件では、民事訴訟において、元指導者が 2 億 8000 万円の損害賠償を A 君側に支払う旨の和解が成立している（民事と刑事の関係については☞ 1-3）。

2-3-2. 裁判員制度

　裁判員制度は、司法改革の一環として、一般国民が裁判過程に参加することで、裁判内容に国民の感覚をより反映させるようになること、そして国民の司法に対する理解を増進することで、裁判に対する国民の信頼を高めること、これらのことを目的として、2009（平成 21 年）に導入された制度である（裁判員法（裁判員の参加する刑事裁判に関する法律）1 条）。国民のなかから事件ごとに選ばれた裁判員が、裁判官とともに原則として<u>裁判官 3 人と裁判員 6 人</u>で構成される**合議体**を形成し、**刑事裁判**に関与する（裁判員法 2 条）。職業裁判官と一般市民とが合議体を形成して裁判を行う方式は、ドイツなどで採用されている参審制に類似している。

　裁判員は、選挙人名簿から無作為（むさくい）で選ばれ、特別な事由がないかぎり出席が義務づけられる（裁判員法 13 条以下）。裁判員は、死刑または無期の懲役も

しくは禁錮に当たる罪について裁判を行い、第一審のみに関与する（裁判員法
2条）。裁判員は、事実の認定（事実認定）・法令の適用・刑の量定（量刑）に
関して審理・裁判する権限を有する（裁判員法6条）。

　評決は、基本的に単純過半数で行われる。ただし、少なくとも裁判官の1
人以上および裁判員の1人以上が賛成する意見によらなければならない（裁
判員法67条1項）。

···─ **クイズ** ─···

被告人は有罪か？

　裁判員6名、裁判官3名で合議体が形成されている。以下のそれ
ぞれの場合、この事件の被告人は有罪と評決できるかどうか、答え
なさい。

　ア　裁判員1名・裁判官3名が有罪とした
　イ　裁判員2名・裁判官3名が有罪とした
　ウ　裁判員4名・裁判官1名が有罪とした
　エ　裁判員5名のみが有罪とした
　オ　裁判員3名・裁判官2名が有罪とした

···─ **クイズの答え** ─···

ア　無罪　イ　有罪　ウ　有罪　エ　無罪　オ　有罪

裁判員6名・裁判官3名、合計9名の合議体であるから、過半数で
ある計5名が有罪とすればよい。したがって、アでは有罪の評決は
できない。また、少なくとも裁判官の1人以上および裁判員の1人
以上が賛成する必要があるため、エのように裁判員のみ5名が有罪
としても有罪の評決はできない。

───── **練習問題** ─────────────────────────────

〈確認問題〉

1．以下の文章を読み、設問に答えなさい。

　　　司法権の担い手は裁判所である。日本国憲法第76条1項によると、裁判

所には最高裁判所と①下級裁判所がある。裁判については、三審制がとられ
ており、第一審の判決に不服のある者は（　①　）を、（　①　）審の判決に
不服のある者は（　②　）をすることができる。

　裁判が公正に行われるために、その重要な部分が（　③　）される必要
がある。憲法第82条1項は「裁判の対審及び判決は、（　③　）法廷でこ
れを行ふ」と規定している。また、裁判の民主的な統制の手段として、最高
裁判所の裁判官の（　④　）が設けられている。この制度は国民による
（　⑤　）制度の一種であると考えられている。このほかに不起訴処分の是
非などについて民意を反映させる仕組みとして（　⑥　）も設けられている。

　さらに、裁判の手続きそのものに一般の国民が参加するものとして、諸外
国では陪審制度・参審制度が設けられていることがある。日本の裁判員制度
は、（　⑦　）。

（1）空欄①〜⑥に当てはまる語句を入れなさい。

（2）空欄⑦に当てはまる適切な文を次のア〜エから1つ選びなさい。

　　（ア）アメリカの陪審制度とまったく同じものである
　　（イ）日本で導入するには、憲法の改正が必要だった
　　（ウ）一般国民が裁判官と合議体を形成して裁判をする制度で、参審制度の
　　　　　一種といえる
　　（エ）民事裁判でも導入された

（3）裁判所以外の国家機関が裁判するものとして、憲法に規定しているもの
　　はどれか、次のア〜エから2つ選びなさい。

　　（ア）家事審判　　（イ）国会議員の資格争訟　　（ウ）裁判官の弾劾裁判
　　（エ）行政訴訟

（4）下線部①に関して、下級裁判所をすべて列挙しなさい。

〈発展問題〉

2．三審制について簡単に説明しなさい。

3．裁判に民意を反映させるために設けられた制度を2つ挙げ、それぞれに
　ついて説明しなさい。

3. 法の分類

3-1. 法の分類とは

　日本には現在約 2200 の法律がある（その他命令などを含めると 1 万近くある）。ここでは、それらを一定の視点からグループ分け（＝分類）をし、法の全体像を理解しておくこととしたい。ところで、以下の分類は法学の入門書における一般的な分類方法による。したがって、視点が変われば、別の分類の仕方もありうる（たとえば、「ポケット六法」の凡例中の〈法令の分類〉参照）。

3-2. 法のさまざまな分類

3-2-1. 自然法と実定法・成文法（制定法）と不文法
（1）自然法と実定法
　法の全体像を図に表すと、右のようになる。まず法は「自然法」と「実定法」に分かれている。**自然法**とは、神の意思や人間の理性に基づく法のことをいう（☞6-3-4）。したがってそれは誰かがつくったのではなく、最初から自然に存在するものであり、そして、自然に存在する以上、それは時代や特定の社会や国家に関係なく普遍的に存在するものである。
　これに対して、**実定法**とは、人の行為によって定立された法や特定の社会

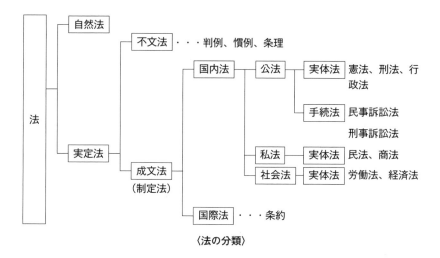

〈法の分類〉

で実効的に行われている法をいう。すなわち、立法機関（国会）の制定行為
や、慣習・判例・条理 (☞4-4～4-6) のような、経験的事実に基づいて成立し
た法である。

（2）成文法（制定法）と不文法

実定法は、その表現の仕方に従い、「法典」という形をとっている**成文法
（制定法）**と**不文法**に分かれている。不文法である、判例、慣習、条理がどの
ような意味において「法」なのかについては、次章で詳しく説明する (☞4-4
～4-6)。以下の分類は、成文法に関するものである。

3-2-2. 国内法と国際法

国内法とは、ある国によって制定され、国民およびその領土内の人に適用
される法のことをいう。国内法は、基本的には、最高法規である憲法を根拠
としており、それに反しないように制定され (☞4-2-3の (3)、13-1)、国家機
関によって執行される。

これに対して、**国際法**は、成文化されたもの（条約）と不文のもの（国際
慣習法）、法の一般原則からなり、国家および国際機構の行動、個人の保護
や権利、企業の行動などを規律する法である。なお国際法というと、領土問

題や紛争など、国と国のあいだの問題解決を扱っている法がまず思い浮かぶが、こうした分野を**国際公法**といい、国際的な法律問題のうち、とくに私人や企業が主体となる家族関係および取引関係などの私法問題を取り扱う法分野を**国際私法**と呼ぶ。

3-2-3.　実体法と手続法

　実体法とは、権利義務の発生・変更・消滅の要件（☞5-1）などの法律関係について規定した法のことをいい、具体的には、憲法、民法、刑法、商法などのことを指す。これに対して、**手続法**とは、権利義務などの実現のための手順を定めた法のことである。もう少し具体的に説明しておこう。

　たとえば、AがBに車ではねられ怪我をし、その治療のために100万円を出費したとする。AはBに対して治療費を払ってもらいたいと思っているが、このとき、そうした請求の根拠となる「損害賠償請求権」という権利がどのようなときに発生するかを定めたものが民法（具体的には709条）であり、これは実体法である。そして、裁判では、Aにそうした請求権があるか否かが争われるが、その際の手順、具体的には、相手に「訴状」を送り、それに基づいて「口頭弁論」が開かれ、最後に裁判官による「判決」が下されるという手順を定めているのが民事訴訟法であり、これは手続法である（☞1-4）。

　なおここで述べた例は、民事事件の例であるが、刑事事件の場合には、刑法が実体法であり（たとえば先ほどの例のBの行為は刑法211条の業務上過失傷害罪に当たる）、刑事訴訟法が手続法である（刑事実体法については☞24〜29、手続きの流れについては☞1-5）。

3-2-4.　公法、私法、社会法

　公法とは、国家・公共団体相互間、あるいはこれらと私人の関係を規律する法であり、具体的には、**憲法、行政法、刑法、刑事訴訟法、民事訴訟法**などを指す。**私法**とは、私人相互間の関係を規律する法のことで、**民法、商法**などのことを指す。なお「六法を持参するように」というときの「**六法**」は法令集のことを指すが、憲法、刑法、刑事訴訟法、民事訴訟法と民法、商法の総称でもある。

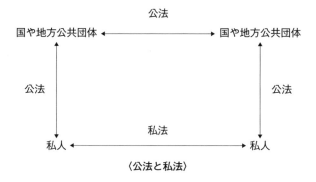

〈公法と私法〉

　近代国家においては、「公法」と「私法」の区別が法の分類の主要なものとされてきた。しかし、私法が前提としている**契約自由の原則**（☞ 17-3-1 の（2））を貫くならば、企業がどんなに低い賃金で労働者を雇うことも、その他どんなに過酷な労働条件で雇うことも自由となってしまう。また、同じ業種の企業が、お互いの利益のために、互いに商品に高い値段を設定することを合意し、その値段で消費者に商品販売することもまた自由となってしまうだろう。しかしこれでは、実質的な平等は害され、また社会の健全な発展も望めない。そこで、労働基準法や最低賃金法は労働条件や最低賃金について定め、独占禁止法は談合を禁止する。こうした**労働法や経済法**の分野においては、私法的側面と公法的側面の両者をあわせもつという特徴を有しているが、こうした法分野を**社会法**という。

3-2-5. 継受法と固有法

　固有法とは、その国固有の道徳規範、宗教規範、習俗規範を基礎として形成された法のことをいう。その代表例は、鎌倉時代の執権・北条泰時が編纂した御成敗式目（1232 年）である。御成敗式目は武士と庶民に影響を与えた法律であり、それ以後の室町幕府や戦国時代の家法にも強い影響を与えた。

　これに対して**継受法**とは、明治時代の旧民法典のように外国から移入された法、あるいはそれを資料として成立した法のことをいう。そうしたものとして、ボアソナードらの起草による民法典、いわゆる旧民法といわれる『民法財産編・財産取得編・債権担保編・証拠編』（1890〔明治 23〕年 4 月 21 日公布）

と『民法財産取得編・人事編』（1890〔明治23〕年10月7日公布）がある。この法典は、いわゆる民法典論争により施行されずに終わったが、その後の現行民法典も主にドイツとフランスをはじめとしたヨーロッパ各国の法典を比較検討のうえ起草され、1898（明治31）年に施行された。こうして、日本にヨーロッパの民法が継受されることとなった。こうした経緯もあり、日本では今日でもドイツやフランスといったヨーロッパ各国における法理論の研究が盛んである。

—— **練習問題** ——————————————————————————

〈確認問題〉

1．次の設問に答えなさい。

（1）「六法」とは何か、具体的な法令名をすべて挙げなさい。
（2）公法、私法、社会法という法の分類を前提にした以下の説明文のなかから、正しいものを選びなさい。

（ア）民法、商法、行政法は、私法に分類される。
（イ）憲法、行政法、民事訴訟法は、公法に分類される。
（ウ）労働法、経済法、会社法は、社会法に分類される。
（エ）窃盗は、私人が私人である他人のものを盗むことであるから、刑法に規定されている窃盗罪は私法に分類される。

2．次の文章の（　）のなかに最も適切な語句を入れなさい。

制定法、慣習法、判例法などの人間の行為によって定立された法を（　①　）という。これに対して、神の意思や人間の自然的理性に基づく法を（　②　）という。権利義務の発生・変更・消滅の要件などについて定めた法は（　③　）と呼ばれるのに対して、権利義務などの実現のための手順・方法について定めた法は（　④　）と呼ばれる。

4. 法　源

4-1. 法源の意義

　社会における利害の衝突や紛争を解決・調整するためには、一定の権威を
もつ第三者が下す拘束力のある判定が必要である。これを国家が行う権能を
司法権（☞16-4-1）という。そして裁判が公平に行われるためには、基準が必
要である。この裁判官が裁判を行う際に準拠すべき基準、すなわち裁判規範
のことを**法源**という。

　なお法源は、「法の存在形式」という意味でも用いられることがある。た
とえば、婚姻届は出していないものの、実質的には夫婦として生活していた
A（男）とB（女）がいたとしよう。ところが、AがCと浮気をし、ついに

はCと同棲するに至った。そこでBがAに対して損害賠償（慰謝料）を請求したとする。ところで、民法739条は、婚姻は届出によって効力を生ずる、と定めていることから、AB間に「民法典の規定のうえでは」婚姻は成立していない。では、裁判官はA・B間には婚姻が成立しておらず、Bの請求は認められないという判決を下すだろうか。裁判所は、一貫して、上記のような内縁関係の場合においても、正当な理由なくこれを破棄した者に、損害賠償義務を負わせるとの判決を下してきた。そして、今日上記のような問題が起こったときにも、これまでの判決の蓄積である「**判例**」（☞ 4-5）に従い、裁判所は同じように判断するであろう。つまり、ここでの「法」は、「判例」のなかから取り出されている。「判例も法源の1つである」という場合には、このように法がどのような形で存在しているか、つまり法の存在形式を問題としているのである。

4-2.　制定法

4-2-1.　制定法の意義

制定法とは、立法機関などにより制定された法をいう。制定法は文章（条文）の形式で表現されていることから、**成文法**とも呼ばれている（☞ 3-2-1の（2））。成文法や不文法の位置づけは、大陸法系（ドイツやフランスなど）のとる成文法主義と、英米法系（イギリスなど）のとる判例法主義（**先例拘束性の原則**〔☞ 4-5-2〕）で異なる。日本は大陸法系の法制度を継受しており（☞ 3-2-5）、成文法主義を原則とする。

　制定法（成文法）の優れた点は、第1に、文章化されかつ「法典」という形でまとめられていることから、不文法と比べ内容が明確である点である。第2に、制定法は官報によって公布され、その主要なものは市販の「六法」にも収録され、またweb上でも条文を確認できるなど、国民がそれを容易に知ることができる。

　しかし、制定法にも弱点はある。それは、「条文」というかたちで文言が固定されてしまうことから、社会の変化に直ちに対応できず（法改正が必要）、制定法と社会状況のあいだにズレが生じやすい点である。

　たとえば、民法上、「物」とは有体物（＝形のあるもの）をいうが（民法85条〔☞ 18-3-1〕）、刑法上の「財物」も同様に考えられている。ところが、刑法典制定直後、当時それほど普及していなかった電気を盗む者が現れた。電気は重要な財産的価値もつが刑法上の財物ではなく、それを盗んでも罪に問えない。つまり、刑法典と社会状況のズレが生じたのである。そこで、刑法は、電気は財物とみなすという規定を置き（刑法245条。「みなす」の意味については☞ 10-6）、以後は「電気窃盗」についても窃盗罪が成立しうることとなった。しかし、その後、企業などがもつさまざまな「情報」が電子データ化され保管や持ち運びが便利になると、これを盗む行為についても問題となった。情報は「有体物」でも「電気」でもないことから、ここでも制定法と社会状況のあいだにズレが生じたことになる。現在刑法典には、情報を「財物」とする規定はないが、今日、不正競争防止法により、秘密として管理されている技術上・営業上の情報を盗んだ者は処罰される（不正競争防止法21条1項）。

　こうした例は、刑法だけではなく、他の法律にも多数存在する。近年民法はその債権編を中心に大改正されたが（2020〔令和2〕年4月施行）、その原因の1つに、こうした制定法と社会状況のズレがある。

4-2-2. 制定法の法源性と種類

　憲法76条3項は、「すべて裁判官は、……この憲法及び法律にのみ拘束される」と規定している。この規定から、**憲法**および**法律**が法源であることは明らかである。なお、法律がその実施方法や手数料などの細かな点を命令（☞ 4-2-2の（3））に委任していることも多い。したがって、ここでの「法律」は、形式的な意味における法律だけでなく、広く制定法一般を含むものと考えられている。日本の制定法には次のような種類がある。

（1）憲法

　日本国憲法は、大日本帝国憲法（明治憲法）の改正手続きに従って制定され、1946（昭和21）年11月3日に公布された。そして、1947（昭和22）年5月3日から施行されている。日本国憲法は、制定以来一度も改正されていない（☞ 13-3-2）。

（2）法律

　法律は、国の唯一の立法機関である国会が憲法に定める方式に従って制定した法である（憲法 59 条 1 項〔☞ 16-2-2、16-2-3 の（2）〕）。2019 年 1 月現在、日本では約 2000 件の法律が施行されているが、そのなかには、前述の「民法の一部を改正する法律」（2020〔令和 2〕年 4 月 1 日施行）も含まれている。

（3）命令

　命令は、行政機関が制定した法であり、政令および省令、府令の総称である。**政令**は、内閣が憲法および法律の規定を実施するために制定する法である（憲法 73 条 6 号〔☞ 16-3-4 の（1）〕）。**省令**（**府令**）は、**各省**（または内閣府）の大臣が、法律または政令を実施するために、所管の行政上の業務について制定する法である（国家行政組織法 12 条 1 項）。

　法律の解説書などを読むと、「**法令**」という言葉が使用されていることがある。法令とは、法律または命令をあわせて呼ぶときに使用される言葉である。

（4）規則

　規則は、憲法または法律によって規則制定権を与えられている機関が制定する法である。規則制定権を有する機関は、衆議院および参議院（憲法 58 条 2 項〔☞ 16-2-5〕）、最高裁判所（憲法 77 条 1 項）、人事院（国家公務員法 16 条 1 項）ならびに地方自治体の首長（地方自治法 15 条 1 項〔☞ 16-5-2〕）などである。規則が定めることの可能な事項は、その制定権を与える憲法または法律に規定されている。

（5）条例

　条例は、地方公共団体（☞ 16-5-1、16-5-3）が法令に反しない限度において、その地域における行政を実施するために制定する法である（地方自治法 14 条 1 項）。条例を制定するには、その議会の議決によらなければならない（地方自治法 96 条 1 項 1 号）。条例には、都道府県条例と市町村条例があり、後者は前者に違反できない（地方自治法 2 条 16 項）。

（6）条約

条約とは、国と国または国と国際機関のあいだで、文書の形式により締結され、国際法（☞ 3-2-2）によって規律される合意のことであり、その名称（「条約」「憲章」「議定書」など）のいかんを問わない（「条約法に関するウィーン条約」2 条 1 項 a 号）。条約は、内閣が締結し、国会の承認が必要である（憲法 61 条、73 条 3 号〔16-2-3 の（6）、16-3-4 の（1）〕）。条約が公布された場合には、原則として、国内法（☞ 3-2-2）としての効力を有する。

4-2-3. 制定法の効力
（1）公布と施行

制定法は**公布**と**施行**というプロセスを経て効力をもつに至る。公布とは、成文の法令を公表して、国民一般が知ることができる状態にすることをいう。施行とは、法令の規定の効力を発生させ、具体的事件・事例に適用できる状態にすることをいう。公布と施行は同時に行われる場合と、公布後一定期間を経て施行される場合がある。また 1 つの法令のなかで、施行日にズレがある場合もある。たとえば、民法の相続編を改正する「民法及び家事事件手続法の一部を改正する法律」では、2020 年 7 月 1 日に施行される規定（民法 1050 条）や同年 4 月 1 日に施行される規定（民法 1028 条）などがある。

（2）法律不遡及の原則

次に制定法の効力に関するいくつかの原則について見ていこう。法律が新たに制定または改正されたときは、その法律は、施行以前の事実や行為に適用しないという原則がある。これを**法律不遡及の原則**という。法律をその施行以前の事実にさかのぼって（「遡及的」という）適用すると、適法である事実が違法なものとなり、法に対する信頼（法的安定性）を害するからである。したがって、たとえば、建築時の建築基準法に従えば耐震基準を満たしていた建物であっても、法改正により耐震基準が厳しくなり、不適法となった場合でも、それを取り壊す必要はない。刑法については、憲法 39 条がこの原則を規定している（罪刑法定主義〔☞ 25-2〕）。なお、法律不遡及の原則は、法律以外の法についても適用される。

　例外的に、法律が遡及適用されることがある。たとえば、刑法6条である。同条によれば、犯罪後の法律によって刑の変更があったときは、その軽いものが適用される。軽い刑罰を科すほうが、被告人にとって有利であるからである。ただし、刑の変更をともなう改正があっても、改正法のなかに、「この法律の施行前にした行為に対する刑罰の適用については、なお従前の例による」旨の経過規定がある場合には、改正前の法律が適用される。近年は、このような経過規定が改正法中に定められているのが通例である。

（3）上位法は下位法に優先する

　異なる制定法間の効力が問題となる場合のルールとして「**上位法は下位法に優先する**」がある。まず、最高法規である憲法は他の制定法に優先し（憲法81条）、これに反する法令および規則には効力がない（憲法98条1項）。そして、法律は、命令、規則、条例より上位にあり、これらが法律に反する場合にもやはり効力が否定される。命令相互間の効力については、政令、府令（省令）、規則の順で優先する（最高裁判所規則、議院規則については、法律に対する規則優位説もあるが、通説は法律優位説をとる）。条例は、法律や命令に違反しない範囲で効力をもつ（地方自治法14条1項）。

　このように日本の制定法は、下位法が上位法に反する場合にはその効力が否定されるという形で、憲法を頂点とした**階層的構造**（ピラミッド型の構造）を形成している。

　ただし近年、環境法の分野においては、規制範囲を法律と異なる範囲に拡張した条例（「横出し条例」）や、法令と同一の規制対象について、より厳しい規制を課す条例（「上乗せ条例」）が制定されており、これらと法令との関係が問題となっている。また、条約については、法律との関係では条約優位説が通説であるが、憲法との関係では憲法優位説と条約優位説の対立がある。

（4）特別法は一般法に優先する

　一般法とは、人・場所・事項などに関しての効力の制限がなく、その全般に適用される法のことをいう。これに対して、**特別法**とは、人・場所・事項などに関して、その効力に特別の制限があり、特殊的・部分的にだけ適用さ

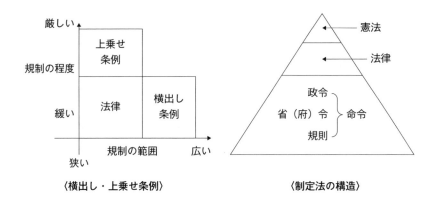

〈横出し・上乗せ条例〉　　　　〈制定法の構造〉

れる法のことである。

　たとえば、民法は、私法の一般法であるといわれるのに対して、商法は商人間の取引にのみ適用される法律であることから、特別法であると位置づけられている。そして、たとえば、AがBから買った自動車に欠陥があった場合にはAとBが商人の場合とそれ以外の場合で、次のような差が生ずる。まず、A・Bが商人ではない場合については、民法562条の適用がある。それによると、「契約の内容に適合しない」目的物（＝欠陥のある自動車）を引き渡した場合には、1年以内であれば、修理や代金の減額、損害賠償の請求や契約の解除をすることができる。これに対して、A・Bが商人の場合については、商法526条に規定がある。それによると、同条第1項で「商人間の売買において、買主は、その売買の目的物を受領したときは、<u>遅滞なく、その物の検査をしなければならない</u>」と規定し、同条第2項で、検査によって欠陥（契約内容との不適合）を発見したときは、「<u>直ちに</u>売主に対してその旨の通知を発しなければ」修理や代金減額等を請求できないとしている。民法566条との違いは、目的物受領後「遅滞なく」検査を行い、欠陥があった場合には「直ちに」売主に知らせることが、修理や代金減額請求をするための「要件」となっていることである（「遅滞なく」「直ちに」の意味については☞10-7）。これは、商人間の取引においては、迅速さが求められること、また商売プロに対して、検査義務を課しても酷ではないことが理由である。

　そして、商法は特別法であり、**「特別法は一般法に優先する」**という法適

用の原則から、上の例の場合、A・Bが商人の場合には第一に商法526条が適用され、その後民法が適用されるのに対し、A・Bが商人以外の場合には、はじめから民法が適用されることとなる。なお、商人間の問題のすべてについて、商法に規定があるわけではない。たとえば、商人間で発生したある債務について「利率」を決めていなかった場合には、法が定めた利率（「**法定利率**」という）が適用されることとなるが、これについては、商法に規定がない。こうした場合には民法の規定によることとなる（民法404条）。

（5）後法（新法）は前法（旧法）に優先する

　法令が新たに制定または改正される場合には、旧法の規定が存続しているときは、後法（新法）が優先し、これが適用される。ただし、こうした新法に抵触する旧法の規定は、廃止または改正されるのが通例であることから、法令内でこうした場面を見つけることは難しい。ただ、後述するように、遺言（☞ 4-3-2の（3）、23-2-4の（1））もある種の法源であるところ、遺言者が何回も遺言を書き直し、そのつど古いものを破棄せずこれを保管したまま死亡したという場合には、まさにこの問題が生ずる。この場合には、最も新しい遺言に遺言者の最終意思が表れているとして効力が認められることとなる。

（6）強行法と任意法

　制定法の規定には、公の秩序に関するものとそうでないものがある。そして、公の秩序に関するものについては、当事者がそれを望むか否かにかかわらず、これに従わなければならない。このように強行的に適用される法規（規定）を**強行法**（強行法規、強行規定）という。公法（☞ 3-2-4）の大部分は強行法であり、私法においてもこうした強行法が散在している（たとえば民法175条）。

　これに対して、公の秩序に関係しない規定については、当事者の意思が尊重され、その適用を排除することができる。こうした規定を**任意法**（任意法規、任意規定）という。しかし、従わなくてもよい法ならば何のために置かれているのだろうか。たとえば、AがBから大型テレビを買い、後日BがA宅に届ける約束をしたとする。ところがその運搬費用をどちらが負担するか

決めていなかった。これについて民法485条は、「弁済の費用は別段の意思表示がないとき、その費用は債務者の負担とする」と規定している。Bはテレビの引き渡しという義務（「債務」という）を負っている「債務者」である。そして、同条の「別段の意思表示」がある場合とは、すなわち、A・Bが運搬費用について取り決め（合意）をしていた場合である。つまり、当事者間に運搬費用についての合意があれば、それに従い、それがないときに限り485条の適用があることになる。このように、この規定は合意の「穴」を補充する役割を果たしているが（民法484条1項も同様）、任意規定にはこうした役割を果たすものが多い。

4-3. 意思表示に基づく法源

4-3-1. 意思表示に基づく法源とは

　私法の大原則に<u>私的自治の原則</u>というものがある。これは、公序良俗に反しないかぎり、人は自由な意思に基づき法律関係（たとえば契約関係）を形成することができ、国家もそこでの法律関係を承認するという原則である。このとき人は内心に意思を抱いても、それを外に向かって表明しなければ、他者とのあいだに法律関係を結ぶことはできないから、かならず意思の表明である「意思表示」が要素となっている。そして、「私的自治」という名が示す通り、当事者の意思表示によって取り決められた内容は、当事者を縛る自治規範であり、それは当事者間おいてはまさに「法」である。したがって、意思表示に基づく法源とは、そうした意思表示の当事者が自らを縛るために自由な意思に基づき定立した法ということができる。

4-3-2. その種類
（1）契約、定型約款

　外国には、契約は当事者間では「法律に代わる効力をもつ」という規定をもつ国もある（フランス民法典の1134条1項）。日本にはこうした規定は存在しないが、契約をめぐるトラブルが発生したときに、裁判官が最初に行うのは、現在生じているトラブルについて契約書（大量取引を念頭に置き、企業があ

らかじめ定めた定型的な契約条件は定型約款と呼ぶ〔☞ 22-2-3 の（1）〕）にど
のような定めがあるかということの確認あるいはその意味の確定である。そ
して、確認された内容が強行法に反していない場合には、その契約内容に従
い問題が解決される。このように契約について紛争が生じたときは、当事者
が取り決めた契約内容が最優先に適用される法源となる。

（2）就業規則、労働協約

　わたしたちが会社などで働いて賃金を得る場合、わたしたちと会社（使用
者）とのあいだには、労働契約が締結されている（労働契約法6条）。労働契約
といっても、実際には詳細な労働条件まで合意していることは、まれである。
未合意の労働条件を定めているものが、**就業規則**および**労働協約**である。

　就業規則は、使用者が労働条件の詳細な事項などを定めた規則である。使
用者が多数の労働者を雇用する場合に、たとえば、1人ひとりの労働者の始
業・終業時刻や休日がばらばらであるときは、職場規律や効率的な事業運営
が害されるおそれがある。そこで、使用者は、就業規則を定め、労働条件を
統一的に設定しているのである。就業規則は、使用者が一方的に定めたもの
であるが、それが合理的である場合には、労働者はこれに従わなければならな
ない（労働契約法7条）。したがって、就業規則は、労働契約において合意され
ていない労働条件を補充するものであり、労働契約に関する訴訟に適用され
る法源である。また、使用者が就業規則を変更することにより、労働条件が
労働者にとって不利益なものとなる場合でも、その変更が所定の条件を備え
るときは、労働者は変更後の就業規則に従わなければならない（労働契約法10
条）。

　労働協約は、労働組合と使用者とのあいだで締結される労働条件などに関
する協定である（労働組合法14条）。労働協約も、就業規則と同様に、労働条
件の詳細な事項を補充するものである。労働協約も法源である。なお、労働
基準法が定める労働条件の基準は強行規定であるから、労働契約、就業規則
および労働協約が、その基準に達しない労働条件を定める場合には、その部
分は無効である（労働基準法13条）。

（3）遺言

　　遺言（民法ではいごんと読むのが通例である）は、遺言者の単独の意思表示により、遺言者の死後の法律関係（とくに財産の帰属）を定めるものである。遺言者は、遺言によって死後の法律関係を自由に定めることができる。これは、「遺言自由の原則」と呼ばれ、私的自治の原則の1つの現れである。ただし、遺言の偽造・変造などの防止の観点から、遺言はある一定の方式に従わなければ効力が否定され（民法967条）、その記載内容についても法的効力が認められる事項が限定されている（法定遺言事項〔☞23-2-4の（1）〕）。また、被相続人（死亡した人）の配偶者、直系卑属（子、孫など）および直系尊属（父母、祖父母など〔☞「直系」については281頁の図〈直系および傍系の親等関係〉〕）は、遺言の内容にかかわらず、相続財産の一定割合を相続する権利（これを**遺留分**という〔☞23-2-4〕）を有する。こうした遺言の自由を制限する規定はいずれも強行規定であり、遺言自由の原則は、方式や内容という点で大きな制限を受けている。

（4）定款

　　定款は、法人（社団法人、財団法人、株式会社など）の目的、組織および運営などに関する根本規則である（☞18-2-1）。代表的な定款は、株式会社の定款である。法人に関する法律（一般法人法〔「一般社団法人及び財団法人に関する法律」〕、会社法など）の規定は原則として強行規定である。しかし、これらの法律は、法人の運営、社員の権利義務などの細かい事項まで規定しているわけではない。そこで、個々の法人は、法律に規定されていない事項（たとえば、法人の名称、目的など）を定款において補充的に定めている。定款は、法人の内部において、法律と同様に一般的拘束力を有するから、法人の構成員（たとえば、株式会社の株主）は、これに従わなければならない。したがって、法人内部の法的紛争（たとえば、株式会社とその株主のあいだの紛争）では、定款が法源である。

4-4.　慣習

4-4-1.　慣習の意義

　わたしたちは、法律、道徳、宗教上の戒律、風習など、さまざまなルール（これを「社会規範」と呼ぶ〔☞ 6〕）に従って社会生活を営んでいる。社会規範のうちで、<u>特定の社会（たとえば、商人など同業者や村落共同体など）において反復継続して行われることにより、その構成員の行動をある程度拘束するようになったルール（規範）を**慣習**と呼ぶ。</u>

4-4-2.　慣習の法源性
（1）法適用通則法 3 条

　憲法には、慣習が法源である旨を直接定める規定はない。しかし、法適用通則法（「法の適用に関する通則法」）3 条は、慣習が所定の要件を備える場合には、法律と同一の効力を有する旨を定めている。したがって、同条に定める要件を備える慣習は法源である（憲法 76 条 3 項参照）。法適用通則法 3 条によれば、慣習が法律と同一の効力を有するには、①その事項について、慣習による旨が法令の規定により認められている場合（たとえば、入会権に関する民法 263 条、294 条や墳墓等の相続に関する 897 条）、または法令の規定が欠けている場合であって、②その慣習が公の秩序または善良の風俗（簡略化して「公序良俗」と呼ばれる）に反しないものである必要がある。

（2）民法・商法における慣習

　慣習が裁判規範として用いられた例はいくつかあるが、そうしたもののなかで今日の取引社会で最も重要な役割を果たしているものとして**譲渡担保**がある（☞ 22-1-2 の（4））。ただしその理解には民法の担保法に関する知識が必要となることから、ここでは、水利権について紹介しておこう。A らは、自然池（甲池）から流れ出る水を貯めたため池（乙池）を利用して長年農業を営んできた。ところが、甲池の新所有者である B が甲池を改修し新たな丙池を作り水の流れを変えたことにより、乙池への流水量が減少した。そこで A

らがBを訴えた。これについて裁判所は、甲池から低地の乙池に水を引き入れることが、乙池を長年利用してきたAらに与えられた慣行に基づく既得権であったことを認め、甲池が改修されて新たな丙池が作られたあとも丙池から乙池に注ぐ水に対して、右水利権者は平等の利用権をもち、何人<rt>なんぴと</rt>もこれを妨げることは許されないとの判決を下した（松江地判昭和50年3月12日判時795号86頁）。ここではAらの「長年の慣行（慣習）」が裁判所によって法源として認められている。

　なお法適用通則法以外に、慣習の法源性を認める法律には次のものがある。商法1条2項は、商事に関しては、商法に規定がない場合には、商慣習が民法に優先して適用されるとする。また、民法92条は、当事者がとくに定めなかった事項について、任意規定と異なる慣習がある場合には、当事者が反対の意思（慣習には従わない旨の意思）を表示していないかぎり、その慣習が任意規定に優先して適用される旨規定している（これは「事実たる慣習」と呼ばれることがある）。

　このように慣習は、私法の領域では法源の1つされているが、刑法においては、罪刑法定主義に基づき、慣習刑法は禁止されている（☞25-3-1）。

　なお国際法の分野においては、国際司法裁判所規程38条1項b号は、国際慣習法は国際司法裁判所が行う裁判の法源である旨を定めている。

4-5. 判例

4-5-1. 判例の意義

　判例とは、ある事件の判決で示された一般的基準が、その後の同種の事件においても基準として用いられることにより、裁判実務において先例として定着したものをいう。

4-5-2. 判例の法源性

　英米法の国々では、「同様な事例は同様に扱え」という正義の原則に従い、同種の事件では先例に従わなければならないとする「先例拘束性の原則」が採用されている。

　これに対して、大陸法に属する日本の法令には、判例が法源である旨の規定や、裁判官に対して判例（先例）に従うべき義務を課す規定は存在せず、裁判官は、先例に拘束されることなく、自由に判断を下すことが可能である。

　しかし、<u>日本の訴訟制度においては、最高裁判所の判例は実際には法源として機能している</u>。というのは、第1に、日本では三審制（☞ 2-1-1）がとられているが、下級審裁判所が、最高裁判所の判例と異なる判決を言い渡しても、これに不服な訴訟当事者は上訴し、最高裁判所の判例が変更されないかぎり、結局は、最高裁判所の判例の結論に落ち着かざるをえなくなる。第2に、最高裁判所が判例を変更する場合には、大法廷（☞ 2-1-2）において裁判をする必要があり（裁判所法 10 条 3 号）、最高裁判所は判例の変更に慎重だからである。

　ただし、「判例」といっても、もとは個別の事件を解決するために出されたものである以上、その判決文のどこからどこまでが「先例」としての価値を有するのか、そして、「同様な事例は同様に扱え」というとき、どのような基準に基づいて当該先例の前提となっている A という事案と、現在解決しようとしている B という事案が「同様な事例」といえるのか（判決の射程の問題）といった問題など、その適用にあっては難しい問題をクリアしなければならない。

4-6.　条理

4-6-1.　法の欠缺（けんけつ）

　<u>実際の具体的な訴訟に適用すべき法が存在しないことがある。制定法、意思表示に基づく法源（契約、約款など）、慣習法および判例のなかに、適用すべき法が存在しない場合である。これを**法の欠缺**と呼ぶ。</u>法の欠缺が生じる原因は、将来生じうるあらゆる法的紛争に対応することが可能な法令を制定することは不可能であり、また、契約当事者が予測しえなかった法的紛争が生ずることがあるからである。法の欠缺の場合、裁判官の判断のしかたは民事訴訟と刑事訴訟とで異なっている（☞ 5-3-2 の（4））。<u>刑事訴訟では、罪刑法定主義に基づき、無罪を言い渡す</u>（☞ 25-2、25-3-4）。他方、民事訴訟では、

この場合でも裁判官は何らかの判断を示す必要があるが、法の欠缺の場合に裁判官がよるべき判断基準を**条理**という。条理は、民事裁判において裁判官が準拠する判断基準であるから、法源である。

4-6-2. 条理の意義

条理とは、社会生活における根本理念であって、ものごとの道理、筋道、理法、合理性と同じ意味である。これについては、1875（明治8）年太政官布告第103号裁判事務心得3条で「民事ノ裁判ニ成文ノ法律ナキモノハ慣習ニ依リ慣習ナキモノハ条理ヲ推考シテ裁判スヘシ」とされていた。この布告自体が今日でも効力を有するのか否かは議論があるが、実際に裁判においてはこの条理が用いられることがある。たとえば、そうした事件としてマレーシア航空事件（最判昭56年10月16日民集35巻7号1224頁）がある。1977年12月4日、ペナン島からクアラルンプールに向けて飛行していた、マレーシア航空の旅客機が、パイロット2名がハイジャック犯に射殺されたため墜落し、Aが死亡した。Aの遺族は、航空会社に対し損害賠償を求めたが、名古屋地方裁判所は、航空会社の本籍がマレーシアにある以上、日本の法律では裁けない（＝裁判管轄権がない）として遺族の訴えを却下した。これについて最高裁は「国際裁判管轄を直接規定する法規もなく、また、よるべき条約も一般に承認された明確な国際法上の原則もいまだ確立していない現状のもとにおいては、当事者間の公平、裁判の適正・迅速を期するという理念により条理にしたがって決定するのが相当」であるとして、航空会社を日本の裁判権の下に復させるべきであるとした。

＝ コラム1 ＝

学説と実務

法律の解説書では、さまざまな学説（法解釈に関する主に学者の主張）が紹介されることが多い。ヨーロッパ法の歴史においては、学説が法源とされた時代もあったが、今日では学説は法源ではない。

とくに実定法分野では、ある判決をきっかけとして、さまざまな学説が主張されることが多い。そして、場合によっては、学説上の主張が判決に影響を及ぼし、のちにそれが「判例」となることもありうる。

　学説が紹介されるときには、支持されている度合いが高い順に、通説、多数説、少数説、有力説といった言葉が使われる。有力説という言葉は、内容的な説得力の強い少数説のことを指す場合があるので、注意が必要である。

　また、ある法規定の解釈が解説書で示されるとき、判例の立場や学説の状況の紹介に続けて、「実務では……」と説明されることがある。この場合の実務とは、国や地方公共団体において、あるいは私企業などで、慣行として現実に行われているものをいう。この「実務」が前提としている法解釈は、かならずしも裁判所の判断によって支持されたものとはかぎらない（判例が存在しない場合もある）。

練習問題

〈確認問題〉

1．次の文章の（　）のなかに最も適切な語句を入れなさい。

　　裁判官が裁判を行う場合に準拠すべき基準を（　①　）という。（　①　）には、次のようなものがある。憲法76条3項によれば、裁判官は、憲法および（　②　）に拘束されるから、（　②　）は（　①　）の一種である。裁判所の判断の先例である（　③　）は、英米法諸国では、最も重要な（　①　）である。これらの国では、いわゆる先例拘束性の原則が確立し裁判官は、先例に従って判決をすべき法的義務があるからである。日本では、先例拘束性の原則は存在しないが、最高裁判所の先例に反する下級裁判所の判断は、最高裁に上告することにより、最高裁の判断を受けることが可能であるから、（　③　）は、事実上、（　①　）に含まれる。また、法適用通則法（「法の適用に関する通則法」）3条によれば、法令に規定のない事項については、（　④　）も、公序良俗に反しないかぎり法律と同一の効力をもっている。日本の制定法には、次のようなものがある。憲法の定める方式に従い、国会が制定する法を（　⑤　）という。国の行政機関が制定する法は（　⑥　）と総称される。（　⑥　）はさらに、内閣によって制定される（　⑦　）と、各省（または内閣府）の大臣が所管の行政業務について制定する（　⑧　）および府令に分かれる。地方公共団体が制定する法は、（　⑨　）と呼ばれている。

〈発展問題〉

2．制定法、慣習法、判例のなかに、適用すべき法が存在しないことを何と呼ぶか。また、この場合に、裁判官は訴訟をどのように取り扱うべきか。民事訴訟と刑事訴訟とに場合を分けて述べなさい。

3．法律不遡及の原則を簡潔に説明しなさい。

4．日本国憲法と日米安全保障条約とは、いずれが優越するかを説明しなさい。

5. 法の解釈と適用

5-1. 法的な紛争処理の流れ

　前章の「法源」では、裁判官が依拠すべきルールを学んだ。しかし、紛争を法に基づいて解決するためには、もう少しステップが必要である。

　具体的に考えてみよう。

例①

Xは、Aを殴りつけて負傷させた。

　こうした場合、第一に、この場合に適用されそうなルールを探し、傷害罪（刑法204条）に目星をつけることになる。

　その傷害罪の規定は2つの要素に分解できる。すなわち、犯人Xが「人の身体を傷害した者」であるという点と、その者は「15年以下の懲役又は50万円以下の罰金」に処されるという点である。前者を**要件**、後者を**効果**と呼ぶ。一般化すると、法は「pならばqである」という形式をとる。

　ただし実際の裁判では、第1に犯人Xが本当に「人の身体を傷害した者」に当たるのかの証明をしなければならない。裁判所は、当事者の主張を聞いたうえで、要件に当たる事実が本当に存在するのかを認定することになる（**事実認定**）。認定された事実が目星をつけたルールの要件を満たせば、それ

を適用して（**法の適用**）、その効果を発生させる。多くの場合は、これで紛争は解決される。

5-2. 法の解釈とは何か

しかし、法の適用の前にもう1つ問題が生じることがある。それが、本章で学ぶ法の解釈という問題である。次に、以下のような場合を考えてみよう。

> **例②**
>
> Xは、Aを殴りつけたところ、Aは身体的な負傷はしなかった。しかし吐き気がしたので心療内科を受診したところPTSDと診断された。

この場合、Xは「人の身体を傷害した者」に当たるだろうか。身体の「傷害」（傷）とは「皮膚や筋肉が裂けたり破れたりした部分」という意味だとすれば、「傷害」には当たらない。しかし、「傷害」（傷）が「心などに受けた痛手」の意味も含むとすれば、「傷害」に当たる。

このように、たとえば「傷害」という文言の意味のとり方によって、法を適用できるかどうかが変わってくる。上に述べたように言葉は解釈の余地があるから、条文の文言の意味を解釈して確定させなければ、例②の結論を導くことができない。そこで、法の解釈が必要になるのである。

法の解釈は、以下に述べるように複数の方法がある。最終的には裁判官がどのような解釈が妥当かを判断する。

5-3. 法の解釈

5-3-1. 文理解釈

最初に思い浮かぶのは、その文言の日常的な意味に従って解釈するということである（**文理解釈**）。たとえば、「傷害」とは身体的な傷のことを指すという解釈である。そう解釈すると例②は傷害罪にはならず、暴行罪（刑法208条）にとどまることになる。それで妥当かどうかは疑問であろうから、ほかの解釈方法を探ることになるのである。

5-3-2. 論理解釈

次に挙げられるのは、論理解釈である。これは、語義の可能な範囲内で行う縮小解釈と拡張解釈、その範囲を超えて行う反対解釈と類推解釈の4つがある。

（1）縮小解釈

その文言の語義の範囲内で、日常用語よりも狭く解釈する方法を、**縮小解釈**という。たとえば、唇を切っただけのようなきわめて軽微な傷は「傷害」に含まないという解釈である。

そして、そうした縮小解釈を行うべき場面もある。たとえば、以下のような場合を考えてみよう。

> **例③**
>
> 　Xは、警察官Aに逮捕されそうになったところ、「逮捕状を見せろ」と主張したものの、逮捕状が出ていることが告げられることもないまま逮捕されそうになったので、Aを突き飛ばした。

この場合、Xは公務員Aの職務中にこれを突き飛ばすという暴行を加えているから公務執行妨害罪（刑法95条1項）に該当しそうであるが、それは妥当な結論とは思われない。逮捕の際は逮捕状の提示が必要だからである。この結論を導くために、一般的には95条1項の「職務」を、適法なものに限るという縮小解釈を行っている。

（2）拡張解釈（拡大解釈）

その文言の語義の範囲内で日常用語よりも広く解釈する方法を、**拡張解釈**（拡大解釈）という。たとえば、先ほどの例②のように、心の傷も「傷害」に当たるとする解釈である。

（3）反対解釈

「pならばqである」という規定から「pでなければqでない」と解釈する方法を**反対解釈**という。たとえば、裁判員法16条1項柱書には「次の各

号のいずれかに該当する者は、裁判員となることについて辞退の申し出をすることができる」と定めている。他方、それらの辞退事由に当たらない場合はどうなるのかは明確には定められていないが、明文規定がない場合（**法の欠缺**）の場合に、辞退できないという逆の結論を導くのが反対解釈である。

（4）類推解釈

「pならばqである」という規定から、「pではないが、pに類似のp'ならばqである」と解釈する方法を**類推解釈**という。これも、p'についての規定がない場合（法の欠缺）の場合に用いられる。たとえば、裁判員法15条1項15号は、「法律学の教授又は准教授」は裁判員になれないと定めているが、講師については定めていない。ここで、講師と准教授は、いずれも大学で講義を担当しているという点において類似していると考えて、講師も准教授と同じく裁判員になれないという結論を導くのが類推解釈である。

ところで、類推解釈は法の欠缺の場合に行われる。刑法の分野では法律なければ刑罰なしという罪刑法定主義にのっとって解釈を行わなければならないから、刑法においては類推解釈を行ってはならない。したがって、法の欠缺の場合は処罰する条文がないので、無罪という結論が導かれる。

たとえば、以下の場合を考えてみよう。

例④

Xは、Aに向かって、「お前の婚約者のBを殺す」と凄んだ。

これと関連する刑法222条脅迫罪の規定は、1項は本人の、2項は「親族の」生命などに害を加える旨を告知した場合を処罰している。例④のXを脅迫罪で処罰することは可能であろうか。婚約者はたしかに親族と同等に大事な存在であり、類推解釈を行いたい場面ではある。しかし先ほども述べたように、刑法では法の欠缺の場合には無罪にするという原理に従わなければならないため、例④のXは無罪（不可罰）としなければならない。

なお、民事裁判において法の欠缺が生じた場合に条理によって判断することは前章（☞4-6）で学んだとおりである。

5-4.　解釈の実際

　これまで、文理、縮小、拡張、反対、類推という5通りの解釈の方法を学んだ。では実際に、どの解釈を行うべきか。この点は、まさに憲法、民法といったそれぞれの専門科目で個々の条文ごとに学んでいくことであるので、ここでは一般的なことがらを示しておきたい。

　法を解釈する際に第1に考えるのは、結論が妥当かどうかということである。当事者（さらには世間一般）の理解が得られるような結論でなければ、紛争を解決したとはいえないからである。例②についていえば、身体の傷によって通院して治療を受けなければなければならなかった場合と、心の傷によって通院して治療を受けなければならなかった場合とを区別する理由は乏しい。そうであれば、例②の場合も傷害罪が成立するという結論に至ることのできる拡張解釈を行うべきである。

　しかし、法による紛争解決は公平であることも同じように重要である。したがって、法を解釈する場合にそのような解釈で以後問題が生じないか、引き続き公平な解決ができるかどうかも考える必要がある。たとえば、例②で拡張解釈を行って心の傷も傷害罪における「傷害」に当たると解釈した以上は、その解釈は——判例変更の手続を経ないかぎりは——変更することができない。そのため、そうした拡張によって、処罰範囲が広がって不当な結論に至ることがないかどうかも考えたうえで、それぞれの条文の解釈の方法を専門科目で学んでいくことになる。そのため、「傷害」という文言の解釈は5通りの方法があるが、その文言の解釈が事例に応じて柔軟に変わるわけではない、ということも忘れないでおいてほしい。

　主にこの2つの点を考慮してそれぞれの条文の解釈が行われているが、この入門書では、解釈の方法が複数あることと、その使い方の大まかな方針を理解しておけばよい。

—— 練習問題 ——

〈確認問題〉

1.（　　　）のなかには最も適切な語句を入れ、Ⓐ～Ⓑには選択肢のなかから最も適切なものを選びなさい。

（1）一般に法律の条文は、「pならばqである」という形に言い直すことができる。このとき、pに当たる部分を（　①　）、qに当たる部分を（　②　）と言う。

（2）訴訟において裁判官は、まず、法を適用するための前提として事実の有無を判断する。この作業を（　③　）という。次に、これに法を当てはめ、結論である判決を導き出す。この作業を（　④　）という。

（3）法規の解釈に当たり、その言葉や文章の日常的な意味に従って解釈することを「（　⑤　）解釈」という。また、特定の文言から導くことが可能な意味の範囲内で、その日常用語的意味よりも狭く解釈することを「（　⑥　）解釈」、それよりも広く解釈することを「（　⑦　）解釈」という。たとえば、細菌を使って病気にさせた事案や精神的ストレスを与え続けて慢性頭痛症にさせた事案にも刑法204条の傷害罪の成立が認められているが、これは「傷害」という言葉を（　⑧　）解釈した場合である。また、公務執行妨害罪に関する刑法95条1項における「職務」を「適法なものに限る」とする解釈は、「職務」という言葉を（　⑨　）解釈した場合である。これらの解釈によってもなお結論に達することができない場合は、制定法の（　⑩　）ということになる。この場合、「pならばqである」という規定から「pでなくてもpに類似しているからqである」を導くことを「（　⑪　）解釈」、「pでないならqではない」を導くことを「（　⑫　）解釈」という。たとえば、刑法134条1項によれば、「医師、薬剤師、医薬品販売業者、助産師……が、正当な理由がないのに、その業務上取り扱ったことについて知り得た人の秘密を漏らしたときは、六月以下の懲役又は十万円以下の罰金に処する」と規定されている。このとき、秘密を漏らした看護師もこの規定により処罰されるとの結論が導かれるのは、同項を（　⑬　）解釈した場合であり、秘密を漏らした看護師はこの規定によっては処罰されないとの結論が導かれるのは、同項を（　⑭　）解釈した場合である。

（4）近代的な民事裁判では、法の（　⑩　）の場合、Ⓐ（（ア）原告敗訴の判決が下される／（イ）裁判官は社会通念（これは「条理」と呼ばれる）に従って判断する／（ウ）原告勝訴の判決が下される）。他方、近代的な刑事裁判では、「法律なければ刑罰なし」という（　⑮　）に従って裁判が

行われることから、法の（　⑩　）の場合、Ⓑ（(ア) 被告人は検察官が起訴した以上有罪となる／(イ) 被告人が有罪か無罪かは、社会通念に従って判断される／(ウ) 被告人は無罪となる）。

〈発展問題〉

2．Xは、Aのアカウント名とパスワードを盗み見て、それを利用してAのアカウントでログインし、Aがオンラインゲーム上で保有しているレアアイテムをXに譲る操作を行った。

　　Xに窃盗罪（他人の財物を窃取した者）に該当するかどうか、「財物」の解釈を意識して論じなさい。

6. 法と社会規範

6-1．法の社会的機能

　法とは何か。これにはさまざまな定義が可能である。ここでは法が社会においてどのような機能をもっているか、という側面から考えたい。

（1）社会統制機能
　法は、私法上の強行法への違背行為や刑事上の犯罪行為（殺人、強盗など）のような法的逸脱行為に対し、公的な強制的サンクション（制裁）を課すことによってそれを抑止する。また法は、このような作用が公権力の恣意に委ねられることにならないように、それをコントロールする機能も有している。前者は社会秩序の維持という法の基本的任務に関係する機能であるが、近代以降においては、後者の機能の重要性が増している。

（2）活動促進機能
　お金を払っているのに相手が物を渡さなかったらどうだろう。アルバイトをしたのに給料が支払われなかったら？　切符を買ったのに電車に乗ること

を拒まれたとしたら？ 授業料を払っているのに教室に教員が来なかったら？ 人びとは自分の目的のために活動したいのに、相手に期待した行動が望めないのならば、動くことをためらう。法はこのような事態を避けるために、約束したとおりの行動をとるように定める。このような機能があれば、私人間の活動は予測可能で安全確実なものになる。

（3）紛争解決機能

紛争が実際に生じた場合、裁判所などにおいてしかるべき解決が図られることになる。このとき、裁判所などは刑事訴訟法や民事訴訟法など、公正な裁定を下すためのルールにのっとって、解決を図る。

（4）紛争予防機能

紛争を解決することはもちろん法の重要な機能であるが、そもそも争いは起こらないほうがよい。法は、一般的な法的基準により権利義務関係をできるかぎり明確にして紛争の予防を図る。

（5）資源配分機能

これは、経済活動の規制、生活環境の整備、教育・公衆衛生などに関する公共的サービスの提供、社会保障、各種の保険や租税による所得再配分などの重要な手段としての機能を意味する。

6-2. 実効性と妥当性

法にいくら公正なルールが定められていたとしても、それが実現されなければ意味がない。殺人など違法なことが行われたのに犯人がまったく捕まらないとしたら、あるいは判決が出たのに引き渡されていない物に対する強制執行がまったくできなかったら、法は存在しているのにもかかわらず現実として、権利の実現や社会秩序の維持に貢献していないことになる。このように、法がその内容を確実に実現しているか否かは、**実効性**の問題と呼ばれる。

実効性とは別に、事実がどうであれ、法が法としての地位を獲得するには

何らかの正当化理由を必要とする。なぜ法に従わなければいけないのか、これを**妥当性**の問題と呼ぶ。

（1）実力説

　法に従わなければいけない理由を、法を定め、執行する者（団体）のもつ実力に求める考え方がある。制裁が恐ろしいから従わなければならない、ということである。たしかに実力をともなわない者の定めたルールに従う理由はなさそうである。しかし、たとえば強盗がピストルをかまえて「死にたくなければ、金を出せ」という命令は法と呼べるのか、という問題が生じてしまう（マフィアだったらどうだろう。あるいは国際的なテロ組織だったら？）。

（2）慣行説

　人びとが慣行として規範をだいたいにおいて守っている、という事実が法の妥当性の源である、という考え方は、現代の法の説明としては穏当である。しかしどれくらいの期間そのような状態であれば「慣行」といえるのか、という理論的問題が残されている。

（3）承認説

　あるルールに対して人びとが「これは法である」と承認していれば、そのルールは法となるという考え方である。もっとも、この承認は、何らかの意味で理性的であることが想定されている。

（4）規範説

　ある規範が法としての妥当性をもっているとしよう。なぜこの規範が法なのか、それはこの規範より上位の規範が法としての妥当性を付与しているからである。では、上位の規範がなぜ法であるのか、それはそれよりさらに上位の規範が法としての妥当性を付与しているからである。このように、法としての妥当性をより上位の法規範の存在に求めていくと、国内法の最高法規である憲法にまでさかのぼることになる（この説は、憲法がなぜ妥当性をも

つのか、という問題を抱えている）。

（5）理念説

　これは法の定める内容自体の良さに妥当性の根拠を求める考え方である。たとえば、なぜ殺人は刑罰の対象となるのかといえば、それは「人を殺してはならない」という道徳があるからである。これは「自然犯」、すなわち道徳観念に基礎をもつ伝統的な意味での犯罪に当てはまる。「法定犯」、すなわち、自動車の右側通行違反のように、本来は道徳とは無関係な、社会秩序維持のためのルールに関わる犯罪については、「社会秩序を破壊してはならない」というのが道徳であるならば、理念説でも説明可能である（ただしそうなると、「自然犯」と「法定犯」の違いは相対的なものになる）。

6-3．法と道徳

　法と道徳の関係を一言でいうことは難しい。しかもこれは古典的トピックとしてのみならず、現代の法に関する問題（立法や条文解釈など）としても重要である。たとえば、なぜ日本の法律婚は一夫一妻制で、一夫多妻制、あるいは同性婚を認めていないのか。また、すでに亡くなった夫の冷凍してあった精子を用いて妻が出産した子に、どのような法的保護を与えるべきか。

　このような問題を考えていく際には、法と道徳を同一平面でとらえることが重要である。すなわち法と道徳は、社会的規範という意味では同じと考えるべきである。

6-3-1．道徳の定義

　道徳とは何か。これを一義的に定義することはできないので、ここでは一応の定義をする。

①個人的な良心を主な動機としている。

　法の遵守（じゅんしゅ）については、いかなる動機（制裁への恐れや利己心、虚栄心など）からでもよいが、道徳はその動機を良心に求める。

②利他的な振る舞いを要求することがある。

　法は原則、利他的な振る舞いを求めない。自分の権利義務の範囲で動いていれば、制裁を科されることはない。ひるがえって道徳の場合、自己犠牲的な振る舞いを求められることがある。

③他者の利害に直接に関係しない規範が含まれている。

　法は少なくとも2人以上の個人が存在しなければ不要であるし、複数人の個人が存在している場合でも、他者の利害に関する規定をもつことが想定されている。しかし道徳の場合、他者の利害に直接関係しない規範も含まれる（極端な話、この地球上に自分ひとりしかいなくなってもなお道徳規範が存在しうるのだ！）。

④制定機関・執行機関・裁定機関をもたない。

　法は制定機関をもち、また執行機関や裁定機関をもつことが通例である。他方、道徳の場合、そのような機関の存在を想定することは困難である。

6-3-2. 法は「倫理的最小限」

　ドイツの法学者イェリネックは、法を「倫理的最小限」（道徳と倫理を厳密に区別して定義する論者がいるが、ここでは同じ意味と考えて話を進める）と定義した。これは内容面に着目した言葉である。すなわち、<u>社会において道徳はさまざまな規律を設定するが、その一部のみを法は守備範囲としている</u>、ということである。たとえば、「嘘をつくな」は道徳規範といえるが、法はすべての嘘を禁止するわけではない。嘘のうち「詐欺」や「偽証」のようなもののみを禁じているのだ。

　もっとも、前述の「法定犯」のように一見道徳と直接的な関係のなさそうな法規範や、債権の消滅時効のように、見方によっては道徳に反するとまでいえる法規範が存在する。また、法は「倫理的最小限」に含まれていても、法が規律していないことがらがある。たとえば、「他人の不幸を喜んではいけない」は道徳の最小限の内容といえるかもしれないが、他人の不幸を喜んだだけでは違法とはいえない。さらに、法と道徳は要求水準の相違ではなく、

実は質的に異なったものでありうる（「汝の敵を愛せ」という道徳規範は、権利義務の範囲で行動していれば問題としない法規範とは、根本的に異なるのではないか）。

6-3-3. 法は「倫理的最大限」

ドイツの経済学者シュモラーは法を「倫理的最大限」とした。これは効力に着目した言葉である。すなわち、<u>道徳規範の違反に対しては、非難や社会的孤立など、強制的な制裁は想定されていないのに対し、法には刑事の分野においては死刑や拘禁刑（☞ 25-1-2）など、民事の分野においては強制執行といった、強制的手段が用意されている。</u>

もっとも、道徳規範の違反に対して、たしかに強制的な制裁はないとはいえ、その苛烈さによっては、違反者を死に至らしめる事態になりうることには注意が必要である。さらに、道徳的振る舞いが要求される人の範囲を広げた結果、あるいは道徳が捻じ曲げられた結果、犯罪を行った人の家族に対し、法律に違反しているわけでないにもかかわらず、自殺に追い込まれるまで厳しい非難を浴びせ続ける、ということも起こりうる。

6-3-4. 道徳と自然法

法と道徳の分離が徹底していなかった時代には、道徳と自然法は内容的には同じものとしてとらえられていた。強いて自然法固有の内容と考えられるものは、共同体の形成に関わるものが自然法固有の内容、たとえば**人民主権**や**抵抗権**であろう。

「自然法」と似た語として「自然権」というものがある。自然権は自然法によって認められた権利と考えるのが一般的だが、自然法と自然権の関係をそのようにとらえていない論者もいることに注意が必要である。たとえばイギリスの哲学者ホッブズは、各自が自らの生存のためになんでも思うままに行使しうる自由を自然権とした。しかし各人が、国家のない自然状態において自然権を行使すると、互いの自己保存のために激しい対立状況に陥ることになる（「万人の万人に対する闘争」）。そこでこのような自然権を制御する自然法が導入される。ホッブズによれば自然法とは反社会的人間への一方的命

令であり、理性によって発見されるものであった。「平和を求め、それに従え。そして可能なあらゆる方法によって、自分自身を守れ」「平和のため、また自己防衛のために必要と考えられるかぎり、人は他の人びとは同意するという条件で自然権を放棄ないし譲渡すべし」「結ばれた信約は履行すべし」といった、全部で 19 の自然法があるが、それらの共通性は「自分がしてほしくないことを他人にもするな」ということである。ホッブズは、自然法についての学問を「道徳哲学」と呼んだ。

6-3-5. 内面の問題

　法と道徳の峻別について、ドイツの哲学者トマジウスは、法は外面的行為を司り、道徳は内面的良心を司ると考えた。

　ドイツの哲学者カントは違ったとらえ方をする。カントは、法は**利己心や虚栄心**から遵守されてもよいとしたのに対し、道徳は**良心**に従って守られるべきである、と考えた。法はどのような内心でも、遵守されればそれでよいので、義務を履行させるために刑罰などで強制することも正当化される。他方、道徳は強制を回避する意思からの行為を正当化しない。あくまで良心が道徳を守る動機と考えるので、道徳違反に制裁を加えることは無意味である。

6-4. 法と他の社会規範との関係

　現代の法が公権力と密接に結びついていることは、法と他の社会規範との大きな相違点である。また法は、人びとを規律するという点では、他の社会規範と同一の役割を果たしているが、それに加えて、人びとを規律する手段としての権力をも規律しており、この点は、法の特徴としてきわめて重要である。近代以降の国家は、領域内の実力行使をほぼ独占する強大な権力を有している。近代以降の法は、権力分立（☞13-1、13-2、16-1）などを定めることによって、巨大化した権力を暴走させないようにする役割も担うようになっている。公権力の行使を法に従わせることによって、恣意的支配を行わせないようにすることが、「**法の支配**」の理念（☞7-3-1 の④）であり、とくに、憲法によって公権力を制約することで、国民の権利や自由を保障しようとする

考え方は、**立憲主義**（☞ 7-3-1 の⑤、13-1、13-2）と呼ばれる。

　現代の法は、制定機関や執行機関、裁定機関によって動かされる、高度に専門化の進んだ規範となっている。しかしそれは逆説的に、法の実現が法の力だけでは不可能だということも意味している。たしかに、「誰でも法には従わなければならない」はずだが、一般の人びとは、法の内容を十分に知っているわけではない。それでもだいたいにおいて、人びとは法に従っている。他人から借りた物を持ち主に返すとき、「それが法だから」返しているという人は少ないであろう。多くの人は、たんに借りたものは返すべきだから、そうしているのであろう。このように、法秩序それ自体も、法以外の社会規範の協力なくしては成り立たないのである。

―― **練習問題** ―――――――――――――――――――――――――――――――――――

〈確認問題〉

　1．次の（1）〜（5）の機能の説明に合致するものを、（ア）〜（オ）から選びなさい。

　　（1）社会統制機能
　　（2）活動促進機能
　　（3）紛争解決機能
　　（4）紛争予防機能
　　（5）資源配分機能

　　　（ア）具体的な紛争を裁判所などで解決する。
　　　（イ）人びとの法的逸脱行為を抑止し、また公権力の恣意的な行使をコントロールする。
　　　（ウ）紛争が起こらないようにする。
　　　（エ）私人間の活動を予測可能で安全確実なものにすることで、人びとの活動を促す。
　　　（オ）公共的サービスの提供や、所得の再配分を行う。

2．「ある法規範が妥当性を有するのは、それより上位の法規範に妥当性を付
　　与されているからである」という考え方を、何と呼ぶか。以下の（ア）～
　　（オ）から選びなさい。

　　　（ア）実力説
　　　（イ）慣行説
　　　（ウ）承認説
　　　（エ）規範説
　　　（オ）理念説

3．法と道徳の関係につき誤った説明を、（ア）～（エ）から１つ選びなさい。

　　　（ア）法の遵守は良心を動機とする一方、道徳は虚栄心などどのような動機
　　　　　　であれ守られていればそれでよい。
　　　（イ）法は利他的行動を求めないが、道徳は自己犠牲を要求することがある。
　　　（ウ）法は他者の利害に関係する規範であるが、道徳は他者の利害に直接関
　　　　　　係ない規範も含みうる。
　　　（エ）法は制定機関・執行機関・裁定機関を持つが、道徳はそれらをもたな
　　　　　　い。

7. 法と歴史

7-1. 法と歴史の深い関係

　法を学ぶうえで、歴史を知っていることは、他の社会科学系の科目以上に重要な意味がある。その理由は次のとおりである。

　人間の歴史は、ごく簡単に6つの時代──先史時代、古代、中世、近世、近代、現代──に分けられるが、法を学ぶうえで重要なのは、近代以降である[1]。なぜならば、今日の法制度は、近代に成立した社会の仕組み──**民主主義**という政治体制と**資本主義**という経済体制──を前提としてつくられているからである。こうした今日の法制度の特徴は、近代以前の社会の仕組みと比較することによって、より深く理解することができるようなるため、近代以前の歴史と近代の歴史を学ぶ必要があるのである。

　さらに、今日の法制度は、近代に成立した基本部分に、近代以降に形成されてきた「現代的な」要素が付け加わったものである。したがって、近代以

---

(1)　もっとも、近代の法制度や法の理論は、古代ローマ時代の法の影響を受けているとされている。とくに、大陸法と呼ばれる法体系の形成は、ローマ法研究の蓄積抜きでは語ることができない（ローマ法継受）。ただ、ローマ法の影響力の話はかなり難解であるし、ここでの話の本筋から逸脱することになるので、ここでは扱わないことにする。

降の歴史を知ることも必要となってくる。

　今日の法制度が、さまざまな歴史的経緯をふまえて成立したということを知ることで、わたしたちは、法制度をより深く理解できるようになる。たとえば、3（「法の分類」）で扱った「公法、私法、社会法」の分類（☞ 3-2-4）は、ここで扱う歴史の知識を組み合わせることによって、はじめて正確に理解することができる。歴史を知ることで、個別の法分野にとどまらない、法制度の全体的な理解が可能になるのである。

　では、それぞれの時代の社会の仕組みと法との関係を、歴史の流れに沿って見ていくことにしよう。なお、民主主義と資本主義は、いずれも近代の西洋において誕生したものであるから、ここでの説明は、必然的に西洋の話（とくに中世以降）が中心になることを、あらかじめお断りしておく。

7-2. 近代以前の社会と法

　近代以前の社会のあり方を大まかに説明すると、次のようになる。

①人の一生は生まれた時の身分によって決まっている。

　近代以前の社会における**身分**には、主に次のようなものがあった。まず、支配階層である貴族である。貴族には、上位の支配階層である国王や大貴族とそれらに臣従する中級・下級の貴族がいた。臣従する貴族らは、戦争などで、主（あるじ）である貴族のために働く義務がある。その一方で、主である貴族から土地を与えられたり、自分の土地が危険にさらされたときなどに保護してもらえたりする。両者はこのような服従と庇護の関係にあった。

　次に、農民である。自分自身の土地を保有する農民もなかにはいたが、大部分は貴族の土地である荘園の下で生活していた。貴族は領主として荘園内の農民を支配し、農民の日常生活全般を規制する代わりに農民を保護した。そして、自分の土地を貸し与え、耕させることで、租税やさまざまな賦役（ふえき）を課した。なお、先述の貴族間の関係と、この領主・荘園農民間の関係、これら2つの関係を基礎とする社会・経済体制が**封建制**である。

　最後に、都市の市民である。都市の市民も、商人や手工業者などの自由身

分と、徒弟や日雇い、地方からの流入者などの下層階層に分かれていた。

　近代以前の社会において、生まれたときの親の身分は、子にそのまま引き継がれるもので、ほかの身分へ移ることは原則として認められていなかった。

②封建的な土地保有の仕組みが存在していた。

　荘園の農民が耕す土地は、領主から貸与されたものとして扱われていた。しかし、領主は貸与した土地を勝手に奪うことはできなかった。そして、土地を使用しそこから得られる収益を手に入れる権利は、その土地を保有する農民にのみ認められていた。しかも、その権利を子孫に相続させることもできた。荘園の農民は領主の支配下におかれ、生まれてから死ぬまでその土地に縛り付けられていた。領主の同意なく移動することも認められなかった。

　領主の土地は、領主自身の土地である場合を除き、多くは主である国王や大貴族から、臣従を誓い主のために働く証として、貸与されたものであった。とくに、国の土地はすべて国王のものであると考えられていたため、貴族が有する土地は貸し与えているものと考えられていた。しかし、国王や大貴族であっても、臣下の貴族に与えた土地を勝手に奪うことはできず、その土地を使用しそこから得られる収益を手に入れる権利を侵害してはならなかった。

　封建的な土地保有にあって、1人の者がその土地を排他的に支配するという今日的な所有権の考え方（☞ 22-1-2 の（1））は成り立たず、1つの土地に複数の者の権利が同時に存在するという複雑な状況にあったのである。

③商品の生産・流通（つまり経済活動）は、ギルドが独占していた。

　ギルドとは、同じ業種同士の商人組合・手工業者組合のことである。たとえば肉屋として営業するためには、肉屋のギルドに加盟していることが条件であり、ギルドに加盟していない者が肉屋を営業すること自体が禁止されていた。ギルドは扱う商品の品質、規格、価格などを一律に統制することで、ギルド構成員の共存共栄を図り、外部の者を排除した。また、ギルド内には徒弟制度と呼ばれる身分関係が存在しており、親方が徒弟を指導して働かせていた。ギルドはたんなる組合というだけではなく、都市の政治に関与し、冠婚葬祭などの日常生活全体を規制していたとされる。

　このように商品の生産・流通はすべて統制されており、各個人の自由な経済活動はいっさい認められていなかったのである。

　近代以前の社会は、封建的な人間関係に見られるように、権力をもつ上位の者が下位の者を支配する、ある意味、**人の支配**に基づく社会であった。とくに、近世になると、国王が強大な権力を握り、絶対的な専制政治を行うようになった。こうした体制を**絶対王政**と呼ぶ。

　近代以前の社会においては、権力をもつ者が制定する規則、地域共同体の慣習、都市の規則といったものが法であった。ただ、これらの法は、まず封建制やギルドといった近代以前の社会の仕組みを前提とするものであった。

7-3. 近代以降の社会と法

　近代の社会は、近代以前の社会の仕組みをすべて打破することによって成立し、これにより今日の社会の基本となるあり方が確立したのである。そこでは、民主主義と資本主義の成立が大きな影響を与えていた。

7-3-1. 民主主義の成立

　絶対王政期以降、国王の専制に対する民衆の不満は徐々に大きくなった。その不満が爆発して、国王の専制を打破し、民衆が自ら政治の担い手となることをめざしたものが、いわゆる**市民革命**である。イギリスでは、ほかの国々と異なり、マグナ・カルタ[2]によって、国王といえども法の下にあるという考え方が確立していた。しかし、国王が権力拡大をめざして議会を無視するようになったため、議会側がこれに反発して起こったのが、清教徒革命や名誉革命である。アメリカでは、植民地がイギリスの支配に反発して独立をめざして、独立戦争を起こした。フランスでは、長年の国王専制の結果、

---

(2)　マグナ・カルタとは、当時のジョン王の政治に反発した封建領主たちが、国王権限の制限と自分たちの特権を確認すべく、王に発布させた文書であった。しかし、時代を経るにつれ、権力に対して、人民の権利と自由を保障する文書であると理解されるようになった。

1215 年	マグナ・カルタ調印（英）
1642〜49 年	清教徒革命（英）
1688 年	名誉革命（英）
1689 年	権利章典発布（英）
1775〜83 年	アメリカ独立戦争（米）
1776 年	アメリカ独立宣言採択（米）
1787 年	アメリカ合衆国憲法成立（米）
1789 年	フランス革命勃発（仏）
	フランス人権宣言採択（仏）
1804 年	フランス民法典成立（仏）
1896 年	ドイツ民法典成立（独）
1914〜19 年	第一次世界大戦
1919 年	ワイマール憲法成立（独）
1929 年	世界恐慌
1930〜36 年	ニューディール政策（米）

〈近代以降の社会と法（年表）〉

財政危機や政情不安が頻発したために、怒った民衆が蜂起しフランス革命が勃発した。

市民革命は、国王の専制的な政治を打破して、民衆による政治をめざすものであった。しかし、それだけにとどまらず、封建制や身分といった社会の基本となるあり方までも根底からくつがえす結果となった。というのは、民衆による政治をめざした結果、支配層である貴族と被支配層である農民・都市市民の垣根が取り払われ、誰もが政治に参加できると考えられるようになったからである。そして、民衆による政治は、もちろん貴族などの支配層のための政治ではなく、すべての民衆のための政治がある必要があった。そのため、民衆による民衆のための政治を実現するのに最も望ましい手段として、民主主義が確立したのである。

民主主義に基づく社会のあり方は、次のような考え方から成り立っている。

①まず「1人ひとりの人びとが自由で平等である」という考え方は、絶対に否定してはならない大前提である。人間には、生まれもった身分の差などは存在しない。人間は生まれながらにして、自由かつ平等であり生来の人権を有している、という考え方からすべてがスタートしている（☞14-1）。

②民主主義では、すべての人びとが政治の担い手である以上、政治的な権力は特定の支配者ではなく人びとの下にある。つまり人びとが主権者である。

③あらゆるものごとを、すべて人びとが決めなければならないとすることには無理がある。そこで、人びとが、政治を担う代表者を公正な選挙で選ぶ。選ばれた代表者たちからなる議会と、議会が決めた事項を実行す

る公務員が、政府を構成し、政府に実際の政治を委ねることになる。

④しかし、政府に政治を委ねるということは、政治的な権力を政府に与えることをも意味する。その際、政府を拘束する決まりごとがなければ、政府は自らの都合で恣意的な権力行使を行い、その結果、人間が生まれながらにしてもっている自由や平等や人権が侵害されてしまう危険性がある。そこで、政治的権力をもつ政府を「法」で拘束することで、人びとの自由・平等・権利を守るという考え方が採用される。これが、「**法の支配**」（☞6-4）という考え方である[3]。この「法」が、人びとから選ばれた代表者たちが構成する議会によって制定されることで、主権者である人びとが法を制定したという前提が維持される。

⑤とくに、①の大前提は政治において最も重要で、確実に保障されるべきものである。しかし、どこかにいちばん重要な決まりごとであると書いておかないと守られる保障はない。そこで、人間は生まれながらにして自由・平等であり、生来の人権を有しているという大前提と、政府は主権者である人びとの自由・平等・権利を保障するために存在するということを、国家のいちばん最初の法として成文化すればよい。そして、この最初の法が、すべての法の根本となる規範であるとしておけば、「法の支配」は確実になる。そうしてつくられたられた法こそが、**憲法**[4]であり、**立憲主義**とは、このような憲法によって政府を拘束し、人びとの自由・平等・権利を守るという考え方である（☞6-4、13-1、13-2）。

7-3-2. 資本主義の成立

18世紀後半から19世紀にかけて、工業の技術革新が進み、製造工場や輸

---

(3) 法の支配は英米的な考え方である。一方、19世紀後半のドイツでは、国家におけるすべての決定は、国家が定めた法律に基づいて行うとする法治主義の考え方があり、明治維新以後の日本も、この考え方を基本的に取り入れていた。法治主義については、議会の制定した法であれば、たとえ人権を侵害する内容であっても法であるという形式的な理解が存在していたが、現在では、こうした考え方は否定されており、法の支配に非常に近い考え方になっている。

(4) ほとんどの民主主義国家は成文の憲法を有しているが、イギリスは成文憲法を有していない。イギリスでは、マグナ・カルタや権利章典などの文書や、議会の慣習などが、実質的な憲法の役割を果たしているからである。

送機関に機械や蒸気機関が導入されるようになった。そのことで、製品の大量生産・大量輸送が可能となり、安価で大量の製品が世の中に出回るようになった。また、製品の大量生産のため、大勢の労働者が必要となったことで、労働力が農業から工業へと流入し、結果、農業中心の社会から工業中心の社会へと社会のあり方が転換した。こうした経済の一大変革が**産業革命**である。

　産業革命期以前の工業は、手工業中心で、家族中心の経営がほとんどであった。しかし、産業革命によって工場が大規模化すると、労働力不足が生じた。そこで、工場や機械をもつ者（資本家と呼ばれる）は、労働者に賃金を払って雇い入れて生産を行うようになる。そうして生産した製品を販売し、収益を得るようになる。その収益はさらなる設備投資のために使われたり、あるいは新規の事業に投下されたりすることになる。このような産業のあり方が、**資本主義**と呼ばれる経済体制である。

　資本主義は、市民革命の影響のもと、近代以前の社会の仕組みをしだいに変えていった。ごく簡潔に説明するならば、次のようになる。

①市民革命の成果の１つとして、**私有財産の不可侵**という考え方が導入されたことが挙げられる。私有財産を所有する権利は、人間が生まれながらにしてもつ権利の１つであり、不当に侵害されてはならないものであるとされた。ゆえに、所有権者は誰からも邪魔をされることなく、所有物を自分の物として支配することができる。所有物をどのように使用しても自由であるし、それを売買することも自由である。これが**所有権絶対の原則**である（☞ 17-3-1の（1）、22-1-2の（1））。この考え方により、封建的な土地の保有の仕組みは否定され、かわりに、土地の所有者の所有権という考え方が導入された。したがって、土地の所有者は、自分の土地を農地にしようと、あるいは工場を建てようと自由であるとされるようになった。また、自分の土地を売却して労働者として暮らすことも、また自分の事業拡大のために他人の土地を購入することも、自由であるとされるようになったのである。

②市民革命によって、身分は否定され、すべての人が自由で平等であるとされた。そのため、人びとは生まれたときの親の身分に関係なく、自分

のしたい仕事を自由に選ぶことができるようになった。そもそも身分という考え方は、人は生まれながらにして貴族や農民や市民という異なる存在として生まれ出、身分に応じた権利や義務を受け容れるということを意味していた。しかし、身分を否定することにより、すべての人間が、同じ人間として生まれてくるという考え方が登場してくるようになった。この考え方は、すべての人間が他人と同じように権利を有し、義務を負うことができるという考え方へとつながった。これが**権利能力**という考え方である（☞ 18-1-2 の（1））。

③すべての人が自由で平等であるということは、自分のしたい仕事を自由にできるということである。そのことは、特定の団体が特定の職業を独占するという考え方を否定することにつながった。特定の団体が経済活動を独占することは、その団体の構成員にのみ正当な理由もなく特権を与えることになり、その経済活動に参入したいという意思をもつ人びとを排除することになる。そのため、ギルドは解体され、人びとが自由な経済活動を行うことが認められるようになった。経済活動が自由であるということは、自由平等な個人が、自由に取引を行うことが可能となったことを意味する。このように、人が自分の意思で自由に取引を行うことで権利・義務関係を構築することができるという考え方が、**私的自治の原則**である（☞ 4-3-1、17-3-1 の（2））。

④③の考え方の帰結として、人は、自分の意思で自分の権利・義務関係を構築するのだから、自分の落ち度については責任をとるべきだが、そうではない場合にまで責任を負う必要はないという考え方がとられるようになった。これが、自分の故意・過失のせいで、他人に害を与えたら責任を負うべきという考え方である**過失責任の原則**である（☞ 17-3-1 の（3）、22-2-3 の（2））。

19 世紀においては、この私的自治を基調とする自由主義経済こそが、最も経済をうまく発展させることができるし、個人の自由意思を最もよく尊重していると考えられていた。そのために、個人の自由な経済活動を保障するために、国家が企業や個人の経済活動に干渉するべきではないという思想が主

張されるようになった。こうした経済思想のことを**自由放任主義（レッセフェール、経済的自由主義）**という。そして、国家は経済や社会には介入せず、国防・外交と安全や治安の維持に専念すべきであるとする、**夜警国家**という国家思想が当時の主流となった。

7-3-3. 近代法——公法と私法の分化

以上のような歴史的経緯を背景に、近代以降の法は形成された。まず、国民を主権者として、国家権力を制限し、人権を保障するということを宣言した根本規範である**憲法**がある。次に、いくら人が自由であるとはいえ、他人の生命・身体・自由・財産などを侵害することは許されないので、そうした侵害を犯罪と規定して、犯罪を国家が処罰するための法として**刑法**が制定された。他方、市民の生活関係における基本的な決まりごと——たとえば契約を守るとか、他人を傷つけたら賠償するとか——を規定した法として**民法**が制定された。これらの法を中心に、その後さまざまな国家の法が制定されることになるが、法を制定する基本的な考え方は、次のようなものであった。

①当時の**夜警国家**的な国家観を反映して、国家の任務は安全や治安の維持が主たるものと考えられていた。これは、犯罪の処罰、紛争の解決、国民の生命や健康を守るための行政活動などが挙げられる。こうした国家の活動は法で規定されなければならない。

②**所有権絶対の原則、権利能力、私的自治の原則、過失責任の原則**、これらが近代以降の社会の基本的な決まりごとである。これらをまず市民生活の基本的な決まりごととしたうえで、それ以外のことがらについては、国家が恣意的に権力を行使して法で細かく統制するよりも、私的自治を尊重して、人びとが自らの創意に基づいて、自由に自分の生活を営むようにしたほうがよく、人びとの自由・平等・権利を保障することができるとされた。

この2つの考え方に基づいて、法は、①の国家の任務を規定し、国家や地方公共団体と人びととの関係を規律する法である**公法**と、②の人びと相互の

生活関係を最低限規律する法である**私法**とに、分類されるようになったのである（☞3-2-4）。公法としては、憲法や刑法のほかに、国家の行政活動を規律する行政法や、紛争解決の制度を定めた民事訴訟法、犯罪処罰のための手続を定めた刑事訴訟法などが制定された。一方、私法としては、民法のほかに、商人による取引の場合の特別なルールである商法などが制定されたのである。

7-4. 近代から現代へ——社会法の登場

ところで、自由放任主義・夜警国家といった考え方に基づく社会がかならずしもうまくいったわけではなかった。実際、自由な経済活動が生み出したものは、工場や機械など富を生み出す手段（生産手段）をもつ資本家と、そうした手段をもたない労働者との格差であった。生産手段をもつ資本家は、労働者を安い賃金で長時間働かせ、不平をとなえる労働者を自由に解雇するようになった。力をもたない労働者たちは、団結して労働組合を結成して、賃上げや待遇改善を求めて資本家と交渉したが、両者が激しく対立することで、社会の不安が増大するようになった。また、貧困、失業、疾病、負傷などのさまざまな理由で、経済的に困窮に陥る人びとが放置されたままであることが問題視されるようになった。人間は生まれながらにして自由・平等であり、生来の人権を有しているという理念と、貧富の格差や経済的弱者の生活の圧迫といった現実とのギャップが生じるようになったのである。

また、夜警国家的な国家観に基づき、経済活動を放任したことで、さまざまな弊害が生じるようになった。たとえば、特定の企業や企業集団が市場を独占することによって、価格や販売方法を勝手に統制するようになったり、不公正な取引や、商品・サービスの品質や安全性などについて虚偽の、もしくは誇大な広告や表示が横行するようになったりした。さらに、放任経済の結果、景気変動が不安定となり、不況やインフレが頻発したことで、結果として人びとの生活が苦しくなってしまうことさえ生じた。

そこで、これらの問題にどのように対処すべきかが問題となった。その答えとして、西欧諸国で主流となった考え方は、所有権絶対や私的自治などを基本とする自由主義経済の枠組みを維持しつつ、国家が貧富の格差を是正し

たり、経済的弱者の生活を援助したりするために、積極的に介入するというものであった⁽⁵⁾。たとえば、ドイツでは 1919 年にワイマール憲法が制定され、憲法のなかに社会権規定を新たに設けて、国民の生存や福祉のために国家が積極的に手をさしのべることが提唱された。また、1930 年代のアメリカでは、ニューディール政策によって、国家が積極的に経済活動に介入する政策や、労働者保護を図る政策が次々に導入された。そして、第 2 次世界大戦以降、国民の生存や福祉のために国家が積極的に手をさしのべるという考え方、つまり**福祉国家**という国家観が、民主主義諸国に急速に広まったのである。

　福祉国家という考え方は、従来の公法・私法という区分にとらわれない新たな法の区分をつくり出すものであった。この、公法とも私法ともいえない第 3 の区分が社会法である。社会法は、憲法の社会権規定を根拠とする。**社会権**とは、社会を生きていくうえで人間が人間らしく生きるための権利である（☞ 14-3）。そして、**社会法**とは、社会権保障の目的で、国家が社会・経済関係に積極的に介入するために制定された法の集まりのことである。社会法は、市民生活や経済活動など、本来は私的自治を基本とする領域にふみこんで規制を行う点では私法的な要素をもっているが、あくまで行政の一環として規制を行うため、公法的な要素も同時にもっている。社会法には、国家が労働者の権利を保障するために定めた**労働法**（☞ 11-1 の用例 3 ）や、国家が社会的・経済的弱者の生活を保障するために定めた**社会保障法**などが含まれる。また、経済的な力をもつ者（企業）の活動を制約し、経済活動が破綻しないように国家が経済を調整するために定められる**経済法**（☞ 11-1 の用例 3 ）も、広い意味での社会法に含まれると考えられている（☞ 3-2-4）。

---

(5)　これに対して、資本家の生産手段を保障する所有権の考え方を完全に否定し、国家が経済を計画的に統制することによって、労働者による労働者のための社会をめざしたのが、社会主義という考え方である。

―――― **練習問題** ――――――――――――――――――――――――――

〈確認問題〉

次の文章の（　）のなかに最も適切な語句を入れなさい。

（1）17世紀以降の市民革命は、近世の絶対王政を打破し、封建制や身分といった近代以前の社会関係を根底からくつがえした。その結果、政治体制として確立したのが（　①　）である。

　（　①　）に基づく社会において、まず、すべての人が自由かつ平等であり、生来の人権を有する主権者であると位置づけられる。主権者である人びとは、政府に政治を委ねるが、政府が恣意的な権力行使を行わないように、政府を法で拘束することで、人びとの自由・平等・権利を守るという考え方が採用されている。これが（　②　）である。そして、（　①　）国家の根本規範として、すべての人が自由かつ平等であり、生来の人権を有するという前提を明示し、主権者である人びとの自由・平等・権利を保障するために政府の権力行使をコントロールする法として、（　③　）が制定されるのである。

（2）18世紀後半から19世紀にかけて生じた産業革命により、資本主義経済が発達した。資本主義経済は、民主主義の発展に相応して、新たな近代社会をもたらすこととなった。

　まず、近代社会では、土地の所有も自由となった。さまざまな封建的拘束を排除し、国家や他人からの干渉を受けることなく、自由に所有権を行使できるようになったのである。これを（　④　）の原則と呼ぶ。また、近代社会においては、すべての人間が他人と同じように権利能力を有し、自分の意思で自由に取引を行うことで、権利・義務関係を構築することができるという考え方が基本となった。これが（　⑤　）の原則である。とくに、19世紀においては、市民社会では、国家は個人の自由な経済活動を保障するためにのみ権力を行使し、それ以上に個人の自由を制限すべきでないという思想が主張された。この思想は、経済的には自由放任主義といわれ、また、このような国家は（　⑥　）と呼ばれている。

　しかし、20世紀になると、こうした思想の弊害が問題視されるようになった。そこで、これらの問題に国家が積極的に対処すべしとする考え方が徐々に広まってきた。1919年、ドイツでは（　⑦　）が制定され、憲法のなかに（　⑧　）規定が新たに設けられて、国民の生存や福祉のために国家が積極的に手をさしのべることが提唱された。また、1930年

代のアメリカでは、（ ⑨ ）政策によって、国家が積極的に経済活動に
介入する政策や、労働者保護を図る政策が次々に導入された。第２次世
界大戦以降、国民の生存や福祉のために国家が積極的に手をさしのべる
という（ ⑩ ）という考え方が、急速に広まったのである。

──Part. 1　実力確認問題〔法学検定［ベーシック］より〕──

問題1　法のさまざまな分類に関する以下の記述のうち、文中のカッコ内に入る語の組み合わせとして、正しいものを1つ選びなさい。

神の意志や人間の自然的理性に基づくものであるとされる法を自然法と呼ぶのに対し、制定法、慣習法、判例法等、人間の行為によって成立した法を（　a　）という。また、後者のうち、権利義務の発生・変更・消滅の要件等の法律関係について規定する法が（　b　）と呼ばれるのに対し、権利義務等の実現のための手順・方法を定める法は（　c　）と総称される。

1．a＝実体法　　　b＝手続法　　　c＝訴訟法
2．a＝成文法　　　b＝実定法　　　c＝手続法
3．a＝成文法　　　b＝手続法　　　c＝実定法
4．a＝実定法　　　b＝実体法　　　c＝手続法

問題2　以下のうち「法の欠缺」に当たる場合を1つ選びなさい。

1．当該事件に適用可能な条文がいくつかある場合。
2．当該事件に明らかに適用可能な条文があるが、それを適用すると正義に反し、具体的妥当性を欠く場合。
3．当該事件に適用可能な条文が他の既存の条文と一見したところ矛盾する場合。
4．当該事件に適用可能な条文が既存の制定法のなかに存在しない場合。

問題3　わが国の審級制度に関する以下の記述のうち、文中のカッコ内に入る語の組み合わせとして、正しいものを1つ選びなさい。

未確定の裁判について上級裁判所に再度審判させる（　a　）制度について、わが国の場合、第1審の判決に不服な場合、（　b　）により第2審、さらに一定の要件具備を条件として（　c　）により第3審の裁判を受けることができる三審制度がとられている。

1．a＝上訴　　　b＝抗告　　　c＝上告
2．a＝再審　　　b＝抗告　　　c＝上訴
3．a＝上訴　　　b＝控訴　　　c＝上告
4．a＝再審　　　b＝控訴　　　c＝上訴

**問題4　民事訴訟と刑事訴訟の対比に関する以下の記述のうち、誤っている
　　　　ものを1つ選びなさい。**

1．民事訴訟は原告による「訴え」の提起で始まり、刑事訴訟は検察官による「公訴」の提起で始まる。なお、犯罪の被害者による「告訴」は、基本的には、捜査の端緒としての意味しかもたない。

2．訴えられた人は、民事では「被告」というが、刑事では「被告人」といい、また、犯人として疑われている人だから「被疑者」ともいう。

3．民事訴訟の「訴状」には、請求の趣旨および原因を記載するが、刑事訴訟における「起訴状」では、もともと処罰を求めるという「請求」の趣旨は明確だから、その内容は「原因」に相当する犯罪事実の記載となる。

4．弁護士が訴訟で担う主要な役割は、民事では、当事者の「訴訟代理人」であり、刑事では、公益を代表して処罰を求める検察官に対峙して、被告人の利益のために防御活動を行う「弁護人」である。

**問題5　最高裁判所の裁判官は、最高裁長官1名と、何名の最高裁判事で構
　　　　成されているか。以下のうち、正しいものを1つ選びなさい。**

1．3名　　　2．4名　　　3．8名　　　4．14名

**問題6　以下の記述のうち、次の条文の反対解釈を表すものとして、正しい
　　　　ものを1つ選びなさい。**

国会法
第118条　（略）
2　傍聴席が騒がしいときは、議長は、すべての傍聴人を退場させることかできる。

1．傍聴席が騒がしくないときは、議長は、すべての傍聴人を退場させることができない。

2．傍聴席が騒がしくないときも、議長は、議場の妨害をする傍聴人を退場させることができる。

3．傍聴席が騒がしいときは、議長は、一部の傍聴人を退場させることかできる。

4．傍聴席が騒がしいときは、議長は、騒がしい傍聴人だけを退場させることができる。

Part　2

法律の読み方

8. 条文の読み方と構造

8-1.「文」の基本と条文の読み方

まずは、以下の「文」を見てほしい。

例文①

第九条〔戦争の放棄、軍備及び交戦権〕

日本国民は、正義と秩序を基調とする国際平和を誠実に希求し、国権の発動たる戦争と、武力による威嚇又は武力の行使は、国際紛争を解決する手段としては、永久にこれを放棄する。

前項の目的を達するため、陸海空軍その他の戦力は、これを保持しない。国の交戦権は、これを認めない。

　例文①は日本国憲法第9条の条文である。日本語の「文」は句点により1つの内容を有する単位として区切られている。句点の位置から見て、憲法第9条の条文は、3つの文からなっていることがわかる。

　さて、たとえば憲法第9条の「前項の目的を達するため、陸海空軍その他の戦力は、これを保持しない」という条文について議論をするとしよう。このとき、話のたびに毎回「前項の目的を達するため……」と、わざわざすべ

てを読み上げるのはかなり面倒である。そこで法律の世界では、条文のなかのそれぞれの「文」に呼び名をつけて呼ぶことにしている。もちろん、その呼び名は、一定のルールに従って呼び名がつけられている。以下では、この呼び方のルールを学ぶことにしよう。

8-2. 条文の読み方のルール

8-2-1. 条

簡単な例から。例文②の憲法第1条を見てみよう。

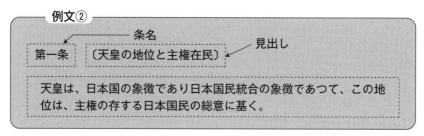

憲法第1条は1つの文しかない。この場合は「憲法第1条」と呼ぶだけでOKである（「憲法第1条第1項」とは呼ばない！　注意しよう）。

8-2-2. 項

次に、例文③の民法第1条を見てみよう。

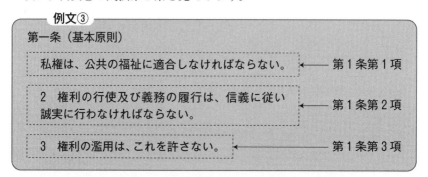

民法第1条は、3つの文からなっているが、2番目の文章の前「2」という数字が、3番目の文章の前に「3」という数字が付けられている。このよ

うに、1つの条文で複数の内容について規定するときに、それぞれ1、2、3……」と番号を付けて区別することがある。この場合、それぞれの文を、「第1項」「第2項」「第3項」……と呼ぶこととなっている。

民法第1条の場合、それぞれ「民法第1条第1項」「民法第1条第2項」「民法第1条第3項」と呼ぶことになる。

ところで、例文③の民法第1条を見て、おかしなことに気がつかないだろうか。そう、なぜ、第1項の頭に「1」という番号が付いていないのだろうか? これは法律を制定するときの決まりごとの1つで、第1項の頭に「1」という番号を付けないことになっているためである。なお、「ポケット六法」や「デイリー六法」のような初学者向けの六法には、「①」というかたちで、第1項の頭に数字が付いていることがある。ただ、これは六法の出版社が条文をわかりやすく読むことができるようにわざわざ付けているものであり、正式なものではないので注意してほしい。

8-2-3. 号

では、例文④の憲法第73条を見てみよう。

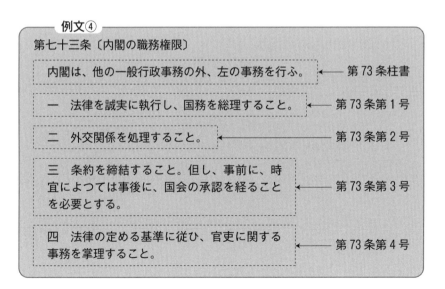

例文④

第七十三条〔内閣の職務権限〕

内閣は、他の一般行政事務の外、左の事務を行ふ。 ←── 第73条柱書

一 法律を誠実に執行し、国務を総理すること。 ←── 第73条第1号

二 外交関係を処理すること。 ←── 第73条第2号

三 条約を締結すること。但し、事前に、時宜によつては事後に、国会の承認を経ることを必要とする。 ←── 第73条第3号

四 法律の定める基準に従ひ、官吏に関する事務を掌理すること。 ←── 第73条第4号

　憲法第73条の条文をよく読むと、最初の文において、内閣は「左の事務」を行なう、と規定しておいてから、「左の事務」の内容を具体的に、一、二、三、四……と列挙している。このように、条文において複数の事項を列挙したい場合に、<u>主に漢数字で「一、二、三、四……」と番号を付けて列挙する</u>ことがある。この場合、それぞれの文を「第1号」「第2号」「第3号」「第4号」……と呼ぶことになっている。憲法第73条の場合だと、それぞれ<u>「憲法第73条第1号」「憲法第73条第2号」「憲法第73条第3号」「憲法第73条第4号」</u>……と呼ぶことになる[(1)]。

　また、第1号の文よりも前に出てくる、条文の冒頭に書かれている文章のことを「柱書（はしらがき）」と呼ぶ。憲法第73条の場合だと、「内閣は、他の一般行政事務の外（ほか）、左の事務を行ふ」という部分は、「憲法第73条柱書」と呼ぶことになる。

　なお、号のある条文の読み方については、少々注意が必要である。例として、例文⑤の刑法第29条を見てみよう。

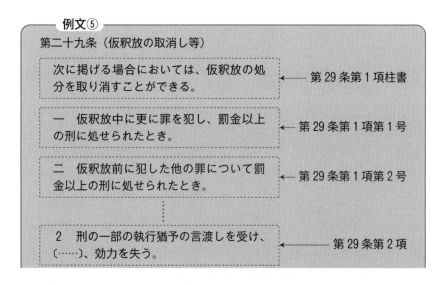

例文⑤

第二十九条（仮釈放の取消し等）

次に掲げる場合においては、仮釈放の処分を取り消すことができる。　←——第29条第1項柱書

一　仮釈放中に更に罪を犯し、罰金以上の刑に処せられたとき。　←——第29条第1項第1号

二　仮釈放前に犯した他の罪について罰金以上の刑に処せられたとき。　←——第29条第1項第2号

2　刑の一部の執行猶予の言渡しを受け、〔……〕、効力を失う。　←——第29条第2項

---

(1)　なお、号の内容をさらに細かく分けて列挙する場合、「イ、ロ、ハ、ニ……」と分ける。呼び方はそのまま、イ、ロ、ハ、ニでよい。

> 3 仮釈放の処分を取り消したとき、〔……〕、刑期に算入しない。 ← 第29条第3項

　憲法第73条とは異なり、刑法第29条はそもそも第1項、第2項、第3項と分けられており、第1項のなかで、一、二……と番号が付けられている。この場合は、第1項の第1号、第1項の第2号……ということになる。刑法第29条の場合だと、それぞれ「刑法第29条第1項第1号」「刑法第29条第1項第2号」……と呼ぶことになる。当然、「次に掲げる場合においては、仮釈放の処分を取り消すことができる」という箇所は、「刑法第29条第1項柱書」となる。

注意しよう！

1．号の番号は漢数字。
2．柱書は、号が使われた場合にのみ使う。
3．条文において、
　　項のなかに号がある。……………〇〇法第〇条第〇項第〇号
　　項は使われていない。…………〇〇法第〇条第〇号

8-2-4. 前段・後段、本文・但書

今度は例文⑥の民法第5条を見てみよう。

例文⑥

第五条（未成年者の法律行為）

> 未成年者が法律行為をするには、その法定代理人の同意を得なければならない。ただし、単に権利を得、又は義務を免れる法律行為については、この限りでない。 ← 第5条第1項本文　／　第5条第1項但書

> 2 前項の規定に反する法律行為は、取り消すことができる。 ← 第5条第2項

> 3　第一項の規定にかかわらず、法定代理人
> が目的を定めて処分を許した財産は、その目　　◀──　第5条第3項前段
> 的の範囲内において、未成年者が自由に処分
> することができる。目的を定めないで処分を
> 許した財産を処分するときも、同様とする。　◀──　第5条第3項後段

　民法第5条の条文のうち、第1項と第3項は、それぞれ2つの文からなっている。では、第1項と第3項それぞれ2つの文をどのように呼べばよいだろうか。

　まず、第1項の条文を見てみよう。2番目の文の冒頭に「ただし」という接続詞[2]が付いている。この「ただし」という接続詞が使われている場合は、最初の文を「**本文**」、2番目の文を「**但書**」と呼ぶことになっている。民法第5条第1項の場合だと、それぞれ「民法第5条第1項本文」「民法第5条第1項但書」と呼ぶことになる（近年では「ただし書」という表記法が一般化しつつあるが、本書では「但書」という表記を用いる）。

　次に、第3項の条文を見てみよう。第1項とは異なり、第3項の条文のなかに、「ただし」という接続詞は使われていない。このように、文が2つに分かれているけれども、「ただし」という接続詞が使われていない場合、最初の文を「**前段**」、2番目の文を「**後段**」と呼ぶことになっている。民法第5条第3項の場合だと、それぞれ「民法第5条第3項前段」「民法第5条第3項後段」と呼ぶことになる[3]。

　今回の場合も、先述のように注意が必要となる。例文⑦の刑法第15条と、例文⑧の憲法第73条第3号を見てみよう。

---

(2)　「ただし」という接続詞は、「前に述べたことに条件や例外を付け加えるときに使う」（『明鏡国語辞典』）言葉である。

(3)　なお、文が3つに分かれている場合には、最初の文を前段、2番目の文を中段、最後の文を後段と呼ぶ。4つ以上に分かれている場合には**第1段**、**第2段**、**第3段**……と呼ぶことになっている。

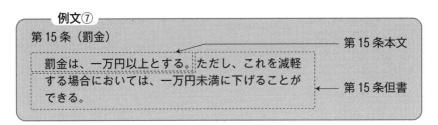

例文⑦

第 15 条（罰金）　　　　　　　　　　　　　── 第 15 条本文

罰金は、一万円以上とする。ただし、これを減軽
する場合においては、一万円未満に下げることが　　── 第 15 条但書
できる。

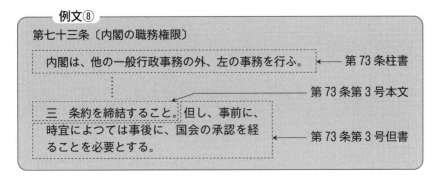

例文⑧

第七十三条〔内閣の職務権限〕

内閣は、他の一般行政事務の外、左の事務を行ふ。　── 第 73 条柱書

　　　　　　　　　　　　　　　　── 第 73 条第 3 号本文

三　条約を締結すること。但し、事前に、
時宜によつては事後に、国会の承認を経
ることを必要とする。　　　　　　　　　── 第 73 条第 3 号但書

　例文⑦の刑法第 15 条の条文には項がないので、第 15 条第 1 項本文、第 15 条第 1 項但書とはならない。それぞれ「刑法第 15 条本文」「刑法第 15 条但書」となる。

　一方、例文⑧の憲法第 73 条第 3 号の条文は、第 3 号自体が 2 つの文に分けられている。この場合は、「但し」という言葉が付いているので、それぞれ、「憲法第 73 条第 3 号本文」「憲法第 73 条第 3 号但書」となる。

　以上のように、**本文・但書、前段・後段**の区分は、2 つの文に分かれている場合に使われる。したがって、刑法第 15 条と憲法第 73 条第 3 号の例からもわかるように、条文のどの部分が 2 つに分かれているのかに注意する必要がある。

── 注意しよう！ ─────────────────

1．文が 2 つに分かれている場合
　　　文中に「但し（ただし）」という言葉がある。→**本文・但書**
　　　文中に「但し（ただし）」という言葉がない。→**前段・後段**
2．**本文と但書、前段と後段**はセットで登場する。とくに、本文という

　言葉は、条文中に「但し（ただし）」という言葉がある場合にかぎり、
用いられる。

8-2-5. 枝番号

例文⑨の民法の以下の条文を見てほしい。

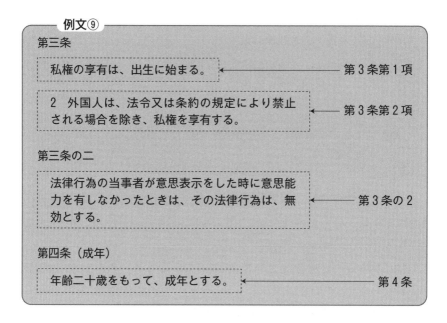

　民法の第3条と第4条のあいだにはさまれた「第三条の二　法律行為の当
事者が……無効とする」という文であるが、これはそのまま「民法第3条の
2」と呼ぶ。「第3条の2」は、1個の独立した「条」で、「第3条」とは別
の「条」である。したがって、「第3条第2項」と「第3条の2」はまったく
別の条文を指していることになるので、まちがえないように注意してほしい。
　なぜこのような条文が存在するのか？　通常、法律をつくる場合に、第1
条、第2条、第3条……と順番に番号を付ける。ところが、法律を改正して
新たな条文を追加しなければならないときに、たとえば、第3条と第4条の
あいだに、その新しい条文を入れたほうが法律の構造上望ましい場合がある。

このときに、その新しい条文を、新・第4条としてしまうと、これまでの第4条以下の条番号をわざわざ1個ずつ繰り下げなければならない。この作業は非常にわずらわしい作業である。そこで、法律を改正して条文と条文のあいだに新たな条文を追加する場合に、「第○条の2」「第○条の3」「第○条の4」……と書き記して、従来の条文の条番号をそのままいじらなくてもすむようにしているのである。

　この「第○条の2」の「の2」という部分のことを「**枝番号**」と呼ぶ。もちろん枝番号の付いた条文も、これまで述べた条文の呼び方のルールが当てはまる。よって、例文⑩の著作権法「第92条の2」の条文も次のようになる。

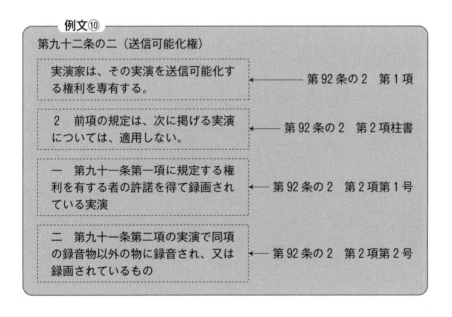

例文⑩

第九十二条の二（送信可能化権）

実演家は、その実演を送信可能化する権利を専有する。　←── 第92条の2　第1項

2　前項の規定は、次に掲げる実演については、適用しない。　←── 第92条の2　第2項柱書

一　第九十一条第一項に規定する権利を有する者の許諾を得て録画されている実演　←── 第92条の2　第2項第1号

二　第九十一条第二項の実演で同項の録音物以外の物に録音され、又は録画されているもの　←── 第92条の2　第2項第2号

═══ コラム1 ═══

法律の表記ルール

　そもそも法律の条文は、どのような順番で並んでいるのだろうか。もちろん、適当な順番で並んでいるわけではない。条文の順番は、その法律の全体的な構造や論理的な体系をふまえて並べられている。条文の数が少なければ、たんに条文を並べておくだけでもよいが、法律には条文数が100を超えるもの、なかには1000を超えるものもある。そのときに、たんに条文を並べるだけでは、法律の構造や体系がわかりにくくなってしまう。そこで、条文を一定のまとまりごとに区分するルールが必要となる。

　まず、条文を大きなまとまりで「**編**」で区分する。つまり、「第1編」「第2編」「第3編」……と分けてまとめる。次に、1つの「編」の中身を、小さなまとまりごとに「**章**」で区分する。たとえば、「第1編」の中身を、「第1章」「第2章」「第3章」……と分けてまとめる。さらに、1つの「章」の中身を、もっと小さなまとまりごとに「**節**」で区分する。たとえば、「第1章」の中身を、「第1節」「第2節」「第3節」……とさらに小さく分けてまとめる。なお、「節」をさらに細かく区分する場合には、「**款**」を、「款」をさらに細かく区分する場合には、「**目**」を用いる。

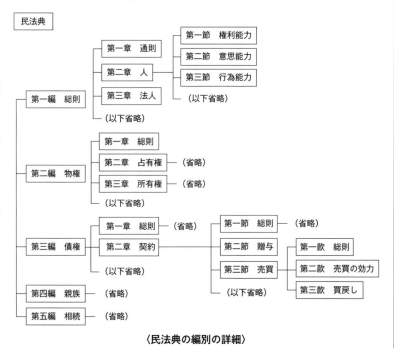

〈民法典の編別の詳細〉

　ということで、この「編」「章」「節」などの区分を見れば、その法律の全体的構造をたちどころに理解できるし、各条文がどのように論理的に大系化されているのかを把握することも可能になる。たとえば、民法を「編」「章」「節」などの区分に基づいて図式化すると、前頁の図のようになる。実際、<u>条文数の多い法律には目次が付いていることが多いので、その法律の全体像を知りたければ、目次を見るとよい</u>（条文数の少ない法律には、「編」の区分のないものや、「編」「章」「節」の区分自体がないものがある。なお、日本国憲法は「編」「節」の区分はなく、「章」のみで区分されている）。

　ところで、こうした「編」「章」「節」などの区分は、いったいどのような理屈でなされているのであろうか。それは、憲法、民法、刑法それぞれの項目で学ぶことになる。参照箇所は以下のとおり。憲法（☞ 12-3）、民法（☞ 17-2）、刑法（☞ 24）。

コラム 2

文語カタカナ書き条文

　第2次大戦前に制定された法律は、文語文でカタカナ表記である。このような法律は近年少なくなっているが、まだ残っているので、その読み方と口語文表現とを紹介しておこう。

① 　民法又ハ不動産登記法ノ規定ニ依リ登記スヘキ権利ハ従来登記ナクシテ第三者ニ対抗スルコトヲ得ヘカリシモノト雖モ民法施行ノ日ヨリ一年内ニ之ヲ登記スルニ非サレハ之ヲ以テ第三者ニ対抗スルコトヲ得ス（民法施行法 37 条）

　　読み：「みんぽうまたはふどうさんとうきほうのきていによりとうきすべきけんりは、じゅうらいとうきなくしてだいさんしゃにたいこうすることをうべかりしものといえども、みんぽうしこうのひよりいちねんないにこれをとうきするにあらざれば、これをもってだいさんしゃにたいこうすることをえず」

　　現代文：「民法または不動産登記法の規定により登記すべき権利は、従来登記がなくとも第三者に対抗することができたものであっても、民法施行の日より一年内に登記をしなければ、第三者に対抗することができない」

② 　利率ハ之ヲ手形ニ表示スルコトヲ要ス其ノ表示ナキトキハ利息ノ約定ノ記載ハ之ヲ為サザルモノト看做ス（手形法 5 条 2 項）

　　読み：「りりつは、これをてがたにひょうじすることをようす。そのひょうじなきときは、りそくのやくじょうのきさいは、これをなさざるものとみなす」

> 現代文：「利率は手形に表示しなければならない。その表示がないときは、
> 　　　　利息の約定は、記載されていないものとみなす」

［注記］この章では、条文の読み方のルールを学ぶために、基本的には正規の条文表記に基づいて書き表している。そのため、すべての条文に、たとえば「第92条」というように、「第」を付けて書き表した。もっとも、たとえば「第92条の2第2項第2号」というように、すべてに「第」を付けて書き表すと、少々読みにくいであろう。また、たとえばテストのときなど、時間的に切羽詰まっているときに、すべてに「第」をつけて書き表すことが面倒である場合もある。そこで、通常は「第」を省略してもかまわない。先述の「第92条の2第2項第2号」も「92条の2　2項2号」と書き表してもよい（なお、枝番号がつく場合は、枝番号とその後ろの項や号のあいだに、少しスペースを空けて書くようにすべきであろう）。本書のほかの箇所も、原則として「第」を省略して書き表している。

── 練習問題

〈確認問題〉

六法を参照して、以下の文章の（　）のなかに最も適切な語句を入れなさい。

（1）日本国憲法第9条の条文のうち、「日本国民は、正義と秩序を基調とする国際平和を誠実に希求し、国権の発動たる戦争と、武力による威嚇又は武力の行使は、国際紛争を解決する手段としては、永久にこれを放棄する」という部分は、第9条（　①　）、「前項の目的を達するため、陸海空軍その他の戦力は、これを保持しない」という部分は、第9条（　②　）、「国の交戦権は、これを認めない」という部分は、第9条（　③　）である。

（2）憲法第7条の条文で、「外国の大使及び公使を接受すること」という部分は、第7条（　④　）であり、「天皇は、内閣の助言と承認により、国民のために、左の国事に関する行為を行ふ」という部分は、第7条（　⑤　）である。

（3）民法第126条の条文で、「取消権は、追認をすることができる時から五年間行使しないときは、時効によって消滅する」という部分は、第126条（　⑥　）であり、「行為の時から二十年を経過したときも、同様とする」という部分は、第126条（　⑦　）である。

（4）刑事訴訟法第256条の条文で、「罪名は、適用すべき罰条を示してこれを記載しなければならない」という部分は、第256条（　⑧　）であり、

「但し、罰条の記載の誤は、被告人の防禦に実質的な不利益を生ずる虞^{おそれ}が
ない限り、公訴提起の効力に影響を及ぼさない」という部分は、第256
条（　⑨　）である。また、「被告人の氏名その他被告人を特定するに足
りる事項」という部分は、第256条（　⑩　）であり、「起訴状には、左
の事項を記載しなければならない」という部分は、第256条（　⑪　）で
ある。

（5）刑法第43条の条文で、「犯罪の実行に着手してこれを遂げなかった者は、
その刑を減軽することができる」という部分は、第43条（　⑫　）であ
り、「ただし、自己の意思により犯罪を中止したときは、その刑を減軽し、
又は免除する」という部分は第43条（　⑬　）である。

9. わかりにくい法律用語・表現（1）
──日常会話と同じ言葉を使っていても、意味が違う用語

　「法律の勉強が難しい」と思われている原因の1つに、法律のなかで用いられる用語が、日常で用いられているときとは異なる意味で使用される場合があることが挙げられる。本章ではそのような法律用語の主だったものを見ていこう。

9-1.「善意」・「悪意」

　日常用語と最も著しく異なる意味で用いられる用語の1つは、「善意」・「悪意」である。日常用語における「善意」とは、道徳的に良い感情のことを指し、「悪意」とは、他人に対する悪い感情を指す。

　しかし法律用語における「**善意**」とは、「法律行為の成否に影響を及ぼす可能性のある事実や事情を知らないこと」を意味し、「**悪意**」とは「法律行為の成否に影響を及ぼす可能性のある事実や事情を知っていること」を意味する。

用例1：善意
たとえばAが持っているゲーム機を、まさかアルバイトをしていないBに

は買えないだろうと思い、売る気もないのに3万円なら売ってあげてもよいと言ったところ、Bは買おうと答え、アルバイトを始めて3万円を準備した。売買契約は成立するだろうか？　このように、表意者（このケースではA）がそのつもりもないのに意思表示（このケースでは「売る」と言うこと）をする事態を、民法では心裡留保（☞ 19-2-2）と呼び、民法93条に定めを置いている。その2項に「前項ただし書の規定による意思表示の無効は、善意の第三者に対抗することができない。」とある。これは表意者と相手方（このケースではB）の関係の外にいる第三者が善意である場合、すなわち表意者が表示行為に対応する真意のないことを知りながら意思表示していることを第三者が知らない場合、その人を保護する規定である。逆に、第三者が悪意であった場合、すなわち表意者の真意を知っている場合は、保護されない。

用例2：日常用語に近い意味で悪意という言葉が用いられる場合

　先に法律用語としての「悪意」は日常で用いられる意味とは異なると述べたが、日常用語に近い意味で用いられる場合がある。民法770条1項は裁判所に離婚の訴えを提起できる旨を定めたものだが、その2号に「配偶者から悪意で遺棄されたとき」とある。この「悪意」は事実・事情を知っていたという意味ではなく、日常用語に近い意味で使われている。

9-2.「社員」

　一般的に社員という言葉を使うとき、それは会社員のこと、つまり会社に雇用されて働いている人を意味する。「私は、A商事の社員です」というときは、A商事株式会社に勤務していることを表現している。しかし、法律上の社員は、これらとはまったく違うものを意味している。法律上、**社員**とは、社団の構成員のことである。**社団**とは、一定の目的のもとに結合した複数人の集合体であり、団体自体が1個の存在として認められるものをいう。この場合の団体を社団といい、その団体をつくろうとして集まった人びとのことを社員というのである。

用例1：株式会社の構成員としての「社員」

　社団には、法人格を与えられた社団法人と、これを認められない権利能力なき社団（☞18-1-2（1））がある。さらに、社団法人も、営利社団法人・一般社団法人・公益社団法人などに分けられる（☞18-2-1）。ここでは、営利社団法人としての会社を例にとって説明することにしよう。会社という営利社団法人では、構成員である社員は会社に出資した者をいう。会社の一類型である株式会社[1]では社員のことを株主と呼んでいる。株式会社という社団法人の運営に関する重要な事項（例えば、役員の選任や定款〔☞4-3-1の（4）〕の変更など）について、社員（株主）の承認を得るための会合（株主総会）を開催する必要がある（社員が会社の経営に参加する権利を共益権という）。株式会社は営利法人であるから、利潤の追求を目的とし、社員はその利潤の分配を受けることができる（社員が会社から経済的な利益を受け取る権利を自益権という）。これを日常用語では「株の配当」と呼んでいる。

　従業員（日常用語でいう「○○会社の社員」）も、会社から金銭を受け取ることがあるが、これは雇用関係に基づいて支払われる労働の対価としての賃金（いわゆる給与）である。

9-3.「主観」・「客観」

　日常用語では、「主観」とは、個人の経験や立場に基づく考え方、あるいは、自分だけのかたよった考え方を意味し、十分な根拠がないのに自分だけの考え方に基づく様子を指す。

　しかし、法律上の「主観」という言葉には、①ものごとを意識したり、考えたりする心のはたらき、②そうしたことを行う自我、という2つの意味がある。そして、「主観的」というと、これら①や②の意味で使う。つまり、①の場合は、当事者の意思、意図（動機）などの内面的な要素を意味し、また、②の場合は、行為の主体、すなわち「人」を示すときに使う。同じく、「客観」というと、日常用語としては、一般化していること、あるいは普遍的な

---

(1)　会社法に基づく会社の種類としては、株式会社、合名会社、合資会社、合同会社の4種類がある。

ことをいい、「客観的」というと、事実に基づいて判断し、誰が見ても納得できる様子を指す。しかし、法律上では、「客観」という言葉は、①人間の意識とは無関係に存在するもので、具体的に人間が認識することができるもの、②主観の行動や認識の対象となるものを意味する。すなわち、①の場合は、当事者の外面に現れた行動や、それから生じた結果といった外面的な要素を意味し、また、②の場合は、行為や認識の対象、すなわち「物」や「事柄」・「事項」を示すときに使う。

用例1：不法行為責任における主観的要件・客観的要件（主観・客観ともに①の意味の用例）

　民法709条では、「故意又は過失によって他人の権利又は法律上保護される利益を侵害した者は、これによって生じた損害を賠償する責任を負う」と定めている。これを、「不法行為に基づく損害賠償責任」という（☞22-2-4）。この不法行為責任が生じるためには、「主観的要件」と「客観的要件」が必要である。「要件」とは、法律関係の発生・変更・消滅が生じるための条件のことである（☞5-1）。すなわち、行為者の内面的な要素（主観的要件）と、行為者や相手方の外面的な要素（客観的要件）が必要であるということになる。「不法行為」の場合、「主観的要件」に該当するのが「故意又は過失があること」である。故意とは、「わざと」という意味で、過失とは、「うっかりして」とか「不注意で」という意味である。つまり、行為者の内面に関わることが問題になっている（☞22-2-4の（3））。また、「客観的要件」としては、「損害の発生」と「行為と損害とのあいだに因果関係が存在すること」である。つまり、実際に生じた結果や、その結果と行為とのあいだの因果関係の存在という外面的なことが問題になる。このように、「主観的要件」と「客観的要件」が満たされたときに、加害者に損害賠償責任が生じ、被害者に損害賠償請求権が生じるのである。

用例2：既判力の主観的範囲・客観的範囲（主観・客観ともに②の意味の用例）

　既判力とは、民事裁判において、裁判所が下す判決によって生じる拘束力

のことをいう。すなわち、裁判所や訴訟当事者はこの判決に拘束され、従わなければないのである。既判力の及ぶ「人の範囲」はどこまでか、というときに、「既判力の主観的範囲」という。これについては、既判力は、原則として訴訟の当事者にかぎって生じ、当事者以外の第三者を拘束することはない（もちろん例外はあるが、この場合はかならず法律に規定がある。たとえば、会社法 838 条がそうである[2]）。

　次に、既判力の及ぶ「事項の範囲」を問題にするとき、既判力の「客観的範囲」という。これについては、既判力は、裁判所が判断した事項のうち、原則として「主文」（判決の結論部分〔4-5-2〕。たとえば、「被告人は、原告に対し、金五十万円を支払え」などと表される）に含まれる事項についてのみ生じ、この事項を「訴訟物」という（これにも例外があるとされている。すなわち、「主文」以外の「理由」で示された事項にも既判力があるとする判例がある）。

9-4.「積極的」・「消極的」

　日常用語において、「積極的」とは「みずから進んでものごとをするさま」であり、「消極的」とは「自分から進んでものごとをしないさま」を意味する。しかし、法律用語として用いられる場合には、少々意味が異なってくる。以下、いくつかの例を見てみよう。

用例1　積極的要件、消極的要件
　条文において、「〜のときは、○○することができる」、「〜のときは、○○することができない」などと規定されていることがある。前者を、積極的要件、後者を消極的要件という。つまり、積極的要件とは、法律効果発生のために必要な要件であり、消極的要件とは、法律効果発生のためにあってはな

---

(2)　会社法 838 条によれば、株式会社の設立無効の訴えや合併無効の訴えなど、会社の組織に関する訴訟が提起され、これを認める判決がなされたときは、その判決の効力は、訴訟の当事者である原告・被告のみならず、第三者にも及ぶと定められている。これは、会社に関わるすべての人と会社との関係を、画一的に処理する必要性から規定されたものである。

らない<u>要件</u>のことである。

用例2　積極的損害、消極的損害

　不法行為や債務不履行によって生じた損害の分類として、「<u>積極的損害</u>」と「<u>消極的損害</u>」とがある。積極的損害とは、交通事故により怪我を負い、診療費用を支出した場合のように、支出を余儀なくされた損害のことであり、消極的損害とは、交通事故の怪我により、アルバイトができなくなってアルバイト代が得られなかった場合のように、財産の増加が妨げられたことによる損害のことである。

9-5. 「対抗する」

　日常用語において、「対抗する」とは、「きそいあうこと」「対立すること」という意味で用いられる。しかし、法律用語としての「**対抗**する」は、「すでに当事者間で成立した法律関係・権利関係を当事者以外の第三者に対して主張する」ことを意味する。より具体的に説明するために、以下いくつかの例を見てみよう。

用例1：民法94条2項における「対抗する」の意味

> **例①**
>
> 民法94条
> 　1項　相手方と通じてした虚偽の意思表示は、無効とする。
> 　2項　前項の規定による意思表示の無効は、善意の第三者に<u>対抗できない</u>。

　民法94条は通謀虚偽表示に関する規定である。同条2項には「善意の第三者に対抗できない」という文言がある。これはどのような意味であろうか。次の例を見てみよう。BはAから借金をしていたが、このまま借金を返さないと、Aから財産を差し押さえられてしまう。そこで、差押えを逃れるために友人Cと通謀して、Bの唯一の財産である甲土地をCに譲渡したように偽装した。この例のように、相手方と通謀して虚偽の意思表示をした場合を通

謀虚偽表示というが、民法94条1項は「相手方と通じてした虚偽の意思表示は、無効とする」と規定しており、BC間の所有権の移転は無効となるからBはCに対して甲土地の返還を請求できる。しかし、もし、Cが甲土地を第三者Dに譲渡してしまっていたら、BはDに対して甲土地の返還を請求できるのだろうか。この場合、同条2項には「善意の第三者に対抗できない」と規定しているため、DがBC間の通謀の事実を知らない（善意）場合には、BはDに対して甲土地の返還を<u>主張できない</u>。これが、民法94条2項における「第三者に対抗できない」の意味である。

用例2：民法177条における「対抗する」の意味

> **例②**
>
> **民法177条**
> 不動産に関する物権の得喪及び変更は、…（略）…その登記をしなければ、第三者に<u>対抗することができない</u>。

　民法177条は、上記のように規定しているがこれはどのような意味だろうか。AB間でAが所有している土地甲をBに売却する売買契約が締結された。売買契約の締結によって、AからBに甲土地の所有権は移転することになるが、買主であるBは売主に対して自分が甲土地の所有者であることを主張できる。しかし、もしAが同土地をCにも二重売買していた場合はどうだろうか。この場合、BにとってのC、CにとってのBはそれぞれ第三者に当たる。そうすると、民法177条に従って、甲土地の所有権移転登記をしていないと、BCそれぞれがお互いに対して、<u>自らが甲土地の所有者であることは主張できない</u>。このようなBCの関係を**対抗関係**という（☞22-1-3の（1））。これが民法177条における「第三者に対抗できない」の意味である。

9-6.「乃至（ないし）」

　読みは「ないし」で、普段生活しているなかではあまり使わない用語かもしれないが、日常用語として使うときには「または」（AまたはB）の意味で

用いられる。しかし法律用語として用いる場合は「A乃至B」とは、「Aから
Bまでのすべて」を意味する。たとえば「憲法18条乃至23条」とは、「憲法
18条、19条、20条、21条、22条、23条のすべて」という意味になる。

9-7.「目的」

「**目的**」とは、国語辞典によると、「成し遂げようとめざす事柄」であると
されている。法律の世界でもそのような意味で「目的」という語が使われる
場合が多いが、これとは異なる意味で「目的」という語が用いられることも
ある。

用例1：「成し遂げようとめざす事柄」として使われている場合

こうした場面として、憲法前文の最後の文章「日本国民は〔……〕この崇
高な理想と目的を達成することを誓ふ」がある。前文で掲げられた国民主権
的人権の尊重、戦争放棄が、ここでの成し遂げようとめざす事柄＝目的であ
る。刑法には「〜の目的で」という文言をもつ条文が多数存在する。たとえ
ば、「通貨偽造の罪」に関する刑法148条から152条には、「（偽造通貨を）行
使し、又は行使の目的で」という文言がある。民法にもこうした使い方をす
る条文として、5条3項や34条などがある。

用例2：「対象」や「客体」という意味で使われている場合

民法では、「目的」という言葉を、取引などの「対象」（「目的物」ともい
う）という意味で使っている場合が多数存在する。たとえば「質権の目的」
と題する民法343条は、「質権は、譲渡すことことができない物をその目的
とすることはできない」と定めているが、ここでの目的は「質権を設定する
対象」という意味で用いられている。

10. わかりにくい法律用語・表現 (2)
——日常会話で使うときよりも、使い分けが厳密に行われる用語

　法律用語が難しい、あるいはわかりにくいと思われている原因の2つ目は日常用語で使うときよりも、使い分けが厳密に行われている用語があるということである。

10-1.「以上」・「以下」・「超える」・「未満」

　日常生活では「以上」と「超える」の区別や、「以下」と「未満」の区別は、あまり厳密になされないことが多いかもしれない。しかし法律用語として用いる場合、これらの区別は厳密になされる。

　これらの用語のうち、基準値を含むのは「以上」「以下」であり、含まないのは「超える」「未満」である。たとえば、「この試験の合格者は60点以上の得点をとった者である」と言われた場合、60点の人は合格である。

用例：未満

```
┌─── 例 ─────────────────────────────┐
│ 刑法41条                            │
│  十四歳に満たない者の行為は、罰しない。 │
└──────────────────────────────────┘
```

　刑法41条においては、13歳の者は罰しないということになる。少年法においても、家庭裁判所は「十四歳に満たないで刑罰法令に触れる行為をした少年」（3条1項2号）および「同項〔1項〕第三号に掲げる少年で十四歳に満たない者」（2項）については、都道府県知事または児童相談所長から送致を受けたときにかぎり審判に付することができるとし、14歳以上の少年と異なる扱いをしている。

10-2.「及び」・「並びに」・「又は」・「若しくは」

　日常用語では「及び」と「並びに」（英語でいえば「and」）、「又は」と「若しくは」（英語でいえば「or」）は厳密に区別されないが、法律用語としてはこれらは厳密に区別される。

（1）「及び」と「並びに」

　2つ以上の語が1つのグループを形成するときには、最後に「及び」を用い、それ以外のところは「、」を用いる（「A及びB」「A、B及びC」）。

　使用する語が2つ以上のグループを形成する場合、いちばん小さいグループ分けのときのみ「及び」を用い、その他のグループ分けでは「並びに」を用いる。たとえば「A及びB並びにC」という場合、以下のように図式化できる。

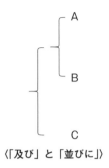

〈「及び」と「並びに」〉

用例1：及び・並びに

例①

行政事件訴訟法25条3項
　裁判所は、前項に規定する重大な損害を生ずるか否かを判断するに当たつては、損害の回復の困難の程度を考慮するものとし、損害の性質及び程度並びに処分の内容及び性質をも勘案するものとする。

　この規定の後半部分は、「（損害の性質及び程度）並びに（処分の内容及び性質）」と解釈する。

（2）「又は」と「若しくは」

　2つ以上の語が1つのグループを形成するときには、最後に「又は」を用い、それ以外のところは「、」を用いる（「A又はB」「A、B又はC」）。

　使用する語が2つ以上のグループを形成する場合、いちばん大きいグループ分けのときのみ「又は」を用い、その他のグループ分けでは「若しくは」を用いる。たとえば「A又はB若しくはC」という場合、以下のように図式化できる。

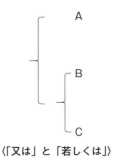

〈「又は」と「若しくは」〉

用例2：又は・若しくは

例②

民法 120 条 2 項
　錯誤、詐欺又は強迫によって取り消すことができる行為は、瑕疵ある意思表示をした者又はその代理人若しくは承継人に限り、取り消すことができる。

　この規定の後半部分は、「（瑕疵ある意思表示をした者）又は（代理人若しくは承継人）」と解釈する。

10-3. 「課する」・「科する」・「処する」

　「課する」とは、義務や負担を負わせることである。「科する」、「処する」は刑罰を負わせることであり、具体的に刑罰を科す場合には「処する」、抽象的な場合には「科する」が用いられる。

用例1：課する

例①

国税通則法 66 条
　次の各号のいずれかに該当する場合には、当該納税者に対し、〔……〕無申告加算税を課する。

　税は、金銭を納付しなければならないという点では罰金と同様であるが、罰金とは違い制裁としての意味合いはない。このように、義務や負担に制裁としての意味合いがないときに「課する」が用いられる。

用例2：科する

> **例②**
>
> **憲法31条**
> 　何人も、法律の定める手続によらなければ、その生命若しくは自由を奪はれ、又はその他の刑罰を科せられない。

　このように、刑罰を科す場合には「科する」を用いる。ここで、例②の主語が「何人」となっていることに注目してほしい。これは、「処する」との違いと関連する。

用例3：処する

> **例③**
>
> **刑法81条**
> 　外国と通謀して日本国に対し武力を行使させた者は、死刑に処する。

　例③での主語は、「外国と通謀して日本国に対し武力を行使させた者」であって、例②と比べると具体化されている。このように、具体的な犯罪行為に対する刑罰というように、具体的な刑罰に関する場合は「処する」を用いる。

10-4.「権利」・「権限」・「権原」

　日常生活において、「権利」と「権限」はあまり区別されずに用いられることが多い。また、日常生活ではあまり用いられないものの、「権限」と同じ読み方の「権原」という用語がある。これらの用語は、どのように使い分けられているのだろうか。
　権利とは、ある一定の利益を請求、主張または享受することを法律上正当

に認められた地位、あるいは、相手方に対し一定の行為・不作為を求めることができる法律上の根拠があることをいう。これに対して、権限とは、公法上は、国や地方公共団体の機関が法律上行ないうる行為の範囲・能力のことであり、私法上は代理権（☞ 20-1）の範囲を意味する。

また、権原（「けんばら」と読むことがある）は、ある法律行為または事実行為が正当であることの法律上の原因（根拠）を表す場合に用いられる。

用例 1：権限の定めのない代理人

例

> **民法 103 条**
> 　権限の定めのない代理人は、次に掲げる行為のみをする権限を有する。
> 　一　保存行為
> 　二　代理の目的である物又は権利の性質を変えない範囲内において、その利用又は改良を目的とする行為

「**権限**」は民法において、代理権の範囲を表わすことがある。代理行為が有効であるためには、代理人は代理権の範囲内、すなわち権限内の法律行為を行わなければならない。代理権の範囲を超えた法律行為を行うと、無権代理（☞ 20-1-2）となり、その行為の効果は本人に帰属しない。任意代理（本人の意思に基づいて代理権が生じる場合）においては、本人が代理人に代理権を授与する際に権限が決定されることが多いが、上記の民法 103 条は、権限が定められなかった際の規定である。権限に定めがない場合には、代理人は何でも行ってよいのではなく、第 1 号と第 2 号に規定されていることしか行えない。

用例 2：権原

「**権原**」とは、ある法律行為や事実行為をすることを正当化する、法律上の原因のことである。

たとえば、ある本を占有（☞ 22-1-2 の（2））している場合にそれを正当化する根拠は何だろうか。たとえば、その本が本屋で買ったものである場合は、その本を購入する売買契約によりその本の所有権を得ていることであり、そ

の本を図書館から借りたものである場合は、使用貸借契約（物を無償で借りる契約）を締結していることが、その占有を正当化する根拠ということになる。

10-5. 「招集」・「召集」

　この2つの言葉もよく似ているが、法律上はまったく異なる使い方がなされている。まず、「招集」とは、国語辞典によると、まねき集めること、と説明されているが、法律上は、合議体を成立させるために、その構成員に集合を求める行為であるとされている。たとえば、地方公共団体の議会（構成員は議員）、皇室会議（構成員は議員）、社団法人の総会（構成員は社員〔☞9-2〕）、株式会社の株主総会（構成員は株主＝株式会社の社員）などの構成員を集めるときに使われる。一方、「召集」とは、国語辞典によると、上級者が下級者を呼び集めること、と説明されているが、法律上は、天皇が期日および場所を指定して、国会議員に集会を命ずる行為のことである。これは、内閣の助言と承認により、天皇が詔書によって行うと定められている（憲法7条2号）。同じく、第2次世界大戦までは、「召集令状」というものがあり、これは天皇が在郷軍人を召し出すために用いられた命令書を指した。

10-6. 「推定する」・「みなす」

　日常用語において「**推定する**」とは、「すでにわかっているある事実を手がかりにして、おしはかって決めること」を意味し、「**みなす**（看做す）」とは「仮にそうと見る。そうでないものをそうとする。仮定する」という意味である。

　法律用語においても似たような使われ方がなされるが、その法律上の効力には大きな違いがある。まず、「推定する」とは、事実関係がわからない点について、一応こうだとして処理しておくことを意味する。そして、仮に真実であるとしておいた事実について、のちにそれが真実ではないということが証明されれば（このことを**反証**という）場合には、その取り扱いが覆される。

　これに対して「みなす」とは、事実関係がわからない点について、取り扱いを確定させること、あるいは、別々だとわかっていることがらを同一の扱いにすること（同一だと擬制すること）を意味する。この場合、不明な事実を明らかにしたり、同一扱いしたことがらを別のことがらであると主張してこの効力を覆すことはできない。

用例1：推定する

> **例①**
>
> 民法32条の2
> 　数人の者が死亡した場合において、そのうちの一人が他の者の死亡後なお生存していたことが明らかでないとは、これらの者は同時に死亡したものと推定する。

　たとえば、父Aと子Bが乗っていた飛行機が墜落し、AもBも死亡したが、どちらが先に死亡したか明らかでないという場合がある。しかし、どちらが先に死亡したかによって相続順位（☞23-2-2および図〈相続順位〉）に影響が出るため（Aが先に死亡した場合Aの遺産をBと配偶者が各2分の1相続するが、Bが先に死亡した場合は、Aの配偶者と父母が相続人となる）、この規定は、こうした場合にAもBも同時に死亡したものと「推定」した。なおこの規定に従うとAとBのあいだに相続は発生しないこととなる。もちろん、のちにA（もしくはB）が先に死亡していたことが明らかになれば、この推定は覆され、その死亡順に従った相続が発生することとなる。

　そのほかに、民法772条1項は、「妻が婚姻中に懐胎した子は、夫の子と推定する」と規定している。夫の子でないと証明されるまでは、夫の子として扱うという意味であり、これは「嫡出推定」と呼ばれる。子が夫の子であるか否かは、相続や扶養などの問題と関係する。

用例2：みなす

> **例②**
>
> 民法721条
> 　胎児は、損害賠償請求権については、すでに生まれたものとみなす。

　民法3条によれば、生身の人間である自然人が、私法上の権利・義務をもつことができる資格（これを**権利能力**という）を得るのは**出生**してからである（☞ 18-1 の（1））。したがって胎児には権利能力はない。しかし、それでは、Aが胎児のあいだに父BがCに殺害された場合、Aは「損害賠償請求権」という権利を取得することができず、出生後Cに対して損害賠償請求（民法709条）をすることができない、という結果になり妥当ではない。そこで、民法は例②ののような規定を置いた。出生前と出生後という「別々だとわかっていることがら」を胎児の損害賠償請求権に関しては、すでに生まれた場合と同じ扱いにするという規定である。したがって、Aは出生後、Cに対して損害賠償請求をすることができ、これに対してCは「事件のとき、Aは胎児だったので権利能力はなく、損害賠償請求権も取得していない」という反論をすることは許されないことになる。

10-7.「直ちに」・「速やかに」・「遅滞なく」

> **─ クイズ ─**
>
> 社長が次のように秘書に言った場合、秘書が仕事をすべき順番はどのようになるだろうか。
>
> （ア）決算前の残業に備えて、配達可能な飲食店のリストを速やかにつくりなさい
> （イ）大株主のSさんと面会するアポイントを直ちに取りなさい
> （ウ）お中元のお礼状を遅滞なく準備しなさい

　「直ちに」「遅延なく」「速やかに」が日常用語として使われる場合、あまり遅くなってはいけない、急いでいるというニュアンスは共通しており、どのくらい急いでいるのか、どちらのほうがより差し迫った状態なのか比較することは難しい。しかし、これらの言葉が法律用語として用いられるときには、急いでいる（時間的に切迫している）順に、以下のように使い分けられている。

直 ち に：いっさいの遅れを許さない

　　↓

速やかに：できるだけ早くするように努めるべき

　　↓

遅滞なく：合理的な理由があるかぎりでの遅れは許される

〈直ちに・速やかに・遅滞なく〉

　「**直ちに**」とは、すぐに、時間をおかずに、という趣旨で、いっさいの遅れを許さないのが通例である。「**遅滞なく**」とは、合理的な理由があれば、そのかぎりでの遅れは許されると解されており、事情の許すかぎり最も早く、という趣旨である。「**速やかに**」は、時間的には「直ちに」「遅滞なく」の中間で、できるだけ早くという意味である。「直ちに」と「遅滞なく」は、違反した場合に違法または不当（☞ 11-5）の問題を生じるのに対して、「速やかに」は訓示的（なるべく早くするように努めるべきだが、そうでなかったからといって罰則などがあるわけではないという趣旨）である。

用例1：現行犯逮捕（刑事訴訟法214条、215条）

　警察官ではない一般市民であっても、目の前で犯罪行為を目撃したときには、その犯人を逮捕することができる。この場合、通常の逮捕と異なり、裁判官の発行する逮捕状は必要とされないが、「直ちに」犯人を警察官などに引き渡すことが必要である（刑事訴訟法214条）。そして、犯人の引き渡しを受けた警察官などは、「速やかに」司法警察員（検察官に送致する手続きを行うのは警部以上の階級の者）にこの者を引き渡さなければならない（刑事訴訟法215条）。一般人でも現行犯逮捕が可能なのは、犯罪行為が目前で行われ、捜査権のない者にも誰が犯罪行為の実行者なのかが明白にわかるからであるが、たとえ犯罪の嫌疑をかけられた被疑者であっても、一般市民が他人の身柄を強制的に拘束することは、拘束された者の基本的人権を侵害する危険がある。そこで、「直ちに」警察官などに引き渡すことが必要となる。また、被疑者を逮捕した場合、検察官が公訴を提起（☞ 1-5）するか否かを判断するた

めに、逮捕から 48 時間以内に被疑者を検察官に送致する必要があるが、その手続は警部以上の階級の者が行う必要がある（刑事訴訟法 203 条、199 条）。このような時間的制約があるために、現行犯逮捕された被疑者の引き渡しを受けた警察官などは「速やかに」警部以上の者に被疑者を引き渡す必要がある。

用例 2：弁護人の選任（刑事訴訟法 272 条）

　裁判所は、公訴の提起があったときには、「遅滞なく」被告人に対して弁護人を選任することができる旨を知らせなければならない（刑事訴訟法 272 条）。弁護人を選任する権利は、憲法で保障された刑事被告人の権利（憲法 37 条 3 項）であり、正当な理由なくこれに制約を加えることは、たとえ裁判所であっても許されない。

> **クイズの答え**
>
> 　法律用語としての意味に従えば、秘書がすべき仕事は（イ）（ア）（ウ）の順になる。法律用語としては、時間的に差し迫っている順に、「直ちに→速やかに→遅滞なく」となる。社長がこの区別に従って発言していたとすれば、いちばん最初にしなければならないのは、「直ちに」S さんとの面会のアポイントを取ること、次に「速やかに」飲食店のリストをつくり、最後にお礼状の準備をする、という順番になる。ただし、「遅滞なく」しなければならないお礼状の準備を何週間も放置し、時期を失するほどに遅らせてしまうと、社長に怒られることになる。

10-8.「適用」・「準用」

　適用とは、法令の規定を、特定の人、事実、事項などに個別的・具体的に当てはめ、作用させることである。なお「適用」によく似た表現として「適応」がある。適用は「当てはめ」という行為を指す言葉であるのに対して、適応は「すでに当てはまっている状態」を指す点で違いがある。したがって、いま起きている問題をある法令の規定を用いて解決する際には「適用」が用いられる。

準用とは、ある事項に関する規定を、ほかの類似事項について、必要に修正を加えて当てはめることである。

用例1：適用

適用という言葉は、たとえば「A・B間の交通事故に民法709条が適用された」というかたちで用いられるが、それは具体的には次のような作業が行われたことを意味している。

Aが不注意によりBを車ではねてけがをさせてしまい、それによりBに治療費が発生したため、BがAに対して、治療費を請求したとする。他方、民法709条は「故意または過失によって他人の権利または法律上保護された利益を侵害した者は、これによって生じた損害を賠償する責任を負う」と規定している。なお下線部のような行為を**不法行為**（☞22-2-4）と呼んでいる。そこでこの規定を上の事例に当てはめてみると、まず、例中の「Aが不注意で」の部分が709条の「過失によって」に該当し、「Bにけがをさせた」という部分が「他人の権利を……侵害した」に当たる。そして、「治療費が発生した」という部分が、「これによって生じた損害」に当たる。したがってAはBに対して709条に従い、「賠償する責任を負う」ことになり、BはAに対して治療費の支払いを請求することが可能となる。

用例2：準用

> **例**
>
> 民法722条
> 　第417条の規定は、不法行為による損害賠償について準用する

上記の722条によると、用例1の場面における損害賠償の方法については、722条を通じて417条が適用されることとなる。これが準用である。民法417条は、たとえば売主が商品を期日までに引き渡さなかったことによって、買主に損害が発生した場合（こうした場面を債務不履行という〔☞22-2-2の（1）ウ〕）に、そこでの損害賠償は原則として金銭によってその額を定めるとする規定であるが、不法行為の場面であっても、損害賠償の方法は金銭に

よるべきであることから、722 条は債務不履行に関する 417 条を準用して、金銭賠償を原則とした。

10-9.「時」・「とき」・「場合」

これらの語は日常用語としては明確な区別がされないが、法律では厳密に区別して用いられる。

「**時**」は、特定の時点を示すために用いられる。これに対して、「**とき**」と「**場合**」は、「〜ならば」と言い換えられるような、仮定的条件を示すために用いられる。「時」と「とき」はどちらも「トキ」と読むが、漢字の場合とひらがなの場合では、意味が異なる。

「とき」と「場合」にも区別がある。条件が重なる場合は、大きな条件を示すのに「場合」が用いられ、その大きな条件の中でのさらなる場合分けについては「とき」が用いられる。

用例 1：時

例①

憲法 39 条前段
　何人も、実行の時に適法であつた行為又は既に無罪とされた行為については、刑事上の責任を問はれない。

例①の「実行の時に」とは、「実行した時点において」という意味であるから、「とき」ではなく「時」が用いられている。

用例 2：場合・とき

例②

民法 26 条
　不在者が管理人を置いた場合において、その不在者の生死が明らかでないときは、家庭裁判所は、利害関係人又は検察官の請求により、管理人を改任することができる。

　この規定は、不在者が自己の財産の管理人を置いていた場合の規定である。「不在者が管理人を置く」という仮定的条件（A）を設定し、その仮定的条件の下で、さらに、「不在者の生死が明らかでない」という仮定的条件（B）を設定する場合、仮定的条件（A）のほうが大きい条件、仮定的条件（B）のほうが小さい条件となる。したがって、前者の仮定的条件については「場合」を、後者の仮定的条件については「とき」を使う。

11. わかりにくい法律用語・表現（3）
──日常会話であまり使われない、イメージがわきにくい用語

　法律用語が難しい、あるいはわかりにくいと思われている原因の3つ目は、日常用語ではあまり使わない、イメージのわかない言葉があるということである。

11-1. 「形式的」・「実質的」

　国語辞典をひくと形式的とは、①内容ではなく形式に関する様子や、②型にだけははまっているが、それに見合う内容のともなわない様子を指す、とされている。これに対して実質的とは、①名目上ではなく、実際の内容に関わる様子や、②外見よりも内容や機能に重点を置いている様子を指す。

用例1：日常用語として使用する場合
　小学校2年生のB君は、明日の遠足のおやつを買おうとスーパーに行き、いつもお母さんがおやつに買ってくれる1箱100円のクッキーを買って帰った。以前は1箱に12枚のクッキーが入っていたのだが、B君が家に帰って

から数えてみると、クッキーが10枚しか入っていなかった。1箱100円という値段は同じだが、内容量が減ってしまい、実質的には値上げしたことになっている。

用例2：形式的意味の憲法・実質的意味の憲法（☞ 13-1）

内容を問わず、憲法という名前の付いている法を指す場合を、形式的意味の憲法と呼ぶ。他方、名前が憲法ではなくても、国家統治の基本法として、人権保障・権力分立などを定めている法を指す場合を、実質的意味の憲法と呼ぶ。たとえば、第2次世界大戦後のドイツが東西に分割された状態で、ドイツ連邦共和国基本法（「ボン基本法」とも呼ばれている）は、旧西ドイツにおける暫定的憲法であったが、法の名称に憲法という文言[1]を使用していなかった。1990年に旧東ドイツがドイツ連邦共和国に加入し[2]、国家として消滅したことにより、同法は旧東ドイツの領域にも効力を有するようになっている。同法は形式的意味の憲法ではないが、ドイツにおける実質的意味の憲法である。

用例3：法の分類（☞ 3-1）

経済法や労働法という名前の法律は存在しない。しかし、その法律の制定目的や、規定している内容といった実質的な面から見て、共通する目的・内容をもついくつかの法律を、経済活動に関する基本ルールを定めたものについては経済法と呼び、人が働くことに関するルールを定めたものについては労働法と呼んでいる。経済法のなかには、独占禁止法（「私的独占の禁止及び公正取引の確保に関する法律」）などが含まれ、労働法のなかには、労基法（「労働基準法」）、などが含まれる。独占禁止法や労働基準法のなかには罰則が設けられており、これらの法律に違反した場合には、懲役刑や罰金刑が科されることもある。刑罰を科す根拠となるという面に注目してみると、

---

(1) 法律の世界では、条文のなかや判決文などのなかに出てくる「ことば」を「**文言**」という。

(2) 1989（平成元）年にベルリンの壁が崩壊し、東西ドイツ分断の終結を象徴する事件として記憶されている。

実質的意味において、公法ということもできるだろう。また、事業者間の契約に関する諸条件や、労働条件など、本来は当事者同士の合意で決定される事項についても一定の制約を加える側面があることから、実質的意味における私法ということもできる。このように公法・私法の性質をあわせもつ法の類型を社会法という（☞ 3-2-4）。

用例 4 : 婚姻の要件

　婚姻（結婚）の要件には、年齢（男女とも一定の年齢以上であること〔民法 731 条参照〕）、近親者間の婚姻ではないこと（民法 734 条）、ほかに配偶者（夫や妻）がいないこと（民法 732 条）、戸籍法の定めに従って届出をすること、つまり婚姻届を出すこと（民法 739 条）といった形式的要件のほかに、当事者どうしのあいだで結婚する意思があることという実質的要件もある。外国人が在留期間を延長する、被扶養者として社会保険に加入する、などを目的とした、いわゆる偽装結婚の場合、形式的要件は整えているが、法律上の夫と妻のあいだには、結婚して家庭を築いていく意思はないため、実質的要件を欠いているといえる。

用例 5 : 権利濫用（民法 1 条 3 項〔☞ 17-3-2〕）

　形式的には権利の行使としての外形（体裁）を備えているが、その具体的な状況と実際の結果に照らしてみて、その権利の本来の目的・内容を逸脱するために、実質的には権利の行使として認めることができない行為のことをいう。たとえば、温泉の源泉から旅館までお湯を運ぶための引湯管が、Ｃの所有する土地の端にかかっていたとき、Ｃが旅館に対して引湯管を撤去するように要求する行為は、Ｃの土地所有権に基づく妨害排除請求（☞ 22-1-2 の(1)）ということもできる。しかし、引湯管を撤去したり、コースを変えたりするには多額の費用がかかるのに対して、Ｃの土地は荒れ放題の山林で、Ｃ自身その土地を利用していないので引湯管が所有地を通っていても実害が生じていないというような場合には、Ｃの要求は権利濫用とされ、このような請求が認められないこともある（宇奈月温泉事件〔大審院昭和 10 年 10 月 5 日判決民録 14 巻 22 号 1965 頁〕）。

11-2.「原則」・「例外」

原則とは、日常用語では、「大部分の場合に適用される基本的規則・法則」を意味し、**例外**とは、「そうした基本的規則が当てはまらない場合」を意味するが、法律の世界において同じ使われ方がされている。

用例 1：原則と例外

次の 2 つの用例を見てほしい。

①民法では、「故意または過失がなければ損害賠償責任を負わないのが<u>原則</u>」であり、これを過失責任主義という。しかし、<u>例外的に製造物責任法</u>では、製造業者は過失がなくとも、自己の製品から生じた損害について賠償責任を負うことがある。これを無過失責任主義という。

②「製造物責任法では」、製造業者が過失なくして賠償責任を負うのが「原則」であるが、当時の科学技術では発見できなかったような欠陥から損害が発生した場合には、「例外として」賠償責任は負わない。これを開発危険の抗弁という。

①では、過失責任主義が「原則」で無過失責任主義が「例外」であった。しかし②では、無過失責任主義が「原則」で、開発危険の抗弁が「例外」とされている。

①と②では、無過失責任主義が「原則」だったり、「例外」だったりしているが、それは下の図のように、議論の場面の違いによる。民法は私法の一般

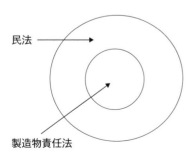

〈①民法と製造物責任法の関係〉

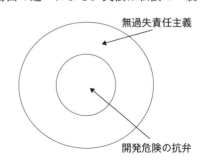

〈②製造物責任法内の規定の関係〉

法であり、そこでの原則は私法全体の原則でもありうる。しかし、それを一部修正するのが私法の特別法である製造物責任法である。他方で、②の場面は、そうした製造物責任法のなかにおける「原則」と「例外」を説明している。

11-3. 「具体的」・「抽象的」

　国語辞典をひくと、具体的とは、①実際に形や内容を備え、はっきり知ることができる様子、形や内容がはっきりしている様子や、②一般的なものや観念的なものではなく、個々の事実によっている様子を指す、とされる。これに対して抽象的とは、①事物を観念によって一面的にとらえ、実際の有り様から遠ざかっている様子、頭のなかで考えるだけで実際と離れている様子や、②概念的で一般的な様子、③共通する点が抜き出されて1つにまとめられている様子を指す、とされる。

用例1：日常用語として使用する場合
　「家で夕食を食べる」といって出かけたお父さんが、お母さんとの約束を破ってしまった。気まずくなって家に帰りづらくなったお父さんは息子のスマホに「お母さん、ツノ出しているか？」とこっそりLINEを送ってきた。お母さんの頭から本物のツノが生えてくるかと思っているわけではなく、ものすごく怒っているかどうか、昔話などに出てくる怖いもの（鬼）のような状態なのかを知りたいわけだ。「鬼」というのは想像上の存在ではあるが、多くの人は昔話の絵本やアニメなどで見て、鬼がどのような姿をしているかを具体的にイメージすることができる。一方、「怖い」という気持ちは、ツノのように目で見ることができたり、手で触ることができたりするわけではない抽象的な概念である。

用例2：抽象的過失・具体的過失
　特定の事実関係の下で、その人がそれぞれの場合において要求される注意義務の程度をクリアしているかどうかを考える場合を具体的過失といい、「自己のためにするのと同一の注意」（民法827条）や、「自己の財産に対する

のと同一の注意」（民法659条）のように、各人の能力に応じた注意を欠くことをいうとされる場合が当てはまる。これに対して、「一般的にそのような社会的地位や職業についている人であれば（その人個人についてそれが当てはまるかどうかはさておき）当然気がつくはずだ」というレベルで要求される注意義務の程度をクリアしているかどうかを考える場合を、抽象的過失という。これは、国語辞典的意味の②に近い使い方をする例ということができる。たとえば、一緒に旅行している友人から「自分が買い物をしているあいだ、スーツケースを見ていてほしい」と頼まれて、それを引き受けたとしよう。この場合、ただ漫然と眺めているのではダメで、スーツケースが盗まれたり、壊されたりしないように気をつけていなければならない。友人として、無償でスーツケースを預かるときは、この「気をつける」のレベルは、自分のスーツケースを持っているのと同じように（「自己の財産に対するのと同一」〔民法659条〕）気をつけていればよいので、あまり几帳面でない人でも、ふだん自分の荷物に対して注意しているのと同じくらいの注意をすればよい。これに対して、友人から預かり賃をもらって（有償で）スーツケースを預かったならば、預かった人の職業や社会的地位から考えて、ふつうに要求される程度の注意をすることが求められる（「社会通念に照らして定まる善良な管理者の注意」〔民法400条〕）。（一時預かり業者が預かった場合と比べれば、必要とされる注意義務のレベルは低いけれども）「ふつうの人」として一般的だと考えられる程度の注意義務は要求されることになり、「自分はほかの人よりもうっかり者だから、ほかの人と同じレベルの注意を払わなくてもよい」というわけにはいかない。

用例3：抽象的請求権・具体的請求権

　Aさんは傷害保険に加入した。保険に入る、つまり保険会社とのあいだで保険契約が成立した時点で、Aさんは一定の事由（保険事故。傷害保険の場合、急激・偶然・外来の事故によって身体に傷害を負うこと[3]）が発生した

(3)　たとえば、同じ「やけど」でも、熱いコーヒーの入ったカップを取り落として火傷をしたときには、傷害保険の保険金を請求できるが、リゾート地のビーチで炎天下に昼寝をして背中に熱傷を負った場合には、急激という要件を満たさないため、傷害保険ではカバーできない可能性がある。

ら保険金を請求することができる立場になる。このときＡさんは、抽象的請求権をもっているといえる。しかし、現実に保険金を受け取れるようになるのは、保険金支払事由として契約時に示された事故が発生したあとであり、このときの保険金請求権を具体的請求権という。

11-4. 「合理的」

合理的とは、日常用語では「道理や論理にかなっているさま」を意味する。法律の分野でも、この合理的という言葉はよく用いられる。ただ、<u>何が合理的であるかは、それが問題となる場面によって異なることになるので、何か統一的な基準が存在するわけではない</u>。当該、法令の趣旨や目的に適合することを意味する場合が多い。以下用例を見てみよう。

用例　障害者基本法における合理的配慮

> **例**
>
> 障害者基本法４条
> 　社会的障壁の除去は、それを必要としている障害者が現に存し、かつ、その実施に伴う負担が過重でないときは、それを怠ることによって前項の規定に違反することとならないよう、その実施について必要かつ<u>合理的な</u>配慮がされなければならない。

上記の例における「合理的」という言葉は、障害者権利条約のなかでも用いられており、障害者から何らかの助けを求める意思の表明があった場合、<u>過度な負担になりすぎない範囲で</u>、社会的障壁を取り除くために必要な便宜のことを意味する。要するに、すべての社会障壁を取り去ることは困難であるので、求められた側に過度な負担にならない程度のことを合理的と表現している。

11-5. 「正当」・「不当」・「妥当」

「正当」とは、正しく道理にかなっていることであるが、法律用語として

の「正当」は法的に責められないこと、やむをえないこととして、広く一般の人が納得できることを意味する。「不当」は日常用語としては、「正当」の対義語として用いられ、正しくないこと、妥当ではないこと、道理に外れたことを意味する。法律用語としては、法には違反していないが、制度の目的からして適切ではないこと、他人の権利や利益を侵害することを意味する。

他方、「妥当」とは、実情によく当てはまっていること、適切であることを意味するが、法律用語としても、法秩序が要求していることによく当てはまり、多数の人々に受け入れられることを意味する。

用例1：正当行為

例①

刑法 35 条
　法令又は正当な業務による行為は、罰しない。

刑法35条の正当業務行為とは、法令に直接の規定はなくても、社会観念上、正当な業務に基づくものと見られる行為のことであり、その正当行為に該当すれば、たとえ刑罰法規に触れる行為であっても処罰されない。たとえば、ボクシングの試合で他人を殴ってけがをさせた場合、刑法208条の暴行罪、同204条の傷害罪の構成要件に該当するが、正当行為に該当するので処罰されない。同様に、医師の医療行為も身体を傷つける行為であるが、正当業務行為とされる。

用例2：不当表示

例②

景品表示法 5 条
事業者は、自己の供給する商品又は役務の取引について、次の各号のいずれかに該当する表示をしてはならない。
一　商品又は役務の品質、規格その他の内容について、一般消費者に対し、実際のものよりも著しく優良であると示し、〔……〕<u>不当に顧客を誘引し、</u>一般消費者による自主的かつ合理的な選択を阻害するおそれがあると認められるもの。

　企業は、自社の商品やサービスについて、その内容や取引条件を、チラシやパンフレット、パッケージなどに表示するが、消費者は、その表示を見て、数ある商品・サービスのなかからその１つの商品を選択することになる。企業は、自社の製品の販売を有利に展開しようとして自社の商品・サービスについて実際のものよりも良く見せかける表示や、事実と相違して他社の商品・サービスよりも良く見せかける表示をするなどして行きすぎた広告をしてしまう場合がある。これを不当表示という。このような不当表示がなされると、消費者は適切に商品やサービスを選択することができなくなり、実際には質の良くないものを購入してしまい、不利益を被るおそれがある。そこで、独占禁止法や景品表示法は、そのような不当表示を禁止している。

用例3：妥当

　「妥当」という用語は裁判の判決の評価において用いられることがある。裁判官は、判決を下すにあたっては、これまで積み上げられてきた裁判例やその結論がより多くの人びとの賛同を得られるか、社会的実情に即しているかなどを考慮しながら、「妥当」な判決を下さなければならない。逆に、それらからかけ離れていれば、「不当」な判決ということになる。

11-6.「絶対的」・「相対的」

　これまでの学校生活で成績の「絶対的評価」「相対的評価」という言葉を聞いたことがあるだろう。絶対的評価とは、たとえば、テストの全体の平均点などとは関係なく、80点以上は評定「5」というように、絶対的な基準をもって評価するというやり方で、相対的評価とは、平均点や得点分布などを参照しながら評定を決める、すなわち、その時々で変わる基準によって評価するという成績のつけ方である。

　それでは、法律用語としてはどのように用いられるのであろうか。

用例1　法律行為の「絶対的無効」、「相対的無効」

　法律行為の無効は、いつでも、誰からでも、誰に対しても、主張するこ

とができる。これが無効の原則的な内容であって、公序良俗違反による無効（民法90条〔☞ 19-1-3〕）や強行規定違反による無効（民法91条〔☞ 19-1-4〕）はこのような内容の無効である。これを<u>絶対的無効</u>という。

　一方で、無効を主張する者または、その相手方が制限されているような無効を<u>相対的無効</u>という。たとえば、民法94条2項は通謀虚偽表示（☞ 19-2-3）による無効を善意の第三者に対抗することができない旨規定している。

用例2　絶対的欠格事由・相対的欠格事由

　たとえば、医師法3条は「未成年者、成年被後見人又は被保佐人には、<u>免許を与えない</u>」と規定している。また、同4条は「次の各号のいずれかに該当する者には、<u>免許を与えないことがある</u>」として、1号から4号までの事由を列挙している。前者の3条のように、当てはまっていたらそれだけで免許を得ることができない事由を<u>絶対的欠格事由</u>、同4条のように、欠格事由に該当しても、場合によっては免許が与えられる事由を<u>相対的欠格事由</u>という。4条の相対的欠格事由にあたる場合には、状況などを審議したうえで、最終的判断が下されることになる。

11-7.「第三者」

　「**第三者**」とは、国語辞典によると、当事者以外の者、そのことがらに直接関係していない人と説明されている。<u>法律においても、第三者とは当事者以外の者を指す。</u>

用例1　民法95条4項の「第三者」

　たとえば、Aが「甲」という土地と「乙」という土地を持っていて、Bに「甲」を売るつもりが「乙」を売ると誤って契約書に書いてしまったとしよう。この場合、民法95条（錯誤〔☞ 19-2-4〕）により契約を取り消すことができる。ところが、Bが「乙」をCに売却してしまっていたとする。この場合、錯誤取消しの当事者A・Bから見ると、Cは「第三者」ということになるが、この第三者がA・B間の契約が錯誤に基づくことについて善意無過失であった

場合は、Aは取消の結果をCに対抗できない（☞ 19-2-6）。

用例2　民法177条の「第三者」

たとえば、ある土地「甲」をAがBに売った場合、AとBは売買契約の当事者となる。ところがこの甲地をAがさらにCにも売却したとしよう。この場合、AとCはやはり売買契約の当事者となる。真の権利者となりうるのはBかCかという争いが起きるが、この場合、Bから見るとCは第三者となり、Cから見るとBは第三者となる。そして民法177条は物権変動（ここでは土地の所有権の移転）は登記をしなければ「第三者」に対抗できないと規定している。なお、BがAから甲地を購入した時に、甲の上に何の権利もなくDが居座っていた場合もDは、A・Bから見ると「第三者」に当たるが、177条における「第三者」とは「正当な利害関係を有する第三者」に限定されることから、BはDに対しては、登記がなくとも自己の権利を主張することができる（☞ 22-1-3の（1））。

11-8.「適切」・「適当」

国語辞典によると「適切」とは、ある状況やことがらにぴたりと当てはまる様子を意味し、「適当」とは、ほどよく当てはまることという意味といい加減という意味の2つの意味があるとされている。法律用語における「適切」と「適当」もほぼこれに合致するが、法律用語における「適当」については「いい加減」という意味で用いられることはない。

用例1：「適切」の例

例①

生活保護法9条
保護は要保護者の年齢別、性別、健康状態等その個人又は世帯の実際の必要の相違を考慮して、有効且つ適切に行うものとする。

生活保護法9条では、生活保護の内容を決定するにあたっては、上記の規

定に定められた諸要素を考慮して、「適切に」すなわち、その人に最もふさわしい内容を決定しなければならない。

用例2：「適当」の例

> **例②**
>
> 民法723条
> 他人の名誉を毀損した者に対しては、裁判所は、被害者の請求により、損害賠償に代えて、又は損害賠償とともに、名誉を回復するのに適当な処分を命ずることができる。

名誉毀損の被害者は、加害者に対して金銭による賠償を請求することができるが（民法710条☞ 22-2-4の（3））、お金をもらっても被害者の名誉の回復には直結しない。そこで、民法723条は、裁判所が名誉回復に「適当な」、つまり、完全な回復は無理であるとしても一定の回復は期待しうるような処分（たとえば謝罪広告の掲載など）を命ずることができるとしている。

11-9.「包括的」

国語辞典では、「包括的」とは全体をおおっている様子や全体を1つにまとめることを指すとされる。法律用語として使われるときも、同じような意味で使われている。

用例1：包括一罪

個別的に見るとそれぞれ独立して1個の犯罪として成立する数個の行為につき、全体として1つの罪で処断することをいう。たとえば、人の身体を、殺意をもって（「殺してやる」という気持ちで）1回刺し、刺された人が死亡したときには、1個の殺人罪が成立する。これに対して、「何度殺しても足りない」と思うくらい強い憎しみを抱いている相手に向かって、殺意をもってその身体をナイフで5回刺したが、そのうち3回目で相手が死亡したというとき、殺人未遂罪（ナイフで刺した1回目と2回目の行為）・殺人罪（3

回目の行為）・死体損壊罪（４回目と５回目の行為）という、５つの犯罪行為として扱われるのではなく、１つの殺人罪として扱われる。これが包括一罪である。

用例２：包括承継

　他人の権利および義務を一括して承継する（引き継ぐ）ことをいう。たとえば、「親の遺産を相続する」というとき、相続の対象となる遺産には、不動産や預貯金のようなプラスの資産（積極財産）だけではなく、借金や住宅ローンのような負債（マイナスの資産、消極財産）も含まれ、相続人はこれらを包括して引き継ぐこととなる。ただし、マイナスの資産が多い場合、プラスの資産がある限度において相続をするという限定承認（民法 922 条）をすることや、プラスの資産も含めて相続そのものを放棄することもできる（民法939 条）。また、合併によって２つの会社が１つの会社へとその組織を統合するときには、合併後の会社にとって都合の悪い資産（負債など）をより分けて、「そのような財産は承継しない」ということはできない。

Part 3

憲　　法

12. 憲法：イントロダクション

```
12-1  はじめに
12-2  憲法の規定の特徴──抽象的な規定
12-3  憲法問題と裁判
12-4  ここで学ぶこと
```

12-1. はじめに

　憲法は、日本では社会・公民などの科目で教わることもあり、おそらく日本人にはいちばんなじみのある「法」であろう。ところが、法律学を学ぶ段階になると、憲法学の難解さに頭を悩ませる者も多いようである。なぜ、いちばんなじみのあるはずの憲法が、学ぶ段階になると難しい内容になるのか。そこには、他の法律とは異なる、憲法固有の特徴が存在している。

　そこで、**Part 3** の以下の部分で憲法を学ぶ前に、法学の入門的な視点から、憲法についてあらかじめ把握しておいたほうがよいと思われることがらについて、ここで説明をしておくことにする。

12-2. 憲法の規定の特徴──抽象的な規定

　日本国憲法は 103 の条文から成り立っているが、他の法律と比べると条文数はそう多い方ではない。また、現在に至るまで一度も改正されたことはない（☞ 13-3-2）。若干古めかしい日本語表現が使用されている点（たとえば、第 3 条の「その責任を負ふ」など）はあるが、まったく読めないというわけでもない。したがって、本来であれば比較的学びやすいはずである。

　ただ、他の法律と大きく異なる点は、<u>憲法の条文の規定が非常に抽象的</u>（☞ 11-3）であるということである。そのため、<u>何が憲法違反となるのかは、</u>

憲法の規定を読んだだけでは、すぐには理解できないのである。

　たとえば、民法 732 条は「配偶者のある者は、重ねて婚姻をすることができない」と定めているので、法律上重婚が禁止されていることはただちに理解できる。また、刑法 199 条は「人を殺した者は、死刑又は無期若しくは五年以上の懲役に処する」と定めており、殺人を犯せば、最も重い刑罰としては死刑が科される可能性があることがただちに理解できる。これに対して、憲法 21 条 1 項は「表現の自由は、これを保障する」と規定しているが、どこまでの表現なら自由権として保障されているのかは、条文を読んでもよくわからない。たとえば、名誉を毀損する表現や差別的表現をする自由までも憲法は保障しているのだろうか。また、有名な憲法 9 条も、2 項で「陸海空軍その他の戦力は、これを保持しない」と規定しているが、どのような装備があれば「戦力」と扱われるのか、一読しただけではわからない。憲法 9 条には、特定の装備をもったら戦力に該当するといった具体的な内容は書かれていないのである。

　憲法の規定は非常に抽象的であるため、解釈しだいでは、いかようにも読める可能性（危険性）を秘めている。そのため実際には、憲法が、何を、どこまで保障しているのか、憲法が何を禁じているのかということは、最終的には訴訟のなかで、すなわち裁判所によって明らかにされていくことになる（そして裁判所によって示された憲法解釈が、国民の意思に沿わない場合には、最終的には憲法改正にふみきることになるかもしれない）。そのため、憲法を学ぶ際には、他の法律科目以上に、学説と並んで、裁判例を学ぶことが非常に重要となってくるのである。

12-3.　憲法問題と裁判

　日本国憲法は**公法**である（☞ 3-2-4）。そして詳細は後述するが、立憲的意味の憲法として、国家権力（公権力）を制限し、国民の権利・自由を守る国家の基本法であるとされる（☞ 13-1）。よって、憲法が争点となる問題は、まず国家権力（公権力）が関連する問題であるというのが原則である。さらに、憲法問題（国家権力〔公権力〕が関連している問題）は①「憲法の権利問題

（憲法の**人権**分野の問題）」と、②「国家権力（公権力）の権限の範囲の問題（憲法の**統治**分野の問題）」に分けることができる。たとえば、憲法9条の問題は②である。9条は、日本という国家が防衛に関連する組織や装備などを、どこまでもつことが許されるのかという、国家の権限の問題についての条文だからである。また、国会、内閣、裁判所の権限分配の問題も②である。②が、国家権力（公権力）の関連する憲法問題であることはいうまでもない。

　他方で、権利に関する問題が、すべて上記の①と扱われるというわけではない。たとえば、国会の制定した刑罰法規が適用されて逮捕・起訴されたが、その刑事訴訟のなかで、そもそもその法規の内容が表現の自由を侵害していると被告人側が主張する場合や、行政官庁の規制や処分のせいで、財産権が侵害されたので規制や処分の取消しを求めて行政訴訟が提起される場合などは、憲法上の権利をめぐり争う問題であることから、①として国家権力（公権力）の関連する憲法問題であることは自明であろう。しかし、たとえば、プライバシーが暴かれてしまったので民事訴訟で損害賠償を請求するという場合はどうだろうか。そもそも、プライバシーの権利について憲法は明文で規定していない。これは①に該当するのであろうか（もちろん、プライバシーの権利のように、明文で規定されていない権利が憲法13条を根拠に「新しい人権」として主張される場合はある〔☞15-5〕）。また、たとえば、民間企業の従業員であるAさんが同僚のBさんから心ない差別的発言を受けて傷つけられたという場合はどうだろうか。差別されないという平等の権利が侵害されている場合であるが、両者とも国家権力（公権力）に関係する人物ではない。そのため、この場合は直接には憲法問題として取り扱われないのである（☞14-2-1）。権利に関する問題が、すべて①の憲法問題として扱われるわけではないことには、注意が必要である。

┌─ **コラム1** ─────────────────────────────

憲法訴訟

　学問上の用語として、憲法訴訟という言葉がある。ただし、法制度として憲法訴訟という訴訟類型は存在しない（☞1-2）。日本の裁判所は、違憲審査権を行使して法令などの憲法適合性について判断することができるが（☞13-2）、その権限行使はあくまで民事訴訟・刑事訴訟・行政訴訟においてな

される（☞ 16-4-1 のコラム 1 ）。

　たとえば、嫡出子（☞ 23-1-2 の（2））と非嫡出子の相続分をめぐる民事訴訟において、両者を区別する民法の規定（2013〔平成 25〕年改正前）900 条 4 号但書が、法の下の平等を定める憲法 14 条 1 項に反する不当な差別であり、違憲無効であると判断されたことがある（最大決平成 25 年 9 月 4 日民集 67 巻 6 号 1320 頁。なお、最高裁決定ののち、民法 900 条 4 号但書の該当部分は民法から削除された）。また、父親を殺害した娘に対する刑事訴訟において、刑法（1995〔平成 7〕年改正前）200 条の尊属殺人罪（自己または配偶者の父母、祖父母などを殺害する罪）の法定刑（死刑か無期懲役かのどちらかのみ）が、普通殺人罪の刑法 199 条の法定刑（当時は死刑、無期懲役、3 年以上の懲役のいずれか）と比べてあまりに重く、憲法 14 条 1 項に違反して違憲無効であると判断されたことがある（最大判昭和 48 年 4 月 4 日刑集 27 巻 3 号 265 頁。なお、現在は、尊属殺人罪の規定は刑法から削除されている）。

　憲法が何をどこまで保障し、何を禁じているのかということは、裁判所による判断を待って明らかになることが多い。よって、憲法訴訟において、どの程度の厳しさで裁判所が法令の憲法適合性を審査するのか（裁判所がどの程度の厳しさの審査基準を、どのような事案において用いたか）ということが、憲法学では注目されることが多い。後述する二重の基準論（☞ 14-2 のコラム 1 ）は、このことをふまえたうえで理解することが必要となる。

12-4.　ここで学ぶこと

　Part 3 では、次のような構成で憲法について説明をすることになる。まず、**13**（「憲法の意義」）が扱う内容は、憲法とは何かという問題と日本国憲法の制定過程や三大原理についてである。つづく、**14**（「人権（1）」）**15**（「人権（2）」）では、憲法の人権規定について具体例を交えて説明がなされる。そして、**16**（「統治機構」）が扱う内容は、憲法規定により規律される統治機構の概要である。以上を学ぶことで、憲法という法の全体像と憲法の規定の概要を正しく把握することが可能となるであろう。それは、憲法についてより専門的に学ぶうえで十分に活かされることになるはずである。

13. 憲法の意義

13-1. 憲法とは何か

　「憲法とは何か」と聞かれたとき、答え方はさまざまある。まず、憲法とは「憲法」という名前で呼ばれる成文の法典（憲法典）であるとする答え方がある。すなわち、憲法を**形式的意味の憲法**としてとらえる答え方である。形式的意味の憲法として憲法を考える場合、その内容は問われない。憲法典に書かれていること＝憲法であると考えるということである。

　これに対して、内容に着目し、国家の基本法としての内容をもつ法が憲法であるとする答え方がある。すなわち、憲法を**実質的意味の憲法**としてとらえる答え方である。さらに、実質的意味の憲法のなかでも、一定の特徴を有するものとして憲法をとらえる答え方がある。これが立憲的意味の憲法（近代的意味の憲法）である。

　立憲的意味の憲法とは、国家権力（公権力）を制限して国民の権利を保障するための国家の基本法として、憲法をとらえるということである。立憲的意味の憲法も、憲法典という形式にとらわれず、国家の基本、とくに民主主義国家において国家権力を制限することによって、権利を保障するという内容が重要視されている。たとえば、1789 年のフランス人権宣言（☞ 7-3 の図〈近代以降の社会と法（年表）〉）16 条は、「権利の保障が確保されず、権力の分立

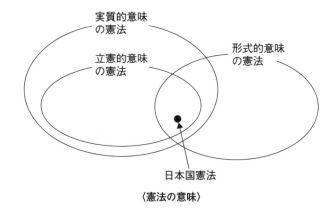

〈憲法の意味〉

が定められていない社会は、すべて憲法をもつものではない」と規定しているが、この憲法とは立憲的意味の憲法を指しているといえる。

　人権保障や権力分立という言葉はよく聞くし、もちろん重要な概念である。しかし、立憲的意味の憲法の定義において非常に重要なところは、国家権力を制限するという部分にある。立憲的意味の憲法とは、近代市民革命期に主張された、専断的な権力行使（権力者の勝手きままな権力行使）を制限して国民の権利を保障するという、（近代）立憲主義の思想に基づく憲法であるということを意味している。

　日本国憲法は、言うまでもなく、立憲的意味の憲法である。したがって、憲法を学ぶ場合は、憲法＝立憲的意味の憲法と考えて差し支えない。

13-2. 立憲的意味の憲法としての日本国憲法

　「憲法＝立憲的意味の憲法」とした場合、憲法と法律はどこが異なるのか。立憲的意味の憲法は、近代市民革命の時期に、（近代）立憲主義という考え方のもとに生まれたものである（☞7-3）。立憲主義とは、権力者の権力濫用を抑えるために憲法を制定するという考え方であり、権力を制限して権利や自由を実現するという思想をいう（☞7-3-1の⑤）。

　市民革命をきっかけに立憲的意味の憲法という考え方が出現するまで、国家権力（公権力）に関わる者（権力者）は、原則として自由気ままにルール

（法律）をつくることができ、ルールのルール（rule of rules）は存在していなかった。さらに、どんなにひどい内容のルール（法律）をつくったとしても、たとえ多くの国民がそのルールに反対していたとしても、一般市民はルールの内容に異議を唱えることは、原則として不可能であった。当然に、参政権などは保障されていなかったために、ルールをつくる側（治者）とルールを守らされる側（被治者）は完全に切り離されており、一般市民はルール（法律）をつくる側になることもできなかった。しかし、市民革命によって、このような状況が覆されることとなった。つまり、権力を握る者であったとしても守らなければならないルール、多くのルールの上にあるルール、ルールのルールがあるということが主張されるようになったのである。法律をつくる際に守らなければならない、法律よりも上のルール、それが憲法である。この憲法に、人権保障や権力分立といった理念が盛り込まれることで、どのような者・組織が権力を握ったとしても、憲法の範囲内で法律がつくられるので、憲法で規定された人権保障や権力分立に反する法律を制定することは、許されないこととなったのである。

　憲法は法律よりも上位の概念であり、憲法は一国の法体系の頂点に位置し、憲法に違反する法律は効力を有しない。憲法がその国の最高のルールで、破ってはいけないということを、憲法はその国の**最高法規**である、という。かりに、**憲法違反（違憲）**の法律ができた場合、裁判において裁判所がその法律は違憲であると判断すれば（**違憲審査権**の行使）、その法律は違憲無効となり、効力を失う。日本国憲法では、81条において違憲審査権が規定されており、制度上、法律の合憲性を最終的に判断する機関は裁判所であるとされている（なお、81条の規定は、終審裁判所としての最高裁判所が違憲審査についての最終的な判断を行うという主旨を示したものである。よって下級裁判所も違憲審査権を有していると解釈される）。

　憲法は最高法規であるから、憲法に反する法律は効力を有しない。しかし、憲法はそれ自体けっして変えることのできないというものではない。この、憲法の改正という観点から、憲法を2種類に分類することができる。まず、憲法改正にあたり、通常の法律の改正とは異なる、より厳しい憲法改正手続を規定している憲法を**硬性憲法**という。これに対して、通常の法律改正と同

じ手続きによって改正される憲法を**軟性憲法**<ruby>なんせいけんぽう</ruby>という。多くの国の憲法は硬性憲法であり、日本国憲法も硬性憲法である（憲法 59 条、96 条〔☞ 16-2-3 の（1）〕）。

　なお、日本国憲法は、96 条で改正手続を定めている。まず、衆議院・参議院それぞれで総議員の 3 分の 2 以上の賛成により、改正の発議がなされたのち、国民投票によって過半数の賛成を得ることで、改正が承認されるという手続である。憲法改正の国民投票の具体的な手続については、「日本国憲法の改正手続に関する法律」によって規定されている。

　立憲的意味の憲法は、通例は、人権分野と統治分野（統治機構の分野）から構成される。日本国憲法も、大まかにいえば、第 3 章に規定されている条文は人権分野、第 4 ～ 10 章は統治分野の条文となっている。

　日本国憲法は第 3 章においてさまざまな人権規定を設けている（☞ 14、15）。ここまで説明してきたように、国家権力（公権力）がこれらの憲法上の権利を侵害することは許されないとされる。さらに、第 4 ～ 7 章は、国政レベルの三権（立法、行政、司法）の権限と国家の財政について、第 8 章は地方レベルの権限について、第 9、10 章は憲法自体の改正と最高法規性について定めている（☞ 16）。これらの統治分野の規定に反する国家権力（公権力）の行使は、憲法違反であり、許されないとされる。

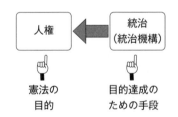

〈憲法における人権分野と統治分野の関係〉

　立憲的意味の憲法において、統治（統治機構）の基本原理は、国民主権（☞ 13-3-3（1））と**権力分立（制）**（☞ 16-1）であるといわれる。権力分立制とは、国家の作用を、立法、行政、司法に分け、それぞれの作用を異なった国家機関に担当させ、相互に抑制と均衡（チェック＆バランス）を保たせる仕組みである。日本国憲法においても、41 条で立法権は国会に、65 条で行政権は内閣に、76 条で司法権は裁判所に委ねており、権力分立制が採用されて

いる。こうした権力分立を規定する統治分野の条文は、人権を保障するために存在しているとされる（☞ 16-1-2 の④）。

　立憲的意味の憲法とは、国家権力（公権力）を制限して国民の権利を保障するための国家の基本法である。そのため、憲法を守るよう命じられているのは、国家権力（公権力）自身であるとさえいえよう。そのことから、日本国憲法は 99 条で、国家権力（公権力）の行使に携わる統治（統治機構）の人員（「天皇又は摂政及び国務大臣、国会議員、裁判官その他の公務員」）に対して憲法尊重擁護義務を課している。

═ コラム 1 ═

立憲主義と民主主義

　国民を主権者とする民主主義の政治体制において、その主権行使である政治的な意思決定は通常、多数決でなされることになる。しかし、多数者がよしとしたことが、すべての人にとってよきことなのであろうか。もしかしたら、少数の人びとを弾圧してしまわないだろうか。非常に乱暴な言い方であるが、民主主義は多数決でものごとを決定するから、民主主義に歯止めをかけないと、多数者による少数者の弾圧を招いてしまいかねない。だからこそ、あらかじめ憲法をつくり、憲法の範囲内でのみものごとが決定されることにするという、立憲主義という考え方が重視されるのである。立憲主義とは、立憲的意味の憲法を守り、立憲的意味の憲法に従って国の統治をしようという考え方である。

　しかし、民主主義よりも立憲主義をつねに優先させてしまうと、今度は、国民主権の理念が政治に反映されているかどうかがわからなくなるという問題点がある。立憲主義を体現する国家機関は裁判所である。裁判所が、国民の代表機関である国会が制定した法律を、むやみやたらと違憲と判断したり、法令上内閣の権限の下にある活動をすべて違憲・違法と判断したりしてしまうことは、国会や内閣の権限を否定してしまうことにもつながりかねない。それは、国民の選挙も経ていない裁判官が、事実上政治的な意思決定を行ってしまっていると判断されかねないことである。だからこそ、立憲主義の考え方の下、裁判所がどこまでその権限を行使すればよいかという議論、たとえば二重の基準論（☞ 14-2 のコラム 1）や統治行為論（☞ 16-4-1 の（3））のような司法審査の範囲や基準に関する議論が発展してきたのである。

　立憲主義（立憲主義を体現する部門である裁判所に期待を寄せること）と民主主義（国民主権を体現する国会や内閣といった政治部門に期待を寄せること）のバランスをどのようにとるのかということは、憲法学の重要なテー

> マの１つといってよい。これをふまえて統治分野を勉強すれば、無味乾燥な
> 制度論としてではない、別の色合いが見えてくるはずである。

13-3.　日本国憲法の制定過程と日本国憲法の三大原理

　そもそも、現在の日本国憲法はどのような歴史的過程を経て、制定された
のか。まずはその点を確認してみよう。

13-3-1.　大日本帝国憲法の特徴

　日本の歴史上、はじめて制定された憲法が、1889 年に公布され、1890 年
に施行された**大日本帝国憲法**（略称として、**明治憲法、旧憲法、帝国憲法**な
ど。以下では明治憲法と表記する）である。

　明治憲法は、形式的意味および実質的意味の憲法（☞ 13-1）ではあったが、
真の意味の立憲的憲法とはいえなかった。そもそも、明治憲法は１条におい
て「大日本帝国ハ万世一系ノ天皇之ヲ統治ス」と定め、主権者は天皇である
としていた（国民主権ではなく**天皇主権**であった）。

　また、明治憲法では、人権分野についても、人権ではなく「臣民ノ権利」
と規定していた。「臣民」とは、支配に服する者を指し、「臣民ノ権利」とは、
天皇が恩恵として臣下たる民に与えた権利ということを意味していた。つま
り、人が生まれながらに有する権利としての人権を保障するという立憲的意
味の憲法の発想には立っていなかったのである。

　さらに、明治憲法の権利規定は、大半が「**法律の留保**」の下に置かれてい
た。たとえば、明治憲法 22 条は「日本臣民ハ法律ノ範囲内ニ於テ居住 及 移
転ノ自由ヲ有ス」と規定しているが、この「法律ノ範囲内ニ於テ」という文
言が、法律の留保と呼ばれる部分である。

　立憲的意味の憲法の考え方によれば、憲法は国の最高法規であり、憲法の
効力は法律よりも優先する（☞ 13-2）。国家権力（公権力）を制限して国民の
権利を保障するためのルールが憲法であるから、当然に（憲法制定後にでき
た）法律など（の憲法以外のルール）によって、憲法で保障した権利を侵害

してはならない。憲法が定めた権利の枠というべきものがまずあり、法律は
その枠を守るかたちで制定されるという理屈になるはずである。

　ところが、明治憲法の権利規定の大半は、「法律の範囲内において○○の
自由を有する」というような、法律の留保付きの規定であった。つまり、明
治憲法が規定する権利の内容について、あとから法律で決めることができた
のである。これは、憲法が定める権利の枠というべきものが、法律によりあ
とから自由に決められることを意味しており、「憲法に違反する法律」は存
在しない、ということにもなってしまう。明治憲法上の権利は、法律の留保
が付いていたため、憲法で権利を保障してあるのにかかわらず、あとから法
律さえ制定してしまえば、その権利にいかなる制限をもかけることが可能と
なっていたのである。したがって、憲法上の権利といっても、その権利性
（権利としての力）は非常に弱いものであったのである。

　このほか明治憲法の統治の規定を見ると、権力分立制（☞16-1）はとられ
ていたが、議会の権限は弱い、内閣は憲法上の制度として明記されていない、
裁判所は違憲審査権を有さないなど、立憲的意味の憲法からはほど遠いもの
であった。このため、「外見的立憲主義」の憲法であったと評されている。

　もっとも、明治憲法の多くの規定は抽象的であったため、運用しだいで立
憲主義に基づいた運用も可能ではあった。そのため、いわゆる「大正デモク
ラシー」[1]期には立憲主義を擁護する政治的風潮も存在していた。しかし、軍
の勢力が強まるなかで「天皇機関説事件」[2]などに見られるように、立憲主義
的な思想が排除されるようになった。軍国主義へと邁進した結果、第2次世
界大戦へと突き進み、最終的に敗戦へと至ったのである。

13-3-2. 新憲法の制定過程

　日本は1945年8月に、日本の降伏条件を定めた**ポツダム宣言**を受諾し、
連合国に無条件降伏した。ポツダム宣言は憲法改正を条件としていたため、

（1）　大正から昭和初期にかけて、政党政治の展開や普通選挙制（男性のみ）の確立など、
　　民主主義的な傾向が生じ、比較的立憲主義的な政治が行われた時期のことをいう。
（2）　憲法学者の美濃部達吉が「統治権は国家にあり、天皇もその一機関である」という、
　　大日本帝国憲法を立憲主義的に解釈する天皇機関説という学説を主張したところ、そ
　　れは天皇主権に反するとして、その著書が発売禁止になった事件のこと。

憲法改正が急務とされた。日本政府は憲法問題調査委員会を設置し、憲法改正作業に着手した。その内容は 1946 年 2 月に新聞のスクープ記事で明らかとなったが、天皇の統治権や臣民の権利といった旧来の枠組みを残す、きわめて保守的なものであった。これを見た連合国軍総司令部（GHQ）の最高司令官ダグラス・マッカーサーは、連合国内の対日強硬論が激化することを恐れ、GHQ 側で独自の憲法草案を作成するよう指示を出した。その際「マッカーサー・ノート」において 3 つの原則（天皇が元首の地位にあること、戦争放棄・軍の保持の禁止、封建制度の廃止）を示したとされる。GHQ 側は世界各国の憲法や、日本の民間の憲法草案を参考に草案を策定し、GHQ 案を完成された。これがいわゆる**マッカーサー草案**である。この草案を受け取った日本政府側はたいへん驚いたものの、政府案が受け容れられなかったこともあり、マッカーサー草案をもとに憲法改正を行うことを決断した。日本政府は、GHQ 側と協議を重ねて憲法改正草案をまとめた。1946 年 5 月に、はじめて女性の選挙権を認めた普通選挙による総選挙を経て、帝国議会が召集され、憲法改正草案の審議過程で文言の修正や規定が追加され、最終的に新憲法が可決されたのである。

　これが現在の日本国憲法であり、1946 年 11 月 3 日に公布され、1947 年 5 月 3 日に施行された。以後、日本国憲法は改正されたことがない。

=== コラム 2 ===

八月革命説

　日本国憲法は、明治憲法の改正手続に基づき制定された。しかし、憲法の改正というには、明治憲法と日本国憲法の内容がかけ離れており、国家体制の変更とさえいえる。この点を説明する学説が八月革命説である。八月革命説によれば、ポツダム宣言の受諾（8 月）は天皇主権から国民主権への移行を意味すると解釈される。この主権の移行＝「八月革命」の結果、確立した国民主権原理に基づいて日本国憲法が制定され、有効に成立したと考える学説である。

13-3-3. 日本国憲法の三大原理

日本国憲法の三大原理は、**国民主権、戦争放棄（平和主義）、基本的人権の尊重**である。

（1）国民主権

明治憲法において天皇は主権者であったが、日本国憲法では国民が主権者であり、天皇は国民の象徴として国政に関する権能をもたない地位と位置づけられた。

国民主権とは、ごく簡潔にいうなら、国の政治のあり方を最終的に決定する力や権威が国民にあるということを意味している。

日本国憲法は、国民が選挙により代表者を選出し、この代表者を通じて国政に参加する仕組みである**代表民主制**（☞ 16-2-1）を原則としている。実際の政治的意思決定（国家権力の行使）はあくまで全国民の代表者である議員らが行っているのだが、主権者たる国民という権威の下で行われているということで、議員らの政治的意思決定が正当化される。日本国憲法における国民主権は、こうした権威づけの側面が重視されている。

また、日本国憲法は、国民自身が直接に政治的意思決定を表す制度も取り入れている（最高裁判所裁判官の国民審査〔79条〕、憲法改正時の国民投票〔96条〕、地方自治特別法の住民投票〔95条〕）。これらの直接民主制的な制度は、主権者が直接に政治的意思決定を行う力を有していることを示しているといえる。

（2）戦争放棄（平和主義）

日本国憲法は、第2次世界大戦の反省に基づき、憲法前文で平和主義の精神を宣言している。そしてその具体化として、憲法9条において、戦争の放棄と、戦力の不保持・交戦権の否定を規定している。ただし、9条がどこまでの戦争を放棄しているのか、戦力とは何を意味しているのか、交戦権とは何を意味しているのか、などについては解釈が大きく分かれている（この点については、憲法の専門書を読むことをお勧めする）。

（3）基本的人権の尊重

　日本国憲法は、第3章に詳細な人権規定を設けている。詳細については、人権の箇所で説明する（☞14、15）。

────── **練習問題** ───────────────────────

〈確認問題〉

1．次の文章の（　）のなかに最も適切な語句を入れなさい。

　　憲法は、憲法という名前で呼ばれる成文の法典（憲法典）を意味する場合がある。この場合の憲法とは、（　①　）的意味の憲法を指し、内容は問われない。それに対して、ある特定の内容をもった法、すなわち国家の基本法を憲法と呼ぶ場合がある。この場合の憲法とは、（　②　）的意味の憲法を指す。

　　（　②　）的意味の憲法のなかで、さらに一定の特徴を有するものが（　③　）である。（　③　）とは、（　④　）を制限することによって、国民の権利を守るための国家の基本法であるといわれる。

2．次の文章の（　①　）〜（　⑪　）には最も適切な語句を入れ、下線部Ⓐには［　］のなかから正しい語句を選びなさい。なお、違う番号でも同じ答えが入る場合もある。

　　立憲的意味の憲法とは、（　①　）を制限して、個人の（　②　）を保障し、そのために統治機構に（　③　）の原理を取り入れた憲法をいう。以下、憲法というときは原則として、この立憲的意味の憲法を指すことにする。

　　憲法は、一国の法体系の頂点に位置し、憲法に違反する法律は効力を有しない。憲法がその国の最高のルールであり、破ってはいけないものであることを、憲法は、その国の（　④　）であるという。憲法は（　④　）であるため、裁判所が憲法に違反すると判断した法律は効力をⒶ［失う／失わない］。

　　では、憲法自体の内容を変えたい場合にはどうしたらよいのか。憲法の分類として、改正手続による分類が挙げられる。憲法を改正する際に、通常の法律の改正とは異なる、より厳しい憲法改正手続を有する憲法を（　⑤　）という。それに対して、通常の法律改正と同じ手続によって改正される憲法は（　⑥　）という。

　　一般に、憲法は（　⑦　）分野と（　⑧　）分野から条文がなり、（　⑧　）

分野の条文は（　⑦　）を保障するために存在しているといわれる。その究極的なものが、日本国憲法81条に定められている、裁判所が有する（　⑨　）である。なお、日本国憲法第3章に規定されている条文は（　⑩　）分野、第4、5、6章の条文は（　⑪　）分野である。

3．次の文章の（　①　）〜（　⑨　）には最も適切な語句を入れ、下線部Ⓐには［　］のなかから正しい語句を選びなさい。また、設問に答えなさい。

　　現在の日本国憲法は、（　①　）年（　②　）月（　③　）日に公布され、（　④　）年（　⑤　）月（　⑥　）日に施行された。（　④　）年に施行されて以降、日本国憲法は改正されたことがⒶ［ある／ない］。
　　現在の日本国憲法の三大原理は、（　⑦　）、（　⑧　）、（　⑨　）とされる。（　⑦　）は、明治憲法下では（　⑩　）が主権者とされたことと対照的である。（　⑧　）は、苦い戦争体験をふまえたもので、9条にその精神が最も現れている。（　⑨　）については、第3章に詳細な人権規定が設けられている。

　設問　明治憲法29条は「日本臣民ハ法律ノ範囲内ニ於テ言論著作印行集会結社ノ自由ヲ有ス」と規定している。この規定のなかで「法律の留保」と呼ばれる部分に当たる文言はどれか。その文言を書きなさい。

〈発展問題〉

4．立憲的意味の憲法とは何か、簡潔に説明しなさい。

14. 人権（1）──人権の考え方と分類

14-1. 人権の観念と享有主体

　基本的人権または人権[1]とは、<u>人間が生まれながらにもっている権利、人がただ人間であるということのみに基づいて当然にもっている権利</u>であるとされる。このような人権の考え方は、**近代自然法思想**および**社会契約論**の影響の下、近代の**市民革命**を通じて確立し、各国の憲法典や人権宣言などにおいて確認されてきている（☞7-3-1）。日本国憲法は、11 条および 97 条において、人権は「侵すことのできない永久の権利」であり、現在および将来の国民に対して保障される旨を明記している。

　一般的に、人権とは以下の 4 つの特徴をもっているとされる。

①**固有性**：人間が生まれながらに当然にもっているものである。

②**不可侵性**：国家・公権力によって不当に侵害・制約されない。

③**普遍性**：人種や性別といった人それぞれの違いに関係なく、すべての人

---

(1)　両者の意味はかならずしも同一ではないとする立場もあるが、学習段階では、とりあえず両者は同じ意味と考えても差し支えない。本書でも以後は原則として「人権」という語を用いる。

間に共通するものである。

④**憲法による実定化**：そもそも人権は国家以前から存在しているものであり、憲法は実定法（☞ 3-2-1）としてその存在を宣言したにすぎない。

ところで、日本国憲法第 3 章の表題は「国民の権利及び義務」であり、たとえば 11 条や 12 条でも「国民」と規定していることから、日本国憲法において、**人権の享有主体**（人権を生まれながらにしてもっている存在）は日本国民、つまり日本国籍を有する**自然人**（☞ 18-1-1）であることを明らかにしている。では、たとえば**外国人**（国籍法上、日本国籍をもたない者のこと）や**法人**などは、日本国憲法では人権の享有主体とは認められないのであろうか。この点について、日本国憲法は明文で規定していないため、裁判所の判例や条文の解釈に基づいて考えるしかない。

外国人については、原則として人権の享有主体であるとされている。そもそも、人権という考え方は国籍にとらわれず、すべての人間を対象としているということ、また国際協調主義（前文、98 条 2 項）の観点からすれば、人権に関する複数の国際条約を批准しているので、外国人にも人権を保障する義務が日本にはあること、が理由である。ただし、例外的に外国人の人権保障が制約される場合があることが判例で示されている(2)。この点でとくに議論の対象となるのが外国人の**参政権**（☞ 15-3）であるが、少なくとも国政選挙については、**国民主権**原理（☞ 13-3-3 の（1））から見て外国人には保障されないと考えるのが通説・判例の立場である(3)。法人については、性質上自然人を対象とする人権（選挙権、人身の自由、社会権など）をのぞき、人権の享有主体として広く認められるとされている。

---

(2) たとえば、入国・在留・再入国の権利（最大判昭和 53 年 10 月 4 日民集 32 巻 7 号 1223 頁）、政治活動の自由（同上）、社会権（最判平成元年 3 月 2 日判時 1363 号 68 頁）など。

(3) なお、地方参政権を外国人に認めるかどうかについて、憲法上は禁止されていないので、国会の立法政策に委ねられているとする判例がある（最判平成 7 年 2 月 28 日民集 49 巻 2 号 639 頁）。

14-2.　適用範囲と限界

14-2-1.　私人間の人権保障

　憲法は**公法**（☞ 3-2-4）であり、国家権力（公権力）を制限して国民の権利を保障するための国家の基本法（☞ 13-1）である。よって、国家権力（公権力）と私人の関係を規律するのが、憲法の主たる問題である。では、私人と私人のあいだで人権問題が発生した場合はどうすればよいのだろうか。

> **例①**
> Ｙ社の就業規則で、男性は満55歳、女性は満50歳で定年退職となると定められていた。この規則によって満50歳で定年退職とされた女性社員Ｘが退職の無効を求めてＹ社を訴えた。

　例①は、私人である女性社員が差別を受け、平等の権利が侵害されているが、どちらも私人（民間企業と従業員）であり、国家権力（公権力）が関わらないという例である（女子若年定年制事件〔最判昭和56年3月24日民集35巻2号300頁〕をもとにした。現在では男女雇用機会均等法により例①のような差別は禁止されている）。私人間の関係を規律する法は、本来は**私法**（☞ 3-2-4）であることから、この例は公法であり国家権力（公権力）と私人の関係を規律する憲法の守備範囲外のため、憲法は適用できないということになってしまう。それでも、憲法14条の法の下の平等の規定を適用して、Ｙ社の定年退職のルールを無効と判断すべきなのだろうか。

　この例のような**私人間の人権保障（私人間効力）**の問題については、次のような見解が有力である。私法における私的自治の原則（☞ 4-3-1、17-3-1の（2））を尊重するため、憲法の人権規定が私人間の関係に直接適用されるわけではないと一般的には考えられるが、人権保障の精神に反する問題については、**信義則や権利濫用**（民法1条）、**公序良俗**（民法90条）といった私法の一般条項（☞ 17-3-2）の規定を適切に解釈し、適用することで、間接的に人権保障の精神を私人間の関係に当てはめることを認めるとする見解である（間接適用説と呼ばれる考え方である）。例①のケースでも、裁判所はこの考え方

に基づき、Y社のルールを公序良俗違反により無効であるとした。

　なお、人権規定のなかには、たとえば奴隷的拘束・苦役からの自由（☞ 15-1-3）や労働基本権（☞ 15-2）の規定など、その性質上、私人間に直接適用されるものもある。

14-2-2. 人権保障の限界

　人権は「侵すことのできない永久の権利」（憲法 11 条）であるが、かならずしも無制約に認められるわけではない。たとえば、ありもしないことをでっち上げて、他人の名誉を著しく侵害する作品を公表する自由が認められるとするのは不適切であろう。また、たとえば、いくら職業選択の自由があるからといって、医師免許をもたない者も医療行為をする自由があるというわけにはいかないであろう。人が他者と関わり、社会生活を営む存在である以上、必要な限度で人権が制約されることは当然のことである。憲法は、12 条で、人権は「濫用してはならないのであつて、常に公共の福祉のためにこれを利用する責任を負ふ」と国民に対して呼びかけ、13 条で、「公共の福祉に反しない限り」人権は尊重されるとしている。

　では、**公共の福祉**とは何を意味しているのであろうか。もしこの言葉を、公益や社会全体の利益ととらえてしまうと、社会全体のために人権を制限するという安易な結論が導き出されてしまい、国家権力（公権力）を制限して国民の権利を保障するための国家の基本法という憲法の定義を逸脱することを認めてしまうことになる。そこで今日では、この言葉は、たとえば人権どうしが衝突する場合や、他者の人権や利益を侵害するおそれがある場合などで、問題となっている人権の制約が認められるかどうか、認められるとしたらどの程度・範囲なのかということを慎重に検討し、実質的な公平の観点から社会・公共における人権行使のあり方を考えるという、一種の指針的なものであると解されている。したがって、公共の福祉について明文で規定されているか否かを問わず、すべての人権に当然に当てはまるものであると考えられている。

━━ コラム1 ━━

比較衡量論と「二重の基準」論

　さて、人権の制約が認められる場合とはいったいどのような基準で判断されるのであろうか。日本の裁判例では、**比較衡量論（比較考量論、利益衡量論）** と呼ばれる理論が多用されている。これは、問題となっている人権を制約したときに、それで手に入るであろう利益と、失われてしまうであろう（人権を有する者の）利益とを比較し、前者が大きいと考えられる場合には人権の制約を合憲とする手法である。この手法は、具体的な例にあわせて判断できるメリットはあるが、適切な比較になっているかどうかをつねに確認する必要があるとされている。

　また、精神的自由権は経済的自由権と比べて優越的な立場にあるため、精神的自由権を制約する立法について合憲かどうかの判断は、経済的自由権についての判断よりも、厳格な基準で審査すべきであるという理論がある。これが**「二重の基準」論**と呼ばれる理論であり、憲法学では一定の地位を占める見解である。この見解によると、精神的自由権を制約する場合、その制約やむにやまれぬものなのかどうか、そして制約手段が必要最小限のものであるかどうかという点が厳しく審査されることになる。他方、たとえば経済的自由権などを制約する場合には、制約の目的が正当で、手段が制約目的から見て合理的かどうかを審査すればよいとされる。

　本章では2つの理論を紹介したが、これらの詳細な内容や、これらの理論を含めた人権制約の判断にかんする近年の理論的動向については、憲法の授業などでしっかりと学ぶことが重要である。

14-3. 人権の分類

　日本国憲法第3章「国民の権利及び義務」は、ある種の人権のカタログとして、近代の憲法が定めるべき人権を網羅的に規定している。よって、体系的に規定されているわけではない。したがって、人権について理解するためには、まず日本国憲法が定める人権規定を、分類し整理することが必要になる。さまざまな観点から分類することができるが、一般的に、国家と個人の関係を中心に分類される。それが次頁の図である。それでは、この図に従って、人権の基本的な分類についてまず説明することにしよう（各人権の詳細な内容については、**15**〔人権（2）〕で説明する）。

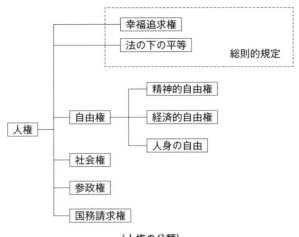

〈人権の分類〉

　まず、**幸福追求権**（憲法13条）と**法の下の平等**（14条1項）は、人権の全般に関わる内容であるため、人権の総則（「総則」の意味について☞17-2-1の（1））としての性質を有するものとして位置づけられている（☞14-5）。

　自由権は、個人の私的領域への国家権力（公権力）の介入を排除して、個人の自由を保障するための人権である。「国家からの自由」の側面をもつ、国家の不作為を求める権利である。わかりやすくいえば、国民の行動に対して、国家が制限を加えないように求める人権である。自由権の観点からすれば、国家権力（公権力）は何もしないことが求められているのであるが、統治上は多種多様な法を制定せざるをえない。その制定した法が自由権の制約となっている場合に、制約が認められるかどうかが問われることになるのである（☞14-2-2）。

　自由権はその内容から、さらに、**精神的自由権、経済的自由権、人身の自由**の三つに分類することができる。

　社会権は、資本主義経済の高度の発展にともなって生じた社会的・経済的な弱者を保護して、実質的に自由で人間に値する生存を保障するための人権として、20世紀に認められるようになった人権である（☞7-4）。「国家による自由」の側面をもつ、国家の作為を求める権利である。わかりやすくいえば、国家が社会的・経済的弱者の生活などに積極的に介入し、そうした弱者が自

〈国家と個人の関係からみた各人権の違い〉

由権をもつ存在として「健康で文化的な最低限度の生活」を営めるようにしていくという人権である。よって、自由権とは逆で、国家が社会権の充実を図るため積極的に動くことが求められている。ただ、その内容はさまざまな内容を含むため、憲法単体では規定困難である。また、法の支配（☞7-3-1）の観点から、国家の活動には法の根拠が必要である。したがって、社会権の実質的な権利保障のためには、国家が法制度によって福祉制度を設計し、構築していくことが必要となってくる。これが**法律による具体化**という考え方である。

　参政権は、国民が政治に参加する権利である。「国家への自由」という側面から、国民主権の原理（☞13-3-3の（1））を具体的に保障し、国民が人権を確保するために必要不可欠の権利であるとされる。

　国務請求権は、国に一定の作為を求める権利であって、受益権ともいわれる。国民が、自らの人権を侵害されたときに、国家に対して救済を求めるなどして、自ら人権を確保するための人権である。

　なお、人権の分類は、人権を総合的に理解し、各人権の典型的な法的特徴を明らかにするためのものである。したがって、個別の人権問題を検討する際には、この分類にとらわれすぎないよう、柔軟に各人権の性質を考える必要があろう。また、人権のなかには、多面的な性質を有するものもあるので、ここで説明した分類は、確定され固定化されたものではなく、あくまで相対的なものであるということに注意してほしい。

14-4. 制度的保障

　憲法は、個別の人権を規定して直接保障するのとは別に、人権と密接に関

係する一定の制度を保障すると解釈できる規定を含んでいる。これを**制度的保障**という。たとえば、私有財産制度は、財産の取得と保持を、一般的に法制度として保障することにより、個人が実際に手にしている具体的な財産権を保障している。憲法29条1項は、人権としての財産権とともに、この私有財産制度をも保障していると解されている（☞ 15-1-2 の（2））。制度的保障は、そのほかに、政教分離原則（☞ 15-1-1 の（2））や大学の自治（☞ 15-1-1 の（3））などがある。

14-5. 総則的規定

先述のように（☞ 14-3）、人権規定のなかには、すべての人権を包括する総則的な規定があるとされている。それが、憲法13条の規定する幸福追求権と、14条1項の規定する法の下の平等である。

（1）幸福追求権

憲法13条は前段で、**個人の尊重（尊厳）**を宣言している。13条後段で規定されている「生命、自由及び幸福追求に対する国民の権利」（**幸福追求権**）は、この個人の尊重の考え方を、国民の側から主張できる権利として包括的にとらえたものであるとされる。幸福追求権は、人権を基礎づける根拠というべきものであり、この根拠の下、具体化されて憲法に列挙されたものが、憲法の個別の人権規定であると解されている。

また、幸福追求権のこうした性格から、憲法には列挙されていない新たな具体的人権を根拠づける規定にもなっている（☞ 15-5〔新しい人権〕）。

（2）法の下の平等

憲法が個人の尊重を大原則とする以上、個人の取り扱いについては、1人ひとりの人間について平等に処遇することが求められる。そのことを示した規定が、憲法14条1項の**法の下の平等**の規定である。平等とは何かという問題は難題であるが、いかなる場合でも完全に平等にしなければならないということではない。したがって、不合理な差別は平等に反するものとして禁

止されるが、合理的な理由があって異なる取り扱いをすること（合理的な区別）自体は許されているとするのが憲法の立場である。なお、14条1項は「人種、信条、性別、社会的身分又は門地」により差別されないと規定されているが、これは単に例示であり、列挙されていないことがらを理由とする差別についても同様に禁止するという趣旨であるとされる。

　14条1項は、平等に扱われていないときに、それは不当で不合理な差別だとして、平等な処遇を求めて主張するための人権、つまり**平等の権利（平等権）**を規定していると判断しても差し支えはない。ただし、この規定にはもう1つの意味が備わっている。それは**平等原則**という考え方である。つまり、国家に対して、国民を不合理に差別せずに、平等に取り扱うことを求めるという意味である。平等原則の観点から、国家は法制度を構築するときには国民を平等に取り扱うことが求められている（具体例は☞12-3のコラム1を参照）。法の下の平等は、このような二面性をもつ規定であり、他の個別の人権規定とも関わってくる包括的な規定である。

--- **練習問題** ---

〈確認問題〉

1. 人権は、下記の図のように一般に分類できる。なお、（　B　）は、20世紀になって認められるようになった人権、（　C　）は国民が国政に参加することを保障する人権である。

（1）（　A　）～（　C　）に当てはまる言葉を入れなさい。
（2）以下の①～⑦の記述が、自由権と（　B　）のどちらに当てはまるのか、答えなさい。

　①個人の私的領域への国家権力（公権力）の介入を排除し、個人の自由を

　②資本主義経済の進展にともなって生じた社会的・経済的弱者を保護し、実質的に自由で人間に値する生存を保障するための人権
　③「国家からの自由」　　　　　④「国家による自由」
　⑤国家の不作為を請求する権利　⑥国家の作為を請求する権利
　⑦法律による具体化を必要とする人権

2．次の（　）内に最も適切な語句を入れなさい。また、下線部についての設問に答えなさい。

　（1）憲法において、人権の享有主体は日本国民である明記されている。人権といえども、無制限に保障されるわけではない。たとえば、憲法12条、13条では明文で（　①　）による制限があることを示している。（　①　）とは、人権同士の衝突や、他者の人権・利益の侵害のおそれがある場合などで、人権の制約が認められるかどうか、認められるとしたらどの程度・範囲なのかということを慎重に検討し、実質的な公平の観点から社会・公共における人権行使のあり方を考えるものと考えられている。

　（2）憲法は、人権を直接保障する規定だけでなく、一定の制度を設けることで人権保障を補う趣旨の規定を有している。これを（　②　）という。制度的保障の例として、（　③　）、（　④　）、（　⑤　）などがある。

　（3）人権全般に関わる、いわば人権の総則としての性質を有する規定として、（　⑥　）と（　⑦　）がある。（　⑥　）は、いわゆる新しい人権の根拠となる規定であり、（　⑦　）は、人種や性別などによって差別されない旨を定める規定である。

設問　外国人は、憲法の人権享有主体だろうか。簡単な理由をつけて答えなさい。

〈発展問題〉

3．次の文章を読んで、下線部（a）〜（c）のうち、憲法上の人権が直接に問題となるものはどれか答えなさい。

　　芸能人Aが現政権の政策を批判する発言をテレビでしたところ、それを見ていた（a）首相Bが警察官Cに指示をし、Cは令状なしに家宅捜索をしたうえで、Aを不当に逮捕し、拘束した。（b）CはAを不当な拘束下にある状況において、Aをおどして「二度と現政権の政策を批判する発言は行いませ

ん」という念書を書かせた。また、この騒ぎにより（c）D会社はAと長年
契約していた CM 契約を打ち切った。

4．私人間の人権保障という問題について説明しなさい。

15. 人権（2）——個別の人権規定

　以下では、**14-3**「人権の分類」で示した個別の人権規定（と、いわゆる新しい人権）について、具体例を交えながら説明する。

15-1. 自由権

　自由権はその内容から、精神活動の自由を意味する**精神的自由権**、経済活動の自由を意味する**経済的自由権**、人の身体を不当に拘束することを認めないとする**人身の自由**の3つに分類される。

15-1-1. 精神的自由権
（1）思想および良心の自由（憲法19条）
　「思想および良心」とは、世界観や人生観、主義・主張など、個人の内心における精神活動全般を示している。19条は、個人の内心を保障し、何人も（とくに国家権力・公権力が）それを侵害・制限してはならないとする規定である。原則として、絶対的に保障されるべき自由であるとされる。たとえば、特定の思想を強制したり、逆に特定の思想をもつ者を不利益に扱ったりすることは、この自由の侵害となる。

> **例①**
> A市は、政治団体への献金のために、市民からあらたに市民税を徴収することを決定した。

　特定の政治団体に献金をするかどうかは、本来、個人の政治的な思想や見解に基づいて自主的に判断されるべきことがらである。しかし例①では、自治体が献金目的で市民税を取り立てることによって、特定の政治的な立場を支持するよう、市民は強要されているといえる。19条に照らせば、このような目的での税金徴収は許されず、A市市民の思想・良心の自由を侵害していると判断されるであろう。

（2）信教の自由（憲法20条）

　20条は、特定の宗教を信仰すること、祈禱や儀式などの宗教的な行為をすること、宗教についての教育・宣伝をすることを保障する規定である（宗教的なことがらを拒否する自由も保障している）。これらについて、何人も（とくに国家権力・公権力が）侵害・制限してはならないということを意味している。たとえば、特定の宗教を強制したり、逆に特定の宗教を信仰する者を不利益に取り扱ったりすることは、この自由の侵害となる。

　さて、信仰は、それが内心にとどまるのであれば、絶対的に保障されると考えられる。しかし、信仰が何らかの行為や活動をともなうのであれば、その制約が問題となってくる。

> **例②**
> 僧侶Bは、Cに取り憑いた悪霊を払うと称して加持祈禱の儀式を行い、その儀式において悪霊を追い出すべくBの背中を何度も殴るなどした結果、Cが死亡してしまった。そのため、Bは傷害致死罪で起訴された。

　例②（加持祈禱事件〔最大判昭和38年5月15日刑集17巻4号302頁〕をもとにした）において、Bは、宗教的な行為の結果生じた事故なのだから、処罰は信教の自由に対する侵害であると主張するかもしれない。しかし、いくら真摯な信仰に基づく行為だからといって、人に危害を加えるような反社会的な行為は許

されない。信教の自由は、原則として保障されるべきであるが、さすがに他人の人権を侵害することまでも保障しているわけではないのである。

20条は、89条とあわせて、**政教分離原則**を規定している。これは信教の自由を制度的に保障するべく、国家が特定の宗教に肩入れすることを禁じ、国家と宗教との関わり合いを排除するという原則である（☞ 14-4〔制度的保障〕）。

（3）学問の自由（憲法23条）

23条は、学問研究、研究成果の発表、学問教育を保障する規定であり、何人も（とくに国家権力・公権力が）それらを侵害・制限してはならないということを意味している。また、23条は、**大学の自治**を保障している（☞ 14-4〔制度的保障〕）。これは、大学における研究や教育を不当に制約しないように、大学の管理・運営を大学の自治に委ねるとする原則である。

（4）表現の自由（憲法21条）

内心の精神活動は、外部に向けて表現して、他の人びとに伝えることで、はじめてその真価を発揮できる。私たちは、社会でのコミュニケーションを通じて、自己実現を可能とする存在だからである。そして何よりも、人が言論や出版物などを通して、政治的な意思を自由に表現し、伝達できるということは、**国民主権**や**民主主義**の必須の条件でもある。以上のことから、表現の自由はきわめて重要な人権であると考えられている。21条は、人の内心を外部に公表・伝達するためのあらゆる活動について、何人も（とくに国家権力・公権力が）侵害・制限してはならないとする規定であり、以下のような広範な内容の保障を含んでいる。

1．言論・出版などのいっさいの表現活動の自由

たとえば、政治的な言論や活動（選挙運動を含む）、小説や芸術などの創作活動、公共の場での発言、商業広告など、ありとあらゆる言論、出版物、メディアなどの表現が対象となっている。また、表現活動の重要な判断材料を提供し、国民の知る権利（☞ 15-5）に役立つという観点から、メディアなどの報道や放送の自由、そして報道のための取材の自由も21条は保障してい

ると解されている。

2．集会の自由

　人びとが、政治・経済・社会問題・学問・芸術など、何らかの目的の下に、一定の場所に自由に集まって、集団で行動することを保障するというものである。たとえば、会合の開催やデモ行進など、さまざまな集団での活動を保障している。

3．結社の自由

　人びとが、政治・経済・社会問題・学問・芸術など、何らかの目的の下に、自由に集団をつくって活動することを保障するというものである。たとえば、政党や学会やサークルなど、さまざまな集団の結成を保障している。

4．検閲の禁止

　21条2項前段は、検閲を禁止している。判例によると、検閲とは、「行政権が主体」となって、「思想内容等の表現物を対象とし……発表前にその内容を審査した上、不適当と認めるものの発表を禁止すること」とされる（税関検査事件〔最大判昭和59年12月12日民集38巻12号1308頁〕）。もっとも、21条1項に基づき、国家などが表現行為について事前に制限・禁止すること（事前抑制）は、原則禁止と考えられており、厳格かつ明確な要件の下で例外的に許されるのみと解釈されている[1]。

5．通信の秘密

　21条2項後段は、はがき・手紙、電話、メールなどの個人間の通信について、国家権力・公権力が、通信内容やその他通信に関するいっさいのこと（差出人・受取人、居所、日時などのいっさいの情報）を、無断で調べたり、

---

(1)　国家の特定の制度が、検閲に該当するのか、または禁止されるべき事前抑制に該当するのかということがしばし問題となる。たとえば、教科書検定制度、税関検査、青少年保護育成条例の有害図書指定制度などがこれまで問題となってきている。

調べた内容を他の人に漏らしたりすることを禁止するという規定である。

　表現の自由は、人の精神活動の核心部分でもあるため、最大限の手厚い保護が必要であるとされる。したがって、表現の自由を行政や立法が制約する場合、その制約が違憲なものになっていないかどうかについて、裁判所は厳格に審査して判断している（☞14-2-2のコラム1）。

> ──── 例③④ ────
> ③新聞記者Dが、一般人のEを殺人犯扱いする虚偽の記事を書いたため、名誉毀損罪で起訴された。
> ④新聞記者Fが、政治家Gの実際に行われた汚職を暴露する記事を書いたため、名誉毀損罪で起訴された。

　例③と④は、人の名誉を傷つけるおそれのある表現活動の例であるが、名誉毀損罪という刑罰でもって表現の自由を制約することは、どこまで認められるかということを考慮する必要がある。例③の場合、Eは一般人であり、記事も虚偽であることから、Eの名誉が著しく侵害されるのみならず、多大な精神的苦痛を与え、平穏な生活を脅かしかねない。Dが名誉毀損罪で処罰されるのは妥当であろう。一方、例④の場合、記事の表現は、公共の問題に関わり、公益目的であって、真実と思われる内容である。このような場合に、Fを名誉毀損罪として処罰するのは、公共の問題に関わる事実の論評を萎縮させてしまうのみならず、そうした公共の事実が人びとに正しく伝わらなくなる危険性を生み出しかねない。よって、処罰は妥当ではないと判断できよう[2]。

> ──── 例⑤ ────
> Hは仲間たちと新しい空港の建設に反対する集会を、I市の市民会館で開催しよう考え、使用許可を申請した。しかしI市は不許可とした。

　例⑤では、市民会館の使用不許可が、Hらの集会の自由への制約となって

---

[2] 実際、刑法230条の2により、このような場合は免責される。また、夕刊和歌山時事事件（最大判昭和44年6月25日刑集23巻7号975頁）を参照のこと。

いるかが問題となっている。もし、たとえばHらの政治的主張が使用不許可
の理由であるとすれば、それは明らかに集会の自由への不当な侵害であると
いえる。他方で、集会が開催されると、他の人びとの生命・身体・財産など
が侵害されたり、公共の安全が損なわれたりするなど、明らかに差し迫った
危険発生が具体的に予見される場合には、制約はやむをえないとするのが裁
判所の立場である（泉佐野市民会館事件〔最判平成7年3月7日民集49巻3号687
頁〕）。

15-1-2.　経済的自由権

（1）居住、移転および職業選択の自由（憲法22条）

　居住、移転の自由とは、どこに住むのか、どこに行くのかということにつ
いて、何人も（とくに国家権力・公権力が）侵害・制限してはならないとい
うことを意味している。住まいを選ぶ自由、移動の自由、海外渡航を含めた
旅行の自由などが保障の対象である。

　職業選択の自由とは、人が自分の従事する職業を選ぶことについて、何人
も（とくに国家権力・公権力が）侵害・制限してはならないということを意
味している。これには、人が自分の選んだ職業を実際にいとなむ自由（**営業
の自由**）も含まれると考えられている。

　今日では、経済活動に対するさまざまなルールや規制が必要となっている。
そのため、これらが職業選択の自由や営業の自由に対する制約として正当な
のかどうか、しばし問われることになる（☞14-2-2 コラム1）。

> **例⑥**
>
> Jは新規に薬局を開設しようとした。ところが、薬事法上、薬局は一定の
> 距離を空けないと開設できないとする規制があり、この規制に引っかかっ
> たために開設できなかった。

　例⑥は、薬局開設距離制限事件（最大判昭和50年4月30日民集29巻4号572頁、
薬事法による距離制限の規制は、現在では廃止されている）の例であり、薬事法の規
制によりJの職業選択の自由が制約されている点が問題となっていた。そも
そも、この規制の目的は、薬局間の過剰な競争により、質の悪い医薬品が供

給されたり、医薬品を不必要に大量に購入させたりするなどの薬局が出てきて、「国民の生命及び健康に対する危険」が発生することを防止することにあった。しかし、この目的を達成する手段として、薬局間の距離制限の規制でなければならないのか、この規制は必要なのか、合理的なのかと問われると確実とはいえない。他の方策も十分に考えられよう。したがって、この規制は職業選択の自由に対する行きすぎた制約であって、憲法違反であると、最高裁は判断したのである。

（2）財産権（憲法29条）

今日の資本主義社会は、自分の財産は自分のものである、という考え方を基礎に置いている（☞7-3-2）。29条1項は、所有権など、財産的価値のあるものに対するさまざまな権利を**財産権**と位置づけ、これを何人も（とくに国家権力・公権力が）侵害・制限してはならないとする規定である。また、29条1項は**私有財産制度**を保障しているとされ（☞14-4〔制度的保障〕）、民法をはじめとするさまざまな法律によって、財産権の具体的な内容が定められている。

29条2項は、財産権について公共の福祉からの制約があることを規定している。たとえば、自分の土地にどういう建物を建てようと自由だからといって、住宅地のすぐ隣に大工場を建設することが許されるとしたら、近隣住民は騒音や煙害などに悩まされるおそれが出てくるであろう。そのため、必要に応じて、合理的な範囲で、法律に基づき財産権を制約することが認められている。また、29条3項は、正当な補償を支払うのであれば、私有財産を公共のために用いることができると規定している。「公共のため」とは、たとえば、道路やダムの建設のような公共事業や、災害防止のための土地の利用制限などの例が挙げられる。

15-1-3. 人身の自由

（1）奴隷的拘束、苦役からの自由（憲法18条）

奴隷のような扱いや、人身売買、強制労働など、非人道的で人間の尊厳に反するような処遇を強制することを禁止する規定である。なお、苦役とは、

本人の意思に反して強制される労役を指すものとされる。

（2）法定手続の保障（憲法 31 条）

　国家の刑罰権限の発動は、法律によって適正に定められた手続（**「法の適正な手続」**due process of law）によって行われなければならないこと、刑罰を科す法律（刑法など）や刑罰権限の発動に関する法律（刑事訴訟法など）の内容も、法律によって適正に定められなければならないことを定めた、非常に重要な規定である。**罪刑法定主義**（☞ 25-2）の根拠規定である。（「適正手続の保障」と表記されることもある）。なお 31 条は、直接には刑事手続についての規定であるが、行政手続にも適用できると考えられている[3]。

（3）被疑者や被告人の権利（憲法 33〜40 条）

　犯罪行為に対して刑罰を科すのは国家の役割である。したがって、捜査・逮捕から、裁判で有罪を認定して刑罰を科すまでの手続（☞ 1-5）において、国家の不当な権限行使がないよう、十分に注意して手続を進めることが必要である。憲法は、**被疑者**や**被告人**のさまざまな権利を規定することで、刑事司法の手続における国家権力の不当な行使を抑制しようとしている。不法に逮捕されない自由、不当に抑留・拘禁されない自由、不当な捜索・押収の禁止（住居の不可侵）、弁護人を依頼する権利、不利益な供述を強要されることの禁止、残虐刑や拷問の禁止、公平な裁判所の迅速な公開裁判を受ける権利、証人を審問したり喚問したりする権利、刑罰法規の不遡及（☞ 25-3-2）などが規定されている。

> **例⑦**
>
> 警察官の K が、令状なしで被疑者 L の自宅を捜索し、証拠の品を押収した。

　35 条は**住居の不可侵**を定めている。これは、住居の捜索や所持品などの押収は、司法官憲である裁判官が、正当な理由があると判断して発した令状によらなければならないことを定めた規定である。したがって、K による捜

（3）　成田新法事件（最大判平成 4 年 7 月 1 日民集 46 巻 5 号 437 頁）を参照のこと。

索・押収は、Lの人身の自由への侵害に当たることになる。

15-2．社会権

（1）生存権（憲法25条）

　25条1項は、<u>国民がみな「健康で文化的な最低限度の生活」を送ることを宣言した</u>規定である。25条2項は、1項の趣旨を実現するために、<u>生存権を法律によって具体化する責務が国家にある</u>ことを示した規定である（☞14-3）。この規定に基づき、生活保護法などの社会福祉に関する法律、国民健康保険法などの社会保険に関する法律、国民年金法などの公的年金に関する法律、地域保険法などの公衆衛生に関する法律、環境保全に関する法律などが定められている。

　さて、1項の「健康で文化的な最低限度の生活」という文言はきわめて抽象的（☞11-3）であるため、その具体的な内容については、2項に基づき国会が法律で定めることになる。では、国会が制定した法律の内容が「健康で文化的な最低限度」を充たしていないと考えられる場合や、そもそも法律が制定されない場合について、どのように考えればよいであろうか。

> **例⑧**
>
> 全盲のため障害福祉年金を受給していた女性Mは、離婚して子どもを1人で育てていた。Mは片親家庭のため支給される児童扶養手当を受けたいと考え、その受給を申請した。ところが、児童扶養手当法において、他の福祉年金との併給を禁止する併給禁止規定があるということで、申請が却下された。

　例⑧は、堀木訴訟（最大判昭和57年7月7日民集36巻7号1235頁、なお現在でも障害年金と児童扶養手当の併給調整が行われている）の例である。ここでは、法律により具体化された内容が、生存権保障として十分かどうかが問われている。この点について裁判所は、25条を法律によって具体化する場合、財政状況や専門的・政策的見地からの考察が必要であるため、具体的な内容の決定は国会の広い裁量（☞16-4-1の（3））に委ねられているとした。よって、著しく合

理性を欠いていて、明らかに裁量の逸脱・濫用と認められないかぎり、裁判の審査・判断には適していない、と最高裁は判示した。こうした、生存権の内容を法律により具体化する場合、その内容は国会の裁量により決められるとする考え方は、**立法裁量論**と呼ばれ、現在でも 25 条関連の訴訟の基本原則となっている（学説上は批判も多い）。

（2）教育を受ける権利（憲法 26 条）

　26 条 1 項は、すべての国民に対して教育を受ける権利があることを規定している。とりわけ、子どもが学習し、人間的に発達・成長していくために、教育を保障するということが、この権利の中核である。そのため、26 条 2 項は、親に対して、義務教育を子どもに受けさせる義務を課すと同時に、国に対して、教育基本法、学校教育法などの法律に基づいて教育制度を維持し、無償で普通教育を提供することをはじめとする、さまざまな教育条件を整備すべき義務を課している。

（3）勤労の権利（憲法 27 条）

　27 条 1 項は、労働の意思と能力を有する国民が、国家に対して労働の機会の提供を要求し、それができないのであれば、相当の生活費の支払いを求めることができることを、権利として示した規定である。この規定に基づき、職業安定法や雇用保険法などが定められている。また、27 条 2 項は労働条件について法律で定めると規定しており、この規定に基づき、労働基準法などが定められている。

（4）労働基本権（憲法 28 条）

　労働基本権とは、労働条件の改善をめざして、使用者と対等の立場で交渉するために団体（労働組合）を結成する権利である**団結権**、労働者の団体が、労働条件について使用者と対等の立場で交渉する**団体交渉権**、労働者の団体が労働条件の実現を図るために団体行動を行う権利である**団体行動権**（争議権）、の 3 つの権利の総称である。この 28 条の規定に基づき、労働組合法や労働関係調整法などが定められている。なお、これらの人権保障の観点から、

正当な労働争議であれば違法性が阻却され刑事上の責任に問われない（労働組合法 1 条 2 項〔☞ 26-3-2 の（1））。また、使用者は、労働者が労働組合の活動を理由に解雇することや、正当な労働争議に対して損害賠償を請求することは認められていない（労働組合法 7 条、8 条）。

　なお、現行法上、警察官・消防官・自衛官などの公務員は、その職務の内容ゆえに、労働基本権の行使がすべて認められていない。また、地方公務員や多くの国家公務員などは労働争議をすることが禁止されている[4]。

15-3. 参政権

　参政権とは、<u>国民が主権者として、直接または代表者を通じて、国の政治に参加する権利</u>であり、民主主義の実現のためには必要不可欠な人権である（☞ 7-3-1、13-2、13-3-3 の（1））。憲法は 15 条 1 項において、公務員の選定権は国民固有の権利であると定め、国民に対し、選挙において投票をすることで政治に参加することができる権利を保障している。この規定を根拠に、**選挙権**や**被選挙権**が認められている。さらに、すべての成人が選挙権をもつこと（普通選挙〔15 条 3 項〕）、1 人 1 票ということ（平等選挙〔14 条・44 条〕）、投票内容を秘密にすること（秘密選挙〔15 条 4 項〕）、投票行動は自由であること（自由選挙）、選挙人が直接代表者を選出するということ（直接選挙）といった基本原則が憲法上要請されており、その詳細は**公職選挙法**で規定されている。

　また、最高裁判所裁判官の国民審査（79 条）、憲法改正における国民投票（96 条）、地方自治特別法の住民投票（95 条）といった直接民主制的制度（☞ 13-3-3 の（1））に参加する権利も、広い意味で参政権であると考えられている。

15-4. 国務請求権

　国務請求権とは、国に対して一定の行為を要求する権利である。国や地方

---

(4)　その代償措置として、国家公務員については人事院が、地方公務員については人事委員会が、勤務条件の改善などについて勧告を出すという制度が認められている。

公共団体に対して、公務について請願を行うことを保障する**請願権**（16条）、
裁判所で**裁判を受ける権利**（32条）、国家権力・公権力によって損害を受けた
者が、その賠償を受けることを保障する**国家賠償請求権**（17条）、無罪判決を
受けた者が、国から補償を受けることを保障する**刑事補償請求権**（40条）が
ある。

15-5. 新しい人権

　日本国憲法の個別の人権規定は、人権のカタログとして列挙されたもので
あるが、世の中のすべての人権を網羅しているわけではない。とくに、社会
の発展にともない、憲法制定当初には考えられもしなかった重要な利益が侵
害される事態も生じてきた。このように憲法には明記されないが、重要であ
るとされる人権が、いわゆる**新しい人権**である。新しい人権は、<u>主に**幸福追
求権**（☞14-5（1））を根拠として、人間の生活活動のなかでも、個人の人格
的生存に不可欠なものに限定して認められると一般的には解されている。</u>
　たとえば、私生活をみだりに公にされない権利である**プライバシーの権利**
は、憲法に明文の規定はないが、幸福追求権を根拠に認められてきた。現在
では自己の情報をコントロールする権利と理解されている。この権利の保障
を目的として、国においては、個人情報保護法（「個人情報の保護に関する
法律」）、行政個人情報保護法（「行政機関の保有する個人情報の保護に関す
る法律」）などが制定され、多くの都道府県、市区町村では個人情報保護条
例が制定されている。
　新しい人権として認められている権利としては、このほかに、名誉権、自
己決定権、人格権、知る権利などがある[5]。

---

(5)　新しい人権は、幸福追求権のみを根拠にしているわけではないことに注意が必要で
　ある。たとえば、知る権利は、幸福追求権を根拠にするのみならず、思想や情報の発
　信者の自由を保障する表現の自由を保障するために、思想や情報の「受け手」の自由
　を保障するという目的で認められてきた。さらに、国家権力（公権力）に対して情報
　公開を請求する権利でもあることから国務請求権的な性質ももっているとされる。

―― **練習問題** ――――――――――――――――――――――――――

〈確認問題〉

1. 次の各人権が、一般的に、精神的自由権、経済的自由権、人身の自由、社会権、参政権、国務請求権のどれに分類されるかを答えなさい。

①学問の自由　②教育を受ける権利　③財産権　④生存権
⑤選挙権　⑥表現の自由　⑦国家賠償請求権　⑧集会の自由
⑨勤労の権利　⑩職業選択の自由　⑪住居の不可侵
⑫信教の自由　⑬奴隷的拘束からの自由　⑭労働基本権
⑮自己に不利益な供述を強要されない権利　⑯通信の秘密
⑰憲法改正のための国民投票をする権利　⑱刑事補償請求権
⑲団体行動権　⑳思想および良心の自由

2. 次の（1）～（7）において、Xのどのような人権が問題となっているか、また、その人権が規定されている日本国憲法の条項はどれか、「六法」を参照して答えなさい。

（1）政治団体に所属するXは、A県の公安条例に従って許可を得たうえで、団体の構成員らとともに、ルールを守って、与党の政策に反対するデモ行進を行っていた。ところが、いきなりA県の公安条例違反なのでデモ行進を中止するように言われた。

（2）環境保護促進法が新たに制定され、24時間営業のコンビニから50メートル以内にある自動販売機はすべて撤去するように命じられることとなった。自動販売機のオーナーのXは、困っている。

（3）車椅子を使用するXは、参議院議員選挙に投票しに行った。ところが、投票所の受付で、車椅子を使うXの投票スペースを確保できないと言われて、投票することができなかった。

（4）生活保護を受給していたXは、その受給額が憲法の保障する「健康で文化的な最低限度の生活」には達していないとして、裁判を提起した。

（5）Xは傷害罪などで起訴されたが、第1審の検察官の立証段階において審理が中断し、裁判が再開されたのはそれから15年後であった。

（6）公立学校の生徒であったXは、学校の必修科目であった剣道実技を、自らの宗教的教義に基づき拒否した。そのため退学処分になった。

（7）新聞記者Xは取材で、法廷傍聴において傍聴人としてメモを取っていた。ところが裁判所がメモを取ることを禁止してしまった。

〈発展問題〉

3．次の文章を読んで、以下の設問に答えなさい。

　　Aは現在50歳の専業主婦で、夫Bとのあいだに13歳の子Cがいる。Bは末期ガンで医師から余命1月と宣告されている。Aは、まず夫Bの死後自分が働けるかどうか悩んでいる。たしかに憲法では（　①　）が規定されているが、勤労意欲があるすべての者に希望する職場が国から与えられるわけではない。(a) 日本は社会主義ではなく、（　②　）の国だからである。また、「健康で文化的な最低限度の生活を営む権利」すなわち（　③　）が保障されているが、(b) 生活保護の受給額でいままでの生活を維持できるかわからない。さらにCには（　④　）が保障され、義務教育は無償であるが、高校や大学に行かせるとなると金銭的な負担は相当大きいだろう。AはCのためには、雇用先が見つかったならば、(c) 雇用主の提示した労働条件に異議を述べることなく、働かなければならないのだろうか。

（1）（　①　）〜（　④　）に入る最も適切な語句を答えなさい。
（2）下線部（a）により、日本では私有財産制度がとられている。財産権について規定している条文は憲法何条か？
（3）下線部（b）について、Aが憲法の（　③　）の規定を直接の根拠として、生活保護の増額を求めて訴訟を提起した場合、日本の裁判所はそれを認めるだろうか。判例の傾向をふまえて答えてみなさい。
（4）下線部（c）について、雇用主の提示したいかなる労働条件であってもそれに従って働かなければならないのだろうか。理由を示して答えなさい。

16. 統治機構

　日本国憲法の第4章から第9章まで（41条から96条まで）は、統治機構（☞ 13-2）に関する規定である。このうち、第4章から第7章まで（41条から91条まで）が国の統治機構および原理に関する規定であり、第8章（92条から95条

まで）が地方自治に関する規定である。

16-1.　権力分立制（三権分立制）と権力分立主義

　日本国憲法は、国家の統治権（国家権力）の作用を、立法・行政・司法の三権に分割し、それらを、相互に独立する別個の機関に、それぞれ担当させている（41条、65条および76条1項）。これを「**権力分立制**」（あるいは「**三権分立制**」）という。そして、権力分立制を擁護する考え方を**権力分立主義**という。

16-1-1.　権力分立の歴史的沿革

　権力分立主義は、イギリスの思想家**ジョン・ロック**（1632-1704）により、最初に主張されたとされる。彼の著作で、1688年の名誉革命（☞7-3の図〈近代以降の社会と法（年表）〉）を正当化したものとして知られている『市民政府二論』において、立法権優位の思想を土台とし、立法権と執行権（法律を執行する国家統治権のこと。アメリカでは大統領の権限を指す）とについて、それぞれ異なる機関が担当すべきであるとの主張がなされている。

　その後、フランスの**モンテスキュー**（1689-1755）が、『法の精神』において、現在の権力分立主義の原型、すなわち三権分立の思想を打ち出した。立法・行政・司法という権力を、別の機関に担当させて均衡を保つという考え方は、その後に大きな影響を及ぼすことになる。

　このモンテスキューの思想から影響を受けたのが、1776年のアメリカ・ヴァージニア州憲法、そして1787年の**アメリカ合衆国憲法**（☞7-3の図〈近代以降の社会と法年表〉）である。アメリカ合衆国の場合、憲法により、立法権は連邦議会に、行政権（執行権）は大統領に、司法権は連邦最高裁判所以下の裁判所に分けられ、しかもそれらが徹底的に独立し、均衡を図るというかたちになった。そして、憲法上、立法権・行政権・司法権の三権は平等であるとされた。たとえば、大統領は（間接的ではあるが）国民により選挙され、議会の解散権をもたない。

　なお、アメリカ合衆国における権力分立制の典型例として、裁判所による

違憲審査制度（☞ 13-2）が挙げられるが、これは憲法典によって採用された制度ではなく、19世紀初頭の連邦最高裁判所判決によって確立された判例法（☞ 4-5）である。しかし、現在も憲法に明文化されていないとはいえ、違憲審査制度は、アメリカ合衆国における実質的な憲法（☞ 13-1）の一部となっている。

16-1-2. 権力分立主義の一般的特質

　権力分立制を擁護する考え方である権力分立主義には、次の4つの一般的特質が指摘される。

①**自由主義**：なぜ、単一不可分であるはずの国家権力を、3つの異なる国家機関に分割して担当させるのか。それは、1つに集中させると権力の濫用（らんよう）が生じやすいからである。権力が集中すれば、国民の権利や自由は、たやすくふみつぶされるものである。

②**消極主義**：権力を分割するだけでは不十分であるが、実際の問題として、三権は、ときとして相互に摩擦することがある。この摩擦を、権力分立主義は意図的に生じさせる、あるいは利用する。このことによって、1つの権力が暴走することを防ごうとするのである。

③**懐疑主義**：権力は暴走し、国民の権利や自由をふみにじりがちである。そのため、権力を行使する政府に対して、国民は信頼をすることなどできない。このような考え方が、権力分立主義の根底にある（☞ 7-3-1の④⑤）。

④**政治的中立主義**：権力分立主義は、一般的に民主制の前提と考えられるが、実際には、君主制とも結びつく（立憲君主制）。権力分立主義は、君主制をとるか民主制をとるかという単純な問題ではなく、人権保障を中核に据えるか否かの問題と関係し、人権保障を担保するための一手段であるといえる（☞ 13-2）。

16-1-3. 現代における権力分立制

　しかし、現代において、権力分立制には次のような変化が見られる。第1

に、行政活動の増大にともなう行政権の肥大化である。第2に、政党の発達である。第3に、アメリカ合衆国の判例法として登場した違憲審査制度（☞ 13-2）の普及による、司法権の拡大である。

第1の変化は**行政国家現象**とも呼ばれる。これは、19世紀後半からの労働者階級の発展にともない、それまで市民階級の利益を実現するための機関であった議会の性質が変わらざるをえなくなったことに由来する。20世紀、とくに第1次世界大戦後に**積極国家・社会国家**（☞ 7-4〔福祉国家〕）が要請されるようになると、ますます議会は機能しなくなる。そこで、行政権の活動が必然的に多くなった。国家活動の範囲が大きくなれば、特殊な専門的知識が必要とされ、迅速かつ組織的な活動も要求されるが、これに十分対応しうるのが行政権である。そのため、国の基本政策を形成し、決定するための実質的な権限を、行政権が行使するようになった。

第2の変化は**政党国家現象**とも呼ばれる。ドイツの公法学者ハインリヒ・トリーペル（1868-1946）は、論文「憲法と政党」において、もともとの権力分立主義は政党の存在を予定しておらず、むしろ敵対的な態度を見せたという意味のことを述べている。しかし、現実の政治制度なり状況なりを考えてみるならば、良かれ悪しかれ、政党を無視することはできない。そして、政府・与党と野党との対抗関係が重要になる。政党は、立法権にも行政権にも関与するのである。

第3の変化は**司法国家現象**とも呼ばれる。国家活動の範囲が拡大すれば、人権侵害の危険性も高まる。そして、多くの法律案が行政権によって作成され、立法権によって可決されるから、それだけ、行政権や立法権へのコントロールの必要性も大きくなる。こうして、司法権を担当する裁判所の役割が高まってくる。現在、世界の多くの国々の憲法で、何らかのかたちで違憲審査制度が採用されていることが、司法国家現象の1つの現れともいえる。

16-2. 立法機関としての国会

16-2-1. 国民を代表する国家機関

憲法前文は「日本国民は、正当に選挙された国会における代表者を通じて

行動」するとともに、国政の「権力は国民の代表者がこれを行使」すると宣言し、**代表民主制**を原則とすることを明らかにする。憲法は、国会に国民を代表する国家機関という地位を与えるとともに、行政権など、国政全体を国民に代わって監視する役割をも与えている。

また、憲法 41 条は「国会は、国権の最高機関であ」ると定める。ここにいう「最高機関」の意味であるが、全国民の代表としての国会議員によって構成される、国政の中心的な機関であるということを強調するものであり、特定の法律効果（☞5-1）をともなうものではないと考える**政治的美称説**が通説である。ただし、どの機関の権限かが不明確な場合には、原則として、国会の権限であると推定（☞10-6）されることが求められる。

16-2-2. 「国の唯一の立法機関」

憲法 41 条は、国会が「国の唯一の立法機関である」とも定める。ここで問題となるのが、「唯一」の意味と「立法」の意味である。先に「立法」の意味から見ていこう。

立法には 2 つの意味がある。**形式的意味の立法**は、さまざまな法のなかの「法律」と称されるもの（☞4-2-2 の（2））を制定することである。これに対し、**実質的意味の立法**は、特定の内容と性質を有する法を制定することである。憲法 41 条の「立法」を、形式的意味の立法ととらえると、国会以外の機関が「法律」以外の名称で法を自由に制定することが許されることになり、不合理なので、同条の「立法」は、実質的意味の立法を指すと理解される。

また、実質的意味の立法は、もともと、国民の権利を制限し、または新たに義務を課する法を制定することを意味していた。現在でもこれが基本であるが、もう少し広く、およそ一般的・抽象的な法規範を制定することと理解するほうが、憲法 41 条の趣旨に合う。

次に、「唯一」の意味を見ていこう。この言葉には 2 つの意味が込められている。1 つは、国会中心立法の原則であり、もう 1 つが、国会単独立法の原則である。

国会中心立法の原則は、国会以外の国家機関が、実質的意味の立法を行ってはならないというものである。例外は、各議院の議院規則（憲法 58 条 2 項

〔☞ 16-2-5〕)、内閣による政令の制定（73条6号〔☞ 16-3-4 の（1）〕)、最高裁判所規則（77条1項）、地方公共団体の議会による条例（94条〔☞ 16-5-3〕）である（☞ 4-2-2 の（3）（4）（5）〔命令、規則、条例〕)。

　国会単独立法の原則は、実質的意味の法律を制定する際に、<u>国会以外の機関が関与ないし介入することができない</u>というものである。例外は、憲法95条の定める地方自治特別法（特定の地方公共団体のみに適用される法律）であり、法律の適用される地方公共団体における住民投票が必要とされている。

　国会単独立法の原則に関して、内閣が法律案の提出権を有するか否かが問題となるが、通説および実務（☞ 4のコラム1）は、<u>内閣が法律案の提出権を有する</u>と解する。理由として、憲法72条には「内閣総理大臣は、内閣を代表して議案を国会に提出し」と規定されており、ここにいう「議案」に法律案も含まれること、内閣総理大臣が国会議員でもあり、しかも内閣を構成する国務大臣の過半数が国会議員でもあること（☞ 16-3-3 の（2）（3）)、国会は内閣が提出した議案を自由に修正したり否決したりすることができるのであって、法律案についても同様であることなどが挙げられる。実際には、法律案の大半が内閣によって提出されている。

16-2-3. 国会の権能（衆議院の優越も含む）

（1）憲法改正発議権（憲法96条）

　これは、あくまでも憲法改正案の決定に関する権限であり、各議院の総議員の3分の2以上の賛成を必要とする。<u>国会で発議が成立したら、国民にこの憲法改正案が提案されることとなる</u>。最終的には「特別の国民投票又は国会の定める選挙の際行はれる投票」により、国民が憲法改正の是非を決定する（同条。「日本国憲法の改正手続に関する法律」も参照〔☞ 13-2〕)。次の法律案の議決権と異なり、衆議院の優越は認められない。

（2）法律の議決権（☞ 4-2-2 の（2）)

　<u>法律は、原則として両議院で可決されたときに成立する</u>（憲法59条1項）。しかし、衆議院で可決され、参議院で異なった議決がされた法律案は、衆議院で出席議員の3分の2以上の多数でふたたび可決されれば、法律となる

（同条 2 項）。衆議院の優越が認められているわけである。

　衆議院は、両議院の協議会の開催を求めることができるが、かならず開催しなければならないものではない（同条 3 項、国会法 84 条 1 項）。また、参議院が、衆議院が可決した法律案を受け取ってから 60 日以内（国会休会中を除く）に議決しない場合には、衆議院は、参議院がその法律案を否決したものと「みなす」（「みなす」の意味について☞ 10-6）ことができる（憲法 59 条 4 項）。

（3）内閣総理大臣の指名

　国会は、国会議員のなかから内閣総理大臣を指名する（☞ 16-3-3 の（2））。これは、ほかの案件に優先する（67 条 1 項）。**議院内閣制**の内容の 1 つである。

　内閣総理大臣の指名についても、衆議院の優越が認められる。衆議院と参議院とで異なる議決がなされた場合には、両議院の協議会が開かれるが、それでも意見が一致しない場合には、衆議院の議決が国会の議決となる。参議院が 10 日間以内（国会休会中を除く）に議決をしない場合も同様である（同条 2 項）。

（4）弾劾裁判所の設置（64 条）

　罷免の訴追を受けた裁判官を裁判するために、両議院の議員で組織される（裁判官弾劾法も参照〔☞ 2-2-1〕）。なお、弾劾裁判所は 76 条 2 項で禁止される**特別裁判所**（☞ 16-4-2）であって、憲法で許される例外である。

（5）財政監督権

　本来、財政の執行などの事務は、行政権に属する事柄であるが（☞ 16-3-2）、83 条は**財政民主主義**を定め、財政に関するあらゆる権限が、国会の議決に基づかなければならないこととした。その一環として、国費支出行為および国の債務負担行為（85 条）、予算についての最終決定権（予算の作成権は内閣にある〔73 条 5 号、86 条〕〔☞ 16-3-4 の（1）〕）、予備費の設置および支出（87 条）、皇室経費（88 条）、決算（90 条および 91 条）に関する国会の審査権、議決権および承認権が定められる。また、84 条は**租税法律主義**を定め、新たな租税を国民に課し、または従来からの租税負担を変更するには、国会が定める法律に

よらなければならないとする。これは増税の場合だけでなく、減税について
も妥当する。なお、国民の納税義務を定めた 30 条も読み、84 条とセットに
して内容を考えてみよう。

　予算の議決についても、衆議院の優越が認められる。まず、60 条 1 項によ
り、予算はかならず先に衆議院に提出されなければならないから、衆議院に
先議権がある。次に、衆議院で可決された予算が参議院に送られたが、参議
院が予算を否決した場合には、かならず両議院の協議会が開催される。それ
でも両院の意見が一致しないときには、衆議院の議決が国会の議決となる。
参議院が、国会休会中の期間を除いて 30 日以内に議決しない場合も同様で
ある（同条 2 項）。決算については、このような衆議院の優越はない。

（6）条約の承認

　条約（☞ 4-2-3 の（6））の締結は、73 条 3 号によって内閣の権限とされるが
（☞ 16-3-4 の（1））、事前に、場合によっては事後に、国会の承認を得なけれ
ば、条約は有効に成立しない。この承認についても、衆議院の優越が認めら
れる（61 条、60 条 2 項）。

（7）内閣不信任決議案の可決および内閣信任決議案の否決（69 条）

　これらは、衆議院にのみ認められるものである。いずれかがなされること
により、内閣（内閣総理大臣ではない）は、10 日以内に衆議院を解散し（☞
16-3-4 の（1））、または総辞職（☞ 16-3-5）しなければならないという法的効果
（☞ 5-1）が生じる。これも、憲法が議院内閣制をとることを示すものである。

　衆議院の解散は、衆議院議員の資格を任期満了前に失わせる行為である。
上記の場合（憲法 69 条に定められた場合）以外に、どのような場合に解散
が認められるかについて議論があるが、憲法に明文がなく、とくに制約はな
いとするのが実務（☞ 4 のコラム 1）の理解である。また、衆議院の解散は、
天皇の国事行為であるが（7 条 3 号）、これは形式的なものであって、実質的
には内閣が権限を有するというのが慣行である（7 条説。ただし異論もある）。
ちなみに、判例は、衆議院の解散が違法または不当なものであったとしても、
統治行為（☞ 16-4-1 の（3））として、裁判所の審査権の外にあると述べる（苫

米地事件最高裁大法廷判決〔最大判昭和 35 年 6 月 8 日民集 14 巻 7 号 1206 頁〕）。

なお、参議院も問責決議案を可決することができるが、これは政治的な効果しかもたず、内閣が総辞職をしなければならないという法的義務などは生じない。

16-2-4. 国会の活動

憲法 52 条は、国会の**常会（通常国会）**を毎年 1 回召集（☞ 10-5）することを定める。常会は毎年 1 月に召集するのを常例とする（国会法 2 条）。また、内閣は、**臨時会（臨時国会）**の召集を決定することができ、他方で、どちらかの議院の総議員の 4 分の 1 以上の要求があれば、臨時会の召集を決定しなければならない（憲法 53 条）。

衆議院が解散されたときには、参議院も同時に閉会となる。しかし、衆議院議員総選挙が行われて、新たに衆議院が成立するまでのあいだに緊急の必要がある場合に、内閣が**参議院の緊急集会**を求めることができる（54 条 2 項）。参議院議員から緊急集会を求めることはできない。なお、緊急集会においてとられた措置は臨時のものであり、次の国会開会後、10 日以内に衆議院の同意がなければ、効力を失う（同条 3 項）。

16-2-5. 議院の権能

議院の権能（権限）は、議院自律権と国政調査権とに分かれる。これらは衆議院、参議院のそれぞれの権能であり、国会全体としての権能ではない。

議院自律権は、ほかの国家機関から監督や干渉を受けず、内部組織や運営に関して自主的に決定できる権能である。これには、会期前に逮捕された議員の釈放請求権（50 条後段〔☞ 16-2-6 の（2）〕）、議員の資格争訟の裁判権（55 条〔☞ 16-4-1 の（3）〕）、役員選任権（58 条 1 項）、議院規則制定権（同条 2 項〔☞ 4-2-3 の（4）〕）、議員懲罰権（同項〔☞ 16-2-6 の（2）〕）がある。なお、判例は、両院の議事運営についても自律権を認め、原則として裁判所の審査権が及ばないと述べる（警察法改正事件最高裁大法廷判決〔最大判昭和 37 年 3 月 7 日民集 16 巻 3 号 445 頁〕〔☞ 16-4-1 の（3）〕）。

国政調査権は 62 条により認められており、その範囲は国政のほぼ全般に

及ぶ。多数説は、これは各議院に与えられた権能を実効的に行使するための補助的な権能であると理解する。そのため、司法権の独立を侵害するような調査活動は許されない。かつて、裁判における量刑の不当を参議院法務委員会が決議し、問題となったことがある（「浦和事件」〔☞ 16-4-4〕）。

16-2-6. 国会議員

（1）議員の任期、被選挙権など

①任期：衆議院議員の任期は 4 年である。ただし、衆議院が解散された場合は、その時点で任期が終了する（45 条）。これに対し、参議院議員の任期は 6 年であり、3 年ごとに議員の半数を改選する（46 条）。なお、参議院が解散することはない。

②選挙権および被選挙権：衆議院、参議院のいずれについても、議員およびその選挙人の資格は、法律によって定められる。ただし、人種、信条、性別、社会的身分、門地（家柄のこと）、教育、財産または収入によって差別してはならない（44 条）。具体的には、衆議院議員の被選挙権は満 25 歳以上（公職選挙法 10 条 1 項 1 号）、参議院議員の被選挙権は満 30 歳以上（同項 2 号）である。なお、選挙権は、衆議院、参議院のいずれの議員選挙についても、満 18 歳以上である（公職選挙法 9 条 1 項）。

③定数：衆議院議員および参議院議員の定数は、法律によって定められる（憲法 43 条 2 項）。現在、衆議院議員の定数は 465 人であり、このうち小選挙区選出議員が 289 人、比例代表選出議員（全国 11 地域のブロック別で選出）が 176 人である（公職選挙法 4 条 1 項、13 条、別表第 1 および第 2）。また、参議院議員の定数は 248 人で、このうち、選挙区選出議員（原則として都道府県単位の選挙区）は 148 人、比例代表選出議員（日本全国で 1 つの選挙区）は 100 人である（公職選挙法 4 条 2 項、14 条、別表第 3）。

④選挙区：法律で定められる（憲法 47 条）。選挙区については、公職選挙法 12 条から 14 条に定められている（別表第 1 から第 3 も参照）。

（2）国会議員の不逮捕特権

国会議員は、国会法の定める場合（後述）を除いて、国会の会期中に逮捕

されない。また、国会議員が会期前に逮捕された場合には、その議員が属する議院の要求があった場合には、議員を釈放しなければならない（憲法50条〔☞ 16-2-5〕）。

この特権は、議員の身体の自由を保障すること、および議院の審議権を確保することを目的としている。国会法が例外として会期中の逮捕を認めるのは、院外における現行犯の場合（国会法33条）、および議員が所属する議院の許諾があった場合（国会法34条、34条の2）である（釈放について、国会法34条の3も参照）。

ちなみに、国会議員が院内の秩序を乱す行為を行った場合には、その議員が所属する議院が懲罰を行うことができる（☞ 16-2-5）。ただし、除名については、出席議員の3分の2以上の多数を得なければならない（憲法58条、国会法121条以下）。通説は、国会議員の懲罰についても、裁判所の審査権が及ばないと解する。

なお、不逮捕特権は、地方公共団体の議会の議員には認められない。

（3）免責特権

国会議員は、議院で行った演説、討論、または表決について、院外で責任（民事責任、刑事責任など）を問われない（憲法51条）。

この特権は、議員の職務遂行の自由を保障することを目的とする。ただし、議員が職務と関係なく、違法または不当な目的のために事実を示し、または虚偽の事実を示して国民の名誉を毀損したというような場合には、国に対して損害賠償を請求しうる（国家賠償法1条1項を参照、最判平成9年9月9日民集51巻8号3850頁）。

また、暴力行為が許されないことは当然であり（東京高判昭和44年12月17日高刑集22巻6号924頁なども参照）、政党が所属議員の発言などについて、除名などの処分を行うことも、免責特権とは関係がない。

なお、免責特権も、地方公共団体の議会の議員には認められない。

16-3. 行政機関としての内閣

16-3-1. 行政権の主体としての内閣

　憲法 65 条は「行政権は、内閣に属する」と定め、内閣が行政権の主体であることを示す。内閣がすべての行政事務を自ら行うという意味でないことは当然であるが、内閣は、国の行政機関全体を指揮監督し、全体を調整し、統括する地位にある。そこで、国の行政は、何らかのかたちでかならず内閣の下に系統づけられなければならないのである。

　例外は、憲法 90 条に基づいて設置される、憲法上の機関である会計検査院で、内閣から完全に独立して職権を行使することを許される（会計検査院法第 1 条も参照）。

　なお、以下の部分については、行政法学（大学では「行政法」の授業）で詳細に扱われる。

16-3-2. 行政とはどのようなものか

　形式的な意味の行政といえば、行政機関が行う事務の内容である。しかし、これでは行政の中身を説明したことにならない。たとえば、人事は立派な行政事務であるが、裁判官、裁判所事務官などの人事権は、内閣にではなく、最高裁判所にある。また、憲法 73 条 6 号は、内閣が政令を定めることができるとするが（☞ 16-3-4 の（1））、政令を定めることは実質的に立法以外の何ものでもない（☞ 4-2-3 の（3）、16-2-2）。そこで、**実質的な意味の行政**とは何かを考えなければならない。

　行政は、業務の管理や運営、経営などを指すといえるが、身近なところで行政機関が行っている事務を考えてみれば、国防、警察、税、社会保障、教育など、実に幅広いことがわかる。そこで、行政法学などの通説は**控除説**をとる。これは、実質的な意味の行政について、引き算のような定義（「行政とは、国家の活動のうち、立法と司法を除いたもの」とする定義）を行う説である。

実質的な意味の行政	=	国家のすべての活動	−	実質的な意味の立法	−	実質的な意味の司法

〈実質的な意味の行政〉

16-3-3. 内閣の組織

（1）組織

　憲法 66 条 1 項および内閣法 2 条 1 項は、内閣総理大臣および国務大臣により、内閣が組織されると定める。国務大臣の数は、内閣法 2 条 2 項により、原則として 14 人以内、最大で 17 人以内とされている（ただし、内閣法附則 2 項から 4 項に注意すること）。

（2）内閣総理大臣

　国会が国会議員のなかから指名し（憲法 67 条〔☞ 16-2-3 の（3）〕）、天皇が任命する（6 条 1 項）。

　憲法が内閣総理大臣になりうるための資格として定めているのは、国会議員であること（67 条 1 項）、および文民であること（軍人ではないこと）（66 条 2 項）である。

　日本国憲法は、内閣総理大臣を内閣の首長（すなわち代表）と位置づけ（72 条、内閣法 5 条）、国務大臣の任命権（憲法 68 条 1 項）および罷免権（同条 2 項）を認める。罷免に制約はない。一方、内閣総理大臣は内閣府の長でもあり、省庁の大臣を兼ねることもできる。

　また、憲法には定められていないが、内閣総理大臣は閣議を主宰し、その議長としてさまざまな案件を発議する（内閣法 4 条 2 項）。内閣は、閣議を通じて職権を行使するので（同条 1 項）、閣議のとりまとめは重要な役割である。このほか、内閣法および内閣府設置法に内閣総理大臣の権限が規定されているので、参照しておこう。

（3）国務大臣

　内閣総理大臣によって任命される（憲法 68 条 1 項）。国務大臣の過半数は国

会議員でなければならない。したがって、半数を超えなければ、国会議員で
ない者を国務大臣とすることも認められる（過去に多数の実例がある。調べ
てみよう）。

　国務大臣の多くは各省庁の大臣であるが、行政事務を分担しない大臣（**無
任所大臣**）がいてもよい（内閣法3条）。また、内閣府設置法9条は、国務大臣
として**特命担当大臣**を置くことを認める（首相官邸のサイトを参照してみるとよ
い）。

16-3-4．内閣の権能および責任

（1）権能

　先に見たように、行政権の事務とされるものは幅広い（☞16-3-2）。内閣は、
その行政権の中枢として職権を行使する。憲法73条が主なものとして挙げ
ているのは、法律の執行と国務の総理（1号）、外交関係の処理（2号）、条約
（☞4-2-2の（6）、16-2-3の（6））の締結（3号）、官吏に関する事務の掌理（4
号）、予算の作成（5号〔☞16-2-3の（5）〕）、政令（☞4-2-2の（3））の制定（6
号）、大赦・特赦・減刑・刑の執行の免除および復権の決定（7号、恩赦法を参
照）である。

　このほか、憲法に規定されている権限としては、天皇への助言と承認（3
条、7条各号）、最高裁判所長官の指名（6条2項〔☞2-1-2〕）、それ以外の最高
裁判所裁判官の任命（79条1項〔☞2-1-2〕）、下級裁判所裁判官の任命（80条1
項）、国会の臨時会の召集（53条）、予備費の支出（87条）、決算および検査報
告の提出（90条）、財政状況の報告（91条）がある。また、衆議院の解散も重
要な権限である（☞16-2-3の（7））。

（2）責任

　内閣の責任については、3条および66条3項に規定されており、66条3
項では「国会に対し連帯して責任を」負うとされる。ここでいう責任は政治
的責任であり、かつ連帯責任である。したがって、内閣は一体として行動す
ることを求められる。

16-3-5. 内閣の総辞職

憲法は、内閣が総辞職しなければならない場合を定める。

第1に、すでに見たように、衆議院が内閣不信任決議を可決し、または内閣信任決議を否決した場合である（69条〔☞16-2-3の（7）〕）。この場合には、衆議院を解散するか、決議から10日以内に総辞職するか、という選択をしなければならない。

第2に「内閣総理大臣が欠けたとき」である（70条）。ここで「欠けた」とは、内閣総理大臣が死亡したとき、内閣総理大臣となるための資格を失ったとき（国会議員としての資格を失ったとき）、内閣総理大臣が辞職したときである。ただし、内閣総理大臣の座を空けておくわけにもいかないので、新たな内閣総理大臣が任命されるまでは、総辞職した内閣が引き続いて職務を行う（71条）。

第3に、衆議院議員選挙の後にはじめて国会の召集があったときである（70条）。この場合にも、新たな内閣総理大臣が任命されるまでは、総辞職した内閣が引き続いて職務を行う（71条）。

16-4. 司法機関としての裁判所

憲法76条1項は、司法権が最高裁判所および「法律の定めるところにより設置する下級裁判所」により行使されることを定める。裁判所の組織の概略については、すでに本書 **Part 1** で説明されているので（☞2-1）、ここでは司法権の意味などについて見ることにしよう。

16-4-1. 司法権の意味および限界

司法権とは司法に関する権力である。裁判所が司法権を行使するのだから、裁判所の仕事は司法ということになる。では、司法とは何を意味するのだろうか。裁判所の職務は何かと問われれば、きわめて大雑把にいって、それは争いを裁くことだと答えるかもしれない。しかし、世の中のあらゆる争いを裁判所が取り上げるわけではない。

（1）司法の意味

憲法学の代表的な教科書によると、実質的な意味の司法は「具体的な争訟について、法を適用し、宣言することによって、これを裁定する国家の作用」である（芦部信喜／高橋和之補訂『憲法』第七版、岩波書店、2019年、347頁）。何か具体的な事件（紛争）があり、これについて当事者から争訟が起こされたら、裁判所が法を適用して事件を解決する、と言い換えてもよい。

（2）法律上の争訟

それでは「具体的な争訟」とは何か。これを裁判所法3条1項は「法律上の争訟」と表現している。判例（「板まんだら」事件〔最判昭和56年4月7日民集35巻3号443頁〕）および学説は、「法律上の争訟」といいうるための「事件性の要件」として、次の2つのいずれをも満たすことが必要であると説明している。

> **事件性の要件Ⅰ**：当事者間の具体的な権利義務（金の貸し借りなど）ないし法律関係の有無（刑罰権の有無も含める）に関する紛争であること。
>
> **事件性の要件Ⅱ**：事件性の要件Ⅰをクリアした紛争が、法律の適用によって最終的に解決することが可能であること。

　<u>この2つの要件を満たさないものについては、原則として裁判所で争うことはできない</u>。たとえば、ある法律が違憲であると疑われる場合であっても、何の具体的な事件もないのに裁判所で違憲性を争うことはできない（警察予備隊違憲訴訟最高裁大法廷判決〔最大判昭和27年10月8日民集6巻9号783頁〕）。また、邪馬台国がどこにあったのかというような学問的な問題などは、そもそも事件性の要件Ⅰを満たさない（国家試験に関する判例がある〔最判昭和41年2月8日民集20巻2号196頁〕）。さらに、宗教上の問題などでは、事件性の要件Ⅰを満たしても、Ⅱを満たさないものがある（前掲「板まんだら事件」判決）。なお、事件性の要件を満たさないものでも、住民訴訟（地方自治法242条の2）[(1)]のように法律が特別に認める場合は、以上の原則に対する例外となり、裁判所

で争うことができる。

┌─ コラム1 ─────────────────────┐

付随的違憲審査制度と抽象的違憲審査制度

違憲審査制度は、法律などが憲法に違反しているかどうかを、裁判所が判断する仕組みである（日本国憲法81条参照）。しかし、本文に述べたように、日本の制度では、たとえば、国会で制定された法律自体を違憲であるとして、直接裁判所に訴えることはできず、裁判所は、具体的な訴訟が裁判所に提起され、その訴訟の解決に必要なかぎりにおいて、そこで適用される法律の憲法適合性について判断できるとされている。これを**付随的違憲審査制度**（または**具体的違憲審査制度**）という。これに対し、裁判所が具体的な法的紛争と関わりなく、ある法律の憲法適合性それ自体を判断する仕組みを、**抽象的違憲審査制度**という。

└──────────────────────────┘

（3）司法権の限界

　それでは、事件性の要件ⅠおよびⅡを満たすものは、すべて裁判所で争うことができるかというと、そうはならない。国会議員の資格争訟の裁判（憲法55条〔☞16-2-5〕）、裁判官の弾劾裁判（64条〔☞16-2-3の（4）、16-4-2〕）のように、明文の例外があるし、国際法では外交官の治外法権などが認められている。そのほか、議論があるものを含めて、司法権の限界としては次のようなものが挙げられている。

　国会または各議院の自律権（☞16-2-5）：通説は、国会または各議院の議事手続（憲法56条など）、国会議員の懲罰（58条）などに、裁判所の審査権が及ばないと解する。これは、立法機関の内部的自律を尊重するという観点による。判例も同様に解する（警察法改正事件最高裁大法廷判決〔前掲最大判昭和37年3月7日〕）。

　国会または行政機関の裁量行為：**裁量**とは、法によって国家機関に与えら

─────────────────

(1)　たとえば、地方自治体において不当な公金の支出があったと住民が考えた場合に、住民はまず住民監査請求を行い、その結果に不服がある場合、その差止めなどを求める訴訟を起こすことができると規定されている。この場合、公金が不当に支出されたとしても、住民は（抽象的な損害はともかく）具体的な損害を受けたとはいえないので、事件性の要件Ⅰを欠いている（☞11-3〔抽象的、具体的〕）。

れた意思形成または判断の余地のことである。**裁量の行使に逸脱または濫用**_{らんよう}
がなければ、裁判所は取り消すことができない（行政機関の裁量行為について、
行政事件訴訟法 30 条）。判例は、裁量の行使が「著しく」_{いちじる}逸脱した場合などでな
ければ取り消せないとし、裁量の行使の範囲をかなり広く認める傾向にある。

　統治行為：これは政治問題ともいい、国家の統治の基本に関係するような、
高度に政治性のある国家行為については、たとえ裁判所の判断が可能であっ
たとしても、審査の対象から外される、というものである。衆議院の解散
（☞ 16-2-3 の（7））は統治行為に当たる（苫米地事件〔前掲最大判昭和 35 年 6 月 8
日〕）。また、在日米軍基地および自衛隊基地の存在について、判例は「一見
きわめて明白に違憲、違法であると言えない場合」には裁判所の判断の対象
にならないとしている（砂川事件最高裁大法廷判決〔最大判昭和 34 年 12 月 16 日刑集
13 巻 13 号 3225 頁〕および長沼事件控訴審判決〔札幌高判昭和 51 年 8 月 5 日行集 27 巻 8
号 1175 頁〕）。

　部分社会の法理：大学（最判昭和 52 年 3 月 15 日民集 31 巻 2 号 234 頁）、政党（最
判昭和 63 年 12 月 20 日判時 1307 号 113 頁）、宗教団体（前掲最判昭和 56 年 4 月 7 日）
などの内部の紛争については、裁判所の判断の対象とならないことがある。

16-4-2. 特別裁判所の禁止

　憲法 76 条 2 項前段は、特別裁判所の設置を禁じている。

　特別裁判所とは、**最高裁判所の系列から独立し、特定の身分または事件に
関する訴訟のみを扱う裁判所**をいう。大日本帝国憲法時代（☞ 13-3-1）には行
政裁判所などが存在したが、このような特別裁判所を設けることは、法の下
の平等と矛盾するなどの問題がある（樋口陽一・佐藤幸治・中村睦男・浦部法穂
『憲法Ⅳ〔第 76〜103 条〕注解法律学全集 4』2004 年、青林書院、25 頁）。そこで、日本
国憲法は、憲法 64 条に規定される弾劾裁判所_{だんがい}（☞ 2-2-1、16-2-3 の（4））を除
いて、特別裁判所の設置をいっさい禁止する。

　注意しなければならないのは、特定の身分または事件に関する訴訟のみを
扱う裁判所であっても、最高裁判所の系列に属している、すなわち、**最終的
に最高裁判所の判断を求めることができるのであれば、それは特別裁判所と
いえない**ことである。したがって、家庭裁判所は特別裁判所でなく、憲法に

違反しない（最大判昭和31年5月30日刑集10巻5号756頁）。また、東京高等裁判所に特別支部として置かれている知的財産高等裁判所は、名前のとおり、知的財産に関係する事件のみを扱うが、これも特別裁判所に当たらない（☞2-1-1の図表〈裁判所の組織〉）。

16-4-3. 行政機関による終審裁判の禁止

これは、憲法76条2項後段に定められている。大日本帝国憲法時代に存在した行政裁判所のようなものを置いてはならないし、<u>行政機関の処分などについて、最終的に最高裁判所の判断がなされるようにしておかなければならない</u>、ということである。しかし、終審（☞2-1-2）、すなわち最終的な判断としてでなければ、行政機関が裁判をすることが認められる、とも解釈できる。たとえば、行政機関の行為に不服がある場合、裁判所で争うのではなく、行政機関に対して不服申立てをして判断を求める制度があり、その概要は行政不服審査法に定められている（行政機関の判断になお不服がある場合は、裁判所で争うことができる）。このように、行政機関が実質的に裁判などをすることを認める法律も存在する。

16-4-4. 司法権の独立

裁判が公正に行われなければならないことは当然である。そのためには、いかなるものであれ、<u>司法権が外部、とくに立法権や行政権からの圧力や干渉を受けないことが必要である</u>。また、<u>司法権内部から裁判官に加えられる圧力や干渉も、裁判をゆがめてしまう</u>。国民の権利や自由を守るためにも、司法権の独立は必要である。

司法権の独立でとくに重要なのが、<u>裁判官の職権の独立</u>であり、憲法76条3項が正面から規定する。また、78条は、裁判官の身分保障、行政機関による裁判官の懲戒処分の禁止を定めており、職権の独立を補強している（☞2-2-1）。

これまで、裁判官の職権の独立については何度か問題となった。大日本帝国憲法時代の1891（明治24）年に起きた**大津事件**[2]は非常に有名であるが、日本国憲法のもとにおいても、浦和事件（1949〔昭和24〕年。国政調査権〔☞

16-2-5〕との関係）、吹田黙禱事件（1953〔昭和28〕年。国会の裁判官訴追委員会〔裁判官を弾劾裁判所に訴追するか否かを判断する機関〕、および最高裁判所との関係）、平賀書簡事件（1969〔昭和44〕年。地方裁判所長と裁判長との関係）が発生している。

16-4-5.　裁判の公開

　裁判が公正に行われるためには、司法権の独立だけでは足りない。<u>裁判のうち、重要な部分が公開され、いつでも国民の目が届くようでなければ、公正な裁判など期待できない</u>。そこで、憲法82条が裁判の公開を規定する。もっとも、公開が妥当でない場合もあるが、同条は「政治犯罪、出版に関する犯罪又はこの憲法第三章で保障する国民の権利が問題となつてゐる事件」については、かならず「対審及び判決」を公開することを求めている。

　対審とは、裁判官の前で当事者が口頭で主張を述べ合うことをいう。また、公開とは、傍聴の自由を認めることをいう。報道の自由も傍聴の自由に含まれるが、刑事訴訟規則215条は、写真撮影、録音、放送を原則として禁止しており、民事訴訟規則77条は、速記や録画も原則として禁止している。

16-5.　地方自治

　よほど小さな国家でないかぎり、1つの国家は複数の地方政府または地方自治体（日本国憲法では地方公共団体という）から構成される。そして、国の民主主義を維持ないし発展させるためには、地方自治が認められなければならないといわれる。国家権力が強大化すれば、民主主義は危うくなるからである。逆にいえば、個人が住んでいる地域において自治が行われなければ、国の民主主義も成立しないのである。そこで、日本国憲法は、大日本帝国憲法と異なり、第8章として地方自治に関する規定を設けた。

---

(2)　滋賀県の大津で、巡査がロシア皇太子を襲撃し、負傷させた。政府は、この巡査を、皇室に対する罪で死刑に処するよう、大審院の担当裁判官に圧力をかけた。しかし、当時の大審院長、児島惟謙は、公正な判決を下すように担当裁判官を説得した。その結果、大審院は、普通人に対する謀殺未遂の罪で巡査を無期徒刑とした。日本において司法権独立の基礎を築いた事件として名高いが、児島による説得も司法権の独立を脅かすものではなかったか、という問題もある。

　地方自治についても、詳細は行政法学で扱われるはずであるから、ここではごく基本的なことがらだけを述べることとしておく。

16-5-1. 地方自治の本旨

　憲法92条は、地方公共団体の組織および運営に関する事項については、法律で定めるとしている。ただし、どのように定めてもよいというわけではなく、「地方自治の本旨」に基づかなければならない。

　この「地方自治の本旨」の意味については、いくつかの説があるが、通説は団体自治および住民自治と理解する。

　団体自治とは、国から独立した団体（法人）が自らの意思および責任をもって地域の政治を行うということであり、自由主義的な発想（☞16-1-2の①）である。地方自治法2条1項は、地域の政治を行う地方公共団体を法人と位置づける。これは、地方公共団体が国とは別物であるということを意味する。少なくとも、地方公共団体は国の機関でないということである。

　これに対し、**住民自治**とは、地方公共団体の運営または管理が住民の意思に基づいて行われるべきであるということであり、民主主義的な発想である。

　通説は、憲法92条が地方自治という制度を保障する規定であると理解している（**制度的保障説**〔☞14-5〕）。

　現在、地方公共団体は、普通地方公共団体と特別地方公共団体とに分けられている（地方自治法1条の3第1項）。都道府県および市町村が**普通地方公共団体**であり（同条第2項）、特別区（都に置かれる区のこと）、地方公共団体の組合、財産区が、**特別地方公共団体**である（同条第3項）。

　憲法にいう地方公共団体は、普通地方公共団体のことであると理解されているが、憲法が都道府県制度と市町村制度の双方を保障するのか、それとも市町村制度のみを保障するのかについて、議論が分かれている。また、特別区は特別地方公共団体の一種であるから、憲法の保障は及ばないと理解されていたが（最大判昭和38年3月27日刑集17巻2号121頁）、疑問も多い。

16-5-2. 地方公共団体の機関

　憲法93条は、地方公共団体にかならず置かれなければならない機関を規

定する。第1に議会である（1項）。第2に地方公共団体の長（都道府県知事、市町村長）であり、住民が直接選挙する（2項）。第3に議会の議員であり、これも住民が直接選挙する（同項）。なお、住民が直接選挙することを**公選制**という。

16-5-3. 条例

　憲法94条は、地方公共団体が財産を管理し、さまざまな事務を処理し、行政を執行することを認めるとともに、条例の制定を認める。

　ここにいう条例は、地方公共団体の議会が制定する成文法である条例（地方自治法14条、憲法94条〔☞ 4-2-2 の（5）〕）は当然として、長が制定する成文法である規則（地方自治法15条〔☞ 4-2-2 の（4）〕）、委員会が制定する成文法である規則（地方自治法138条の4）を含む。

　条例および規則の制定には「法律の範囲内で」（憲法94条）という制限がつけられている。地方自治法14条などによれば、条例は法令の範囲内でのみ認められるから、条例の効力は法令より劣るが、法令が禁止規定を置き、または禁止する趣旨であると理解されないかぎりにおいて、すでに法令によって規制されることがらについても、条例を制定して規制することが可能である。

　問題となったのは、すでに法令で定められている規制よりも厳しいものを、条例で規定することができるかどうかであるが、法令がとくに禁止していないかぎりは、条例によって法令より厳しい規制を定めることも可能であると理解されるのが、最近の傾向である（☞ 4-2-3 の（3））。

──── **練習問題** ────────────────────────

〈確認問題〉

　1．次の文章の（　　　）のなかに最も適切な語句を入れなさい。

　　　日本国憲法は、統治機構について（　①　）を採用している。そのため、統治権は1つの国家機関に集中しておらず、立法権は（　②　）が有し（41

条）、行政権は（　③　）が有し（65条）、司法権は（　④　）が有している（76条）。

　（　①　）を支える考え方は、権力分立主義である。権力分立主義は、権力が1つの機関に集中すると、その権力が（　⑤　）されて、国民の権利・自由を侵害するおそれがあるため、権力は分けるべきだとの考え方をいう。

2．次の（1）～（7）の文章は、国会の権能について述べたものである。（　　　）のなかに最も適切な語句を入れなさい。

（1）国会は、憲法改正（　①　）権を有する（憲法96条）。憲法改正案には、各議院の（　②　）の3分の2以上の賛成を必要とする。国会で（　①　）が成立したら、国民にこの憲法改正案が提案される。（　③　）の優越は認められない。

（2）法律は、原則として（　④　）で可決されれば成立する（憲法59条1項）。それでは、法律案が（　③　）で可決されたのに、（　⑤　）で異なった議決がされたらどうなるか。この場合には、（　③　）の優越が認められ、59条2項により、（　③　）で出席議員の3分の2以上の多数で再可決されれば、法律が成立する。なお、法律の議決について、（　③　）は両議員の協議会の開催を求めることができるが、かならず開催されなければならないというものではない。

（3）国会は、（　⑥　）のなかから内閣総理大臣を指名する（憲法67条1項）。これについても、（　③　）の優越が認められる。すなわち、（　③　）と（　⑤　）とで異なった議決がなされた場合に、両議院の協議会が開かれるが、それでも意見が一致しない場合には、（　③　）の議決が国会の議決となる。

（4）国会には、罷免の訴追を受けた裁判官を裁判するため、（　⑦　）が設置される（憲法64条）。（　⑦　）は、両議院の議員で組織される。

（5）予算は、先に（　③　）に提出されなければならない（憲法60条1項）。このことから、予算については（　③　）に先議権があるという。また、（　③　）で可決された予算が（　⑤　）に送られたが、（　⑤　）が予算を否決した場合には、かならず両議院の協議会が開催される。それでも両院の意見が一致しないときには、（　③　）の議決が国会の議決となる。

（6）条約の締結は（　⑧　）の権限とされる（憲法73条3号）が、国会の承認を得なければ条約は有効に成立しない。この承認についても、（　③　）が優越する。

（7）（　③　）は（　⑧　）に対して、（　⑨　）の可決あるいは（　⑩　）の否決を行なうことができる。これらは（　③　）にのみ認められる（憲法69条）。どちらかがなされた場合には、（　⑧　）は10日以内に（　③　）を（　⑪　）し、または（　⑫　）しなければならない。

3．次の（1）～（8）の文章の内容が正しければ○を、誤りであれば×をつけなさい。

（1）衆議院の解散は、衆議院議員の資格を任期満了前に失わせる行為である。

（2）衆議院の解散は、天皇の国事行為ではない。

（3）衆議院の解散について、実質的な権限を有するのは内閣である。

（4）衆議院が解散されたときには、参議院も同時に閉会となる。

（5）参議院の緊急集会は、内閣が求めるものであるが、参議院議員から求めることもできる。

（6）参議院の緊急集会でとられた措置は、国会の議決として扱われるから、次の国会が開会してから衆議院の同意を得られなかったとしても、効力を失わない。

（7）国政調査権は、国会の権能である。

（8）衆議院、参議院は、それぞれ、会期前に逮捕された議員の釈放請求権、議員の資格争訟の裁判権、役員選任権、議院規則制定権、議員懲罰権を有する。

4．次の表の（　　）のなかに最も適切な語句を入れなさい。

	衆議院	参議院
議員の任期	（　①　）年。衆議院が（　②　）された場合はその時点で任期終了。	（　③　）年。（　④　）年ごとに議員の半数を改選する。
議員の被選挙権	満（　⑤　）歳以上。	満（　⑥　）歳以上。
議員の定数	（　⑦　）人。小選挙区選出議員は（　⑧　）人、比例代表選出議員は（　⑨　）人。	（　⑩　）人。選挙区選出議員は（　⑪　）人、比例代表選出議員は（　⑫　）人。

5．次の文章の下線部Ⓐ～Ⓘに、［　　］のなかから、適切な語句を選びなさい。

（1）内閣総理大臣はⒶ［衆議院議員／参議院議員／国会議員］でなければならないし（憲法67条）、かつⒷ［軍人／文民］でなければならない（66条2項）。

（2）内閣総理大臣を任命するのはⒸ［国会／最高裁判所長官／天皇］である（憲法6条1項）が、この任命はⒹ［衆議院／参議院／国会／最高裁判所長官／天皇］の指名に基づく（67条）。

（3）日本国憲法は、内閣総理大臣を内閣の⒠［同輩中の首席／単なる一員／首長］と位置づける。内閣総理大臣は国務大臣を⒡［指名／任命／認証］する権限、および罷免する権限を有する。国務大臣の罷免は、⒢［内閣総理大臣が国会の同意を得て／内閣総理大臣が国務大臣の過半数の同意を得て／内閣総務大臣が自由に］行うことができる。

（4）国務大臣は⒣［天皇／国会／内閣総理大臣／最高裁判所長官］によって任命され、その過半数は⒤［衆議院議員／参議院議員／国会議員］でなければならない。

6．日本の司法制度について述べた次の各文が正しければ○を、誤りであれば×をつけなさい。

（1）裁判所に対して、ある法律が合憲か違憲かという点だけの判断を求めることはできない。

（2）法律上の争訟であればすべて、裁判所の判断を求めることができる。

（3）国会あるいは各議院の議事手続や、国会議員の懲罰については、裁判所の審査権は及ばない。

（4）行政機関は、終審としてでなければ、実質的な裁判を行うことができる。

（5）裁判官の懲戒処分を行うのは、行政機関である。

7．次の設問に答えなさい。

（1）都道府県と市町村をあわせて何というか、答えなさい。

（2）特別区とはどのようなものであるかを答えなさい。

（3）憲法により、地方公共団体にかならず置かれなければならないとされる機関は何か、また、その機関はどのようにして選ばれるのか、答えなさい。

〈発展問題〉

8．次の設問に答えなさい。

（1）行政国家現象とはいかなるものであるか。200字以内で説明しなさい。

（2）国会議員の不逮捕特権の内容と趣旨を、100字以内で述べなさい。

（3）国会議員の免責特権の内容と目的を、100字以内で述べなさい。

（4）内閣の権能として規定されるものをすべて挙げなさい。

（5）内閣が総辞職しなければならない場合をすべて挙げなさい。

（6）特別裁判所とはどのようなものであるか。50字程度で説明しなさい。

（7）法律上の争訟について、事件性の要件Ⅰおよび事件性の要件Ⅱの2つが

必要とされる。それでは、事件性の要件Ⅰおよび事件性の要件Ⅱとはどのようなものであるのか。説明しなさい。

（8）次の①および②について、それぞれ 50 字程度で説明しなさい。

　　　①国会または行政権の裁量行為

　　　②統治行為（政治問題）

（9）団体自治とは何か。また、住民自治とは何か。それぞれ 50 字以内で説明しなさい。

―― **Part 3　実力確認問題（法学検定〔ベーシック〕より）**――――――――

問題1　近代立憲主義憲法の特質に関する以下の記述のうち、誤っているものを1つ選びなさい。

1．憲法は、自由の基礎法として個人の自由を確保し、人間の尊厳を確立することを究極の目的としている。
2．憲法は、国家権力の恣意的な行使の制限をその主要目的としており、そのための制度として、権力分立制が採用されている。
3．裁判所の違憲立法審査制が設けられていることは、憲法が最高法規であることを法秩序のなかで確保するために重要である。
4．憲法が最高法規であるのは、個人の自由の限界を画し、社会全体の公共の福祉を実現すべきことを国家の任務としているからである。

問題2　人権の限界に関する以下の記述のうち、誤っているものを1つ選びなさい。

1．日本国憲法は、「法律の留保」のついた明治憲法の人権保障とは異なり、人権を法律によっても侵されない権利として保障した。
2．基本的人権といえども絶対無制約ではないので、人権を制限する法律であっても、ただちに違憲となるわけではない。
3．憲法13条の定める公共の福祉は人権の一般的制約原理となるため、人権を制限する法律が合憲かどうかは、もっぱらその目的が公共の福祉に適合しているかどうかにより判定される。
4．二重の基準論とは、精神的自由と経済的自由とで違憲審査の基準を分け、精神的自由を制限する法律については合憲性を厳しく審査するという理論である。

問題3　憲法21条の表現の自由に関する以下の記述のうち、正しいものを1つ選びなさい。

1．ビラを電柱等に貼付するという方法でなされる屋外広告は、その性質上、街並みの景観や美観風致を損ねずには行いえないものなので、表現の自由としての保護は及ばない。
2．もっぱら犯罪や違法行為を実行させる目的でなされる表現は、憲法秩序に反する行為であるため、そもそも憲法21条の表現には含まれないが、政治的意図を有している場合には、例外的に憲法21条の表現として保護される。
3．刑法230条で名誉毀損罪が規定されていることからしても明らかなよう

に、名誉毀損的表現については、憲法 21 条の保護は及ばない。

4．情報に接し、これを摂取する自由は、憲法 21 条の規定の趣旨、目的から、その派生原理として当然に導かれる。

問題 4　社会権の特徴に関する以下の記述のうち、誤っているものを 1 つ選びなさい。

1．19 世紀の資本主義経済の発展とともに、貧困や失業、労働条件の悪化等の社会問題が生じ、これらの社会問題を克服するため、社会権が保障されるようになった。

2．社会権は、その法的性格として、国家による干渉を排除する自由権とは異なり、国家の積極的活動を求める請求権という点で、特徴的である。

3．社会権は広く国民が享受するが、社会権が現実の生活を保障するものである以上、実際に社会権の保護を必要としているのは、社会的・経済的弱者である。

4．社会権は、国家を人権の規制者とみて、国家権力の行使を制約することで人権を保障しようとする点において、自由権が前提とする国家像と同様のものに基づいている。

Part 4

民　　法

17. 民法：イントロダクション

17-1.「民法」とはどんな法律か

　これから学ぶ民法とはどんな法律だろうか。まず「**民法**」というときには、第1に「私法」(☞3-2-4) の「一般法」(☞4-2-4の(4)) としての「**民法典**」(1898〔明治31〕年施行) を指す。これを「形式的意味の民法」と呼ぶことがある。他方で、民法を学んでいるとさまざまな特別法(たとえば消費者契約法、不動産登記法、利息制限法、借地借家法など) を参照しなければならない。こうした特別法も含めた民法のことを「実質的意味の民法」と呼ぶことがある。以下たんに「民法」という場合には「民法典」を指すこととする。

17-2. 民法の構成とカバーする領域

17-2-1. パンデクテン体系

（1）特徴
　では、具体的に民法にはどのようなことが定められているのだろうか。これについて見ていく前に、まず、民法がどんな構成に従って条文を配列して

いるか学んでおこう。

　日本の民法は、諸外国の民法典を参考にしてつくられた（☞ 3-2-5）。その過程でとくに強い影響を受けたのがフランス民法とドイツ民法である。そして、フランス民法は**インスティトゥティオーネン体系**という構成をとっているのに対して、ドイツ民法は**パンデクテン体系**という構成をとっていた。日本はこのうちドイツ式のパンデクテン体系に従うことにしたのである。

　パンデクテンもインスティトゥティオーネンも、ローマ時代につくられた大法典である『ローマ法大全』の一部の名称である。そして、ドイツにおいてこの「パンデクテン（学説彙纂）」を整理してつくり上げられたのが、パンデクテン体系と呼ばれる構成である。

　その特徴は、規定のまとまり（たとえば「章」など〔☞ 8のコラム1〕）の先頭に**総則規定**が置かれている点である。総則規定とは、その分野について共通するルールを定めた規定である。実際、民法の構成は次のようになっている。まず、民法全体の共通ルールを定めた第1編「総則」から条文がスタートしている。これに、第2編「物権」、第3編「債権」、第4編「親族」、第5編「相続」が続く。そして、この第2編を見てみると、このなかにも総則規定が置かれているのがわかる。たとえば、第3編の「債権」を見てみると、その第1章に「総則」が置かれている。これは第3編「債権」全体に共通するルールを定める部分である。そして、第3編をさらに進んでいくと、次に第2章「契約」の規定が登場するが、ここにも第1節「総則」というパートが用意されている。これは第3編第2章全体に共通するルールを定めた部分である。このように、各パートに共通する規定を集めて「総則」とするところにパンデクテン体系の特徴がある（☞ 8のコラム1の図〈民法典の編別の詳細〉）。

（2）注意点

　パンデクテン体系は、各パートの先頭に共通ルールを掲げることによって規定の重複を避けた、理論的によく整理された体系であるといえる。しかし、注意すべき点もある。それは、民法典全体をよく理解していないと、ある問題が起きたときに、どこに必要な条文があるのか、なかなか見つけることができないという点である。民法は条文数が多く（全部で1050条）、構造も入り

組んでいることからとくに注意が必要である。

　たとえば、物の売り買い（売買契約〔☞ 22-2-3 の（3）ア〕）をめぐってトラブルが起きたとしよう。「売買をめぐるトラブルだから、民法のなかの「売買」という項目を探してそこを見ればいいんだ」とは実はいかない。たしかに、そこでのトラブルが、たとえば注文したはずの商品の数が足りなかったという場合には「売買」のところに規定がある（民法 562 条）。しかし、「相手にだまされて不要なものを買わされたので契約を取り消したい」という場合には、いくら「売買」の規定を探してもこの問題に関係する規定を見つけることはできない。これは**詐欺**（☞ 19-2-5）と呼ばれる場面であり、これに関する規定は、第 1 編「総則」の 96 条に置かれている。詐欺が発生するのはかならずしも売買にかぎったことではなく（賃貸借などの他の契約でも起きうるし、さらには契約以外の場面でも起きうる）、民法全体の共通ルールを収めた「総則」に規定を置くのがふさわしいからである。

17-2-2．民法がカバーする領域

　では次に民法全体を概観しておこう。民法を 2 つの分野に分けるとすると、まず第 2 編「物権」と第 3 編「債権」は財産取引に関する規定が集められており、両者をあわせて**財産法**と呼ばれている。これに対して、第 4 編「親族」と第 5 編「相続」は、家族の身分関係に関係する規定が集められていることから、**家族法**と呼ばれている。以下ではもう少しこの 2 つの中身について見ていくことにしよう。

（1）財産法

　まずは次の図を見てほしい。

　A と B という人がいたとする。A は「甲」という物を支配しており、B は「乙」という物を支配している。ここで、B が A が支配している「甲」という物（たとえば自動車）が欲しいと思ったとする。

　まず、A が「甲」に対してする支配のしかたにはさまざまなものがある。この支配のしかたを定めているのが第 2 編「物権」である（☞ 22-1）。ここでは、ひとまず、A も B も物に対して「所有権」（その物をどのように扱っても

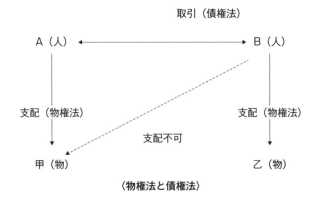

〈物権法と債権法〉

よい権利〔206条☞22-1-2〕）をもっているとする。BはAが所有している「甲」を勝手に支配することはできないから、Aと取引する必要がある。ここでの「取引」にはさまざまなものがあるが（売買だけでなく賃貸など）、これを定めているのが第3編「債権」である（☞22-2）。また、たとえばAがBにけがを負わせたことにより、被害者BがAに対して治療費の支払いを求めているといった場合（こうした場面を不法行為という〔☞22-2-4〕）も、第3編「債権」に規定がある（709条）。このように、「物権」には物の支配のしかた、「債権」には財産の移転のしかたが定められている。

（2）家族法

　　まず第4編「親族」には、親子関係や婚姻・離婚について定められている。何があれば、婚姻や離婚、親子関係が成立し、成立すると法律上どういった効力が生ずるかといったことが中心に規定されている（☞23-1）。第5編「相続」にはその名のとおり、相続関係に関する規定（相続の順位など）が置かれている（☞23-2）。

17-3. 民法の基本原理とその修正

17-3-1. 民法の基本原理

本書7（「法と歴史」）で述べられているように、近代的な民法は、市民革

命の成果である（☞ 7-3-2）。近代社会以前には、「農民」や「貴族」といった
個人の身分により、その人の社会的な役割も決定されていた。市民革命によ
ってこの「身分」が否定され、各個人に自由な取引の主体となりうる「資格」
である「**権利能力**」（18-1-2 の（1））が認められた。そして、近代市民社会の
基礎にある**自由経済主義**や**夜警国家**といった思想を背景に、民法においては
その指導原理として次の3つの原則が認められた。

（1）所有権絶対の原則

　かつて農民は、自由に土地を処分し、その土地を離れて別の仕事につくこ
とは、認められていなかった。しかし、それでは自由な取引社会は成り立た
ない。そこで、所有者がその所有物を自由に使用、収益、処分する権利であ
る「所有権」が認められ（民法 206 条参照）、これを他人や国家が侵害すること
は許されなくなった。これを**所有権絶対の原則**という。

（2）契約自由の原則

　「所有権絶対の原則」が認められても、契約の相手方、方法、内容を自由に
決定できないのでは、やはり自由な取引社会は成り立たない。そこで、契約
の締結（その相手方）、方式（方法）、内容を、自由に決定できることが原則
とされた。これを「契約自由の原則」と呼んでいる（民法 521 条、522 条）。な
お、契約の自由も含めて、個人が自分の自由な意思に基づいて法律関係を形
成できるとする原則を、「**私的自治の原則**」と呼んでいる（☞ 4-3-1、7-3-2 の
③）。**契約自由の原則**はこの私的自治の原則の一場面といえる。

（3）過失責任の原則

　こうして、自由な取引が可能になったとしても、自分に落ち度がない損害
について、他人から損害賠償請求されるような社会では、安心して他人と取
引などの活動ができない。そこで、損害賠償責任を負うのは、自己に過失
（あるいは故意）がある場合にかぎられるとする「**過失責任主義**」（☞ 22-2-4
の（3））も民法の原則とされた（415 条、709 条参照）。

17-3-2. 基本原理の修正

　このような民法の基本原理は、私法の領域の多くの制度を支える基盤となっており、私法の分野全体を統一的に理解するうえできわめて重要である。しかしそれは、いかなる場面でも無制限に適用されるというものではない。というのも、これらの原則を形式的に適用することが、妥当な解決を生まない場面もあるからである。そこでまず、<u>民法典には、「**公共の福祉**」や「**信義則**」「**権利濫用**」という一般条項が用意されている（1条）</u>。これらは、自己の権利を社会全体の利益に沿うように適切に行使することを要求し（ただし「公益がつねに優先する」という全体主義思想の表われではない）、あるいは、契約関係や身分関係における当事者の誠実な行動を要求するものであるが、上記の基本原理もこの要求に沿うように適用されなければならない。また、とくに頻繁にそうした問題が起きる場面に関しては、今日ではさまざまな特別法がつくられており、上記（1）〜（3）の原則が修正されている。

（1）所有権絶対の原則の修正

　たとえば、ある土地の所有者が、自己の所有権の行使として住宅地の真ん中に巨大なビルを建築し、隣の土地の日照をさえぎったとする。しかしこれでは、隣の土地の利用が害されよう。こうした場合の調整手段として、建築基準法などのさまざまな特別法が制定されており、それらに反する権利の行使は認められない。たとえば、上の例ではビルを取り壊さなくてはならなくなる。

（2）契約自由の原則の修正

　契約自由の原則も無制限ではない。たしかに、市民革命の成果によって人はすべて「平等」なものとみなされた。しかし、このことは、「貸主」と「借主」、「雇用者」と「被用者」あるいは「事業者」と「消費者」をも対等な当事者としてみなすことにもつながる。しかしこれでは、経済的地位や交渉力の強い「貸主」「雇用者」「事業者」が、交渉力に劣る「借主」「被用者」「消費者に対して、自己に有利な契約内容を押し付ける結果につながり（歴史的背景については☞7-4）、貧富の差を拡大させた。<u>そこで、**労働法**や**経済法**といっ</u>

た社会法が登場し、今日、契約自由の原則は修正されている。

（3）過失責任主義の修正

　民法では、自分が損害を被っても、加害者に過失がなければ損害賠償を受けられないのが原則である。しかし、製品の欠陥による事故や、公害のように過失の証明が難しい場合などについては、**製造物責任法**その他の特別法が、**無過失責任**を採用し、加害者の過失を証明しなくとも、被害者が賠償を受けられるようにしている。

　以上のように、民法の基本原理の修正される場面が多くなっていることはたしかである。しかし、民法全体の骨組みとなっているのは、あくまで上記の3つの原則であり、とくに修正すべき理由がないかぎり、それらが依然として当てはまることを忘れてはならない。

18. 人および物

18-1. 人　権利の主体──自然人と法人

　わたしはスマホを持っているという場合、「わたし」は「スマホ」を持つすなわち所有する側であり、「スマホ」は所有される側である。これを法律的に表現すると、「わたし」を「持つ」権利の主体といい、「スマホ」は「持つ」権利の客体という。法律上、権利の主体は「人」にかぎられているが、民法では「人」にどのような仕組みが与えられているかを、以下で学ぶことにしよう。

18-1-1. 人の分類

　民法上の人は、**自然人**と**法人**の2種類に分類される。自然人とは、わたしたち人間のことである。法人とは、法律の規定によって成立が認められた（法人格を得た）団体をいう。

18-1-2. 能力──権利能力・意思能力・行為能力

　民法では、人にさまざまな能力が認められ、あるいは制限されている。そ

のうち、権利能力、意思能力、行為能力について、ここで説明する（不法行為に関する責任能力については☞22-2-4の（6））。民法全体の理解には、これらの能力をしっかりと区別して理解することが重要である。とくに、これらはすべて○○能力と表現されているが、その内容は法によって一律に与えられる資格を意味するものと、実際にものごとを成し遂げる力を意味するものとがあり、注意が必要である。

（1）権利能力

　人には誰でも、1人の人格として社会に認められ生きていく資格がある。この資格によって、権利や義務の主体となっていく。この資格を**権利能力**という。

　自然人の場合、権利能力は、人として存在するかぎり、誰にでも生まれながら平等に備わっている（民法3条）。注意すべき点は生まれながらという点である。民法では、自然人は出生することが権利能力の要件であると定めている。したがって、胎児にベビー服を贈与することはできない（胎児の親に贈与することとなる）。また、人であることが要件なので、いくら家族の一員としてのペットでも、遺産相続はできない。この権利能力は、自然人では原則として出生から死亡までのあいだ、後述する法人では成立から消滅までのあいだ、失われることはないのが原則である。

　これに対する例外として、胎児でも権利能力を肯定される場合がある。胎児のあいだに父親が交通事故で死亡したら、損害賠償請求権を得るし（民法721条）、父親が残す財産について相続人となる（民法886条）。出生をはさんで、乳児と胎児を区別することは、不合理だからだ（胎児はさらに、遺言に基づいて贈与を受けることもできる〔民法965条〕）。

　なお、法律の規定に基づいた法人格を得ていない団体として、「権利能力なき社団・財団」と呼ばれる団体が存在している（たとえば、○○高校○年○組同窓会、など）。このような団体の成立を違法として否定はできないし、また社会的に存在し機能している以上、ある程度の権利能力が認められる必要がある。そこで、法人格を得ていないという意味で、「権利能力なき社団・財団」と呼ぶ。ただし、法人とまったく同様に権利能力が認められるわ

けではない。

（2）意思能力

　自然人は、成長するにつれ、世の中のものごとの道理を理解し、みずから
の責任を納得して引き受けるようになる。この行為と責任の関係を理解し判
断できる能力を、**意思能力**という（民法3条の2）。民法を支える諸原則の1つ
に、契約自由あるいは**私的自治の原則**がある（☞17-3-1の（2））。人の自由な
意思に基づいて権利や義務を設定する以上、その権利義務は社会的にも認め
られ、尊重されねばならないことを、この原則は意味している。その根底に
は、人の意思を尊重することがある。つまり、尊重される意思とは、権利義
務を理解できる能力に基づくことが前提となっている。次の例を見てみよう。

> **例①**
>
> 80歳のAは認知症とおぼしき行動をとることがあっても、Aを保護する
> ための法的手続きはまだとられていなかった（☞18-1-2の（3））。Aは自
> 己名義で時価1億円の土地甲を所有している。ある日訪ねてきたBが、A
> の目の前に現金1000万円を積み上げ、甲を1000万円で売ってくれないか
> と言った。Aには1億円と目の前の1000万円の区別がはっきりつかず、
> 甲を1000万円でBに売ってしまった。Aは実際に甲をBに1000万円で引
> き渡さなければならないのだろうか。

　加齢にともなう認知症だけでなく、病気やけがなどで精神上の障害を負っ
た場合にも、権利義務を理解できる能力を失いかねない。このような場合に、
障害を負った本人に取引から生じる責任をとらせることは、あまりに過酷な
結果となりうる。そこで法は、このような人びとには意思能力がないとして
扱い、法律行為（契約などのこと〔☞19-1-2〕）の無効を主張することを認め、
保護を与えている（民法3条の2）。上の例では、AB間の契約を無効とし、A
は1000万円を返還する替わりに、Bに土地を引き渡さないことが認められる。

（3）行為能力

ア．制度の必要性

　ところで意思能力の有無の判断は、取引の時点において、その人が意思能

力をもっていたかどうかにより判断されるが、その証明や判断は大変困難であり、かりに証明できなければ、無効を主張することができない。他方で、取引の相手方からすれば、取引時に意思能力を欠いていることを知らずに契約した場合には、あとで契約の無効という不利益を受けることにもなりかねない。

そこで民法は、意思能力の制度とは別に、**制限行為能力制度**を設けている。**行為能力**とは、単独で完全に有効な法律行為を行うことができる資格のことである。そして、取引の損得を判断する力をもっていない人については、**年齢**や**事理弁識能力**（判断力のこと）の程度に応じて4つの類型に分け、それぞれの類型に応じて行為能力を制限することで、これらの人びとの保護を図ることにしている。

イ．未成年者

まず、年齢により行為能力が制限される者として**未成年者**がある。民法は未成年者が有効な法律行為をするには、**法定代理人**の**同意**が必要であるとしている（民法5条1項）。この場合、法定代理人になるのは原則として**親権**をもつ者（民法818条〔☞ 23-1-2の（2）〕）である。ただし未成年者は、法定代理人が処分を許した財産（たとえば小遣いなど）については単独で処分することが可能である（民法5条3項）。

ウ．成年後見制度

成年後見制度は、利害関係人の請求により家庭裁判所において**開始の審判**を行った場合に、本人の保護が図られる制度である。成年後見制度は事理弁識能力を欠く程度に応じて、以下の3種類を定めている。

まず民法は、事理弁識能力が最も欠けている者を**成年被後見人**として、保護を最も厚くしている。この者のした法律行為は、かりに**法定代理人**の**同意**を得ていたとしても原則として取り消すことができる（民法9条）。この者には**成年後見人**が付され、成年後見人にはこの者の財産を処分する権限が与えられている。

次に事理弁識能力が欠けている者を**被保佐人**という。この者が民法13条1項に定める行為をするときには**保佐人**の**同意**を得なければならない。

成年に達している制限行為能力者のなかで、最も広く行為能力が認められ

ている者が**被補助人**である。被補助人が、とくに家庭裁判所が指定した行為をする場合には**補助人**の**同意**が必要である（民法17条）。

エ．効果

制限行為能力者が単独で行った法律行為は、<u>本人またはその代理人並びに同意権者がそれを取り消すことができる</u>（民法120条）。他方、この法律行為の相手方からは、取り消すことができない。なお、法律行為の相手方は、1カ月以上の期間を定めて、本人側に対して**追認**するか否かを**催告**することができる（民法20条1項）。

18-2. 法人

18-2-1. 法人の種類目的、構成による分類

法人は、設立目的や組織構成に従って、さまざまに分類される。設立目的による分類では、その構成員に利益を分配することを目的とする営利法人と、目的が利益分配ではない非営利法人とに二分される。組織構成による分類では、**社団**と**財団**に二分される。

社団とは、一定の組織による人の集合体であり、2名以上の社員（☞9-2）によって構成される。財団とは、一定目的に捧げられた財産のための集合体で、2年間を通じ300万円以上の純資産額が必要な団体である。営利法人は社団だけであるが、非営利法人は社団の場合と財団の場合とがある。社団も財団も、根本原則である定款を作成し、その定款が公証人によって認証を受け、主な事務所の所在地で設立登記するという一連の手続の完了により、法人として成立する。公証人による認証とは、定款が法の定めにのっとっているかを公証人が確認すると与えられるものである。

18-2-2. 法人に関する法律

法人に関する民法の規定は、すべての法人に共通して適用される一般法（☞4-2-4の（4））と位置づけられる。法人に関する特別法は、営利法人については商法や会社法など、非営利法人については一般法人法（一般社団及び一般財団法人に関する法律）などがある（一般法人法に加えて、公益社団法

人及び公益財団法人の認定等に関する法律、一般社団法人及び一般財団法人に関する法律及び公益社団法人及び公益財団法人の認定等に関する法律の施行に伴う関係法律の整備等に関する法律を、法人三法という）。大学の民法の授業では、主として非営利法人について学ぶこととなる。

18-3. 権利の客体としての「物」

18-1 では、権利の主体について学んだ。権利の主体があるということは、当然、権利の客体（対象）があるわけだが、何が権利の客体になるかは、その権利によって異なる。所有権を中心とする物権の客体は「物」であり、債権の場合、その客体は「人の行為」である（☞ 22〔物権、債権〕）。また、人格権（身体・自由・名誉などを侵害されない権利）の場合は権利者の人格や生活の利益が、著作権などの無体財産権の場合は精神的産物が客体である。以下では、物権の直接的な客体である「物」の定義について説明していくことにする。

=== コラム 1 ===

なぜ「物」の規定が総則に？

物の定義に関する条文は、民法典のなかでは第1編「総則」に置かれている。「物」なのだから、なぜ第2編「物権」に置かれていないのか、不思議に思うかもしれない。「物」に関する規定が物権編ではなく、総則に置かれている理由としては、形式的には、権利の主体（☞ 18-1）について民法総則で規定しているのであるから、必然的にそれに続いて客体が規定されるということになるのだが、実質的な理由としては、「物」は物権の客体であるばかりではなく、債権の場合においても「人の行為」の対象物（「目的物」という〔☞ 9-7〕）になり、間接的には債権の客体たりうるからであろう。

18-3-1. 物の概念

わたしたちは、多くの物に囲まれて生活している。よく「物を大切に」とか「人を物のように扱う」などというように、物という言葉は日常生活において多義的に用いられるが、民法において、物は液体・固体・気体などの

「**有体物**」とされている（民法85条）。しかし、罪刑法定主義（☞25-2）を基本
とする刑法とは異なり、民法においては、「有体物」の意味をあまり厳格に
とらえる必要はないし、有体物という基準により、完全に「物」を定義でき
るわけではない。たとえば、有体物であっても「物」に当てはまらないもの
としては、当然ながら人間が挙げられる。かつては、奴隷として人間が人間
を「所有」するという制度が存在したが、現在においては、人間が「所有」
の対象になることは断じてない。ただし、死体や臓器・血液・体の組織など
に関して、それらが「物」に当たるのかどうか、「物」であるとしたら、その
所有権の帰属はどうなるのかは、難しい問題である。また、天体なども有体
物であるが、支配することはできないことから、「物」ではないとされてい
る。

18-3-2.　物の区別

　「物」はいくつかのしかたで区分されている。以下、そのうち重要なもの
を見ていくことにしよう。

（1）動産と不動産

　「物」は、**動産**と**不動産**に分けられる。わが国の民法は、不動産に特別な地
位を与え、動産と不動産を厳格に区別している。不動産とは「土地及びその
定着物」（民法86条1項）のことである。**定着物**とは、土地に直接または間接
に固定され、土地と一体になっているものをいい、建物、石垣や敷石、線路、
鉄管、植木などがこれに当たる。建物は土地の定着物であるが、土地とは独
立した不動産として扱われる（民法370条）。わが国では、土地と建物が別の
物として扱われるが、これは比較法的に見ると珍しい例である。アメリカや
ドイツ、フランスなどにおいては、「地上物は土地に従う（superfices solo
cedit）」という原則により、建物に対する権利は、土地に対する権利に吸収
されると考えられている。

　一方、動産とは不動産以外の物のことである（86条2項）。つまり、土地と
その定着物に含まれない物は、すべて動産ということになる。

（2）主物と従物

　物理的にまったく別個独立の物であるが、一方の物が他方の物の社会的効用を補う関係にある場合、後者を**主物**、前者を**従物**と呼ぶ。具体的な例を挙げると、建物を主物とすると、そのなかに備えつけられた畳や建具が従物に当たる。民法は「従物は、主物の処分に従う」（民法87条）としている。これは、主物である建物の所有権が買主に移ると、従物である畳や建具の所有権も買主に移るということである。ただし、合意によって主物と従物を別の取引対象とすることは可能である。

（3）元物と果実

　果実という言葉から、木になるりんごやみかんなどの果物を連想するかもしれない。たしかに、その連想の通り、りんごやみかんは、木という**元物**（げんぶつ／がんぶつ）から産出された果実である。しかし、民法上の**果実**とは、果物のことだけではなく、元物から産出される経済的な収益の総称である。果実は、果物、畑の野菜、牛乳などの天然果実と、不動産を賃貸した場合の賃料などの法定果実に分けることができる。天然果実の場合、当事者に特約がないかぎり、果実が元物より分離するときに、収取権を有する者に帰属するとされている（民法89条1項）。木にりんごがなっている場合、それが熟して採取するときに、その木の所有権を有している者が、そのりんごを手に入れるということである。法定果実の場合は、これを収受する権利の存続期間に応じて、日割り計算で前後の権利者に分けられることになる（同条2項）。たとえば、月額10万円の家賃で賃貸中のアパートを、大家が月の半ばに売却すると、買主と売主が5万円ずつ家賃を収取することになる。

—— **練習問題** ——————————————————————————

〈確認問題〉

1. 次の文章の（　①　）〜（　⑦　）に適切な語句を入れなさい。

　　民法上の「人」は（　①　）と法人に分類される。両者に共通する能力は

（　②　）である。（　①　）にはこのほかに、意思能力と（　③　）がある。意思能力のない者がした法律行為は、（　④　）である。意思能力が著しく劣った者が成年に達した場合、法律上の手続を経て、（　⑤　）として登記されると、この者のした法律行為は（　⑥　）ができる。未成年者も同じ趣旨から（　⑤　）に含まれる。未成年者を保護する者は、基本的には（　⑦　）である。

2．次の文章および表の（　①　）～（　⑤　）に最も適切な語句を入れ、下線部Ⓐには［　　　］のなかから正しいものを選びなさい。

法人の設立方法や組織構成について、民法および法人三法が適用されるのは非営利法人である。非営利法人を組織構成に着目して分類すると、（　①　）と（　②　）となる。これに対して、構成員に利益を分配することを目的とする法人を（　③　）といい、これには民法のほか会社法などが適用される。①と②の違いは、①が人すなわち構成員の集合体であるのに対して、②が拠出された（　④　）の集合体であるという点である。これらの法人は上記のような目的を有しているが、そうした目的を含む根本原則を定めたものを（　⑤　）という。

非営利法人の種類	（　①　）	（　②　）
集合体の基礎	人	（　④　）
根本原則	（　⑤　）	（　⑤　）

3．次の文章の（　）のなかに最も適切な語句を入れなさい。

民法における物は、（　①　）に限定されている（民法85条）。物は（　②　）と（　③　）に分類され、土地およびその定着物を（　②　）、それ以外の物を（　③　）と呼ぶ。物理的にはまったく別個独立の物であるが、一方の物が他方の物の社会的効用を補う関係にある場合、後者を（　④　）、前者を（　⑤　）と呼び、（　⑤　）は（　④　）の処分に従うとされている。元物から産出される経済的な収益を（　⑥　）と呼ぶ。（　⑥　）は、果物・野菜などの（　⑦　）と、不動産の賃料などの（　⑧　）に分けられる。

19. 法律行為（1）

19-1. 法律行為総論

19-1-1. これから学ぶこと

　これから、民法第1編第5章の「**法律行為**」について学んでいく。これまで、私権の主体である「人」と客体である「物」について学んできたが、ここで扱う「法律行為」とは、「人が自分の意思に基づいて、ある一定の権利関係を発生させようと意図して行う行為」の総称である。たとえば、AがB所有のパソコンを買いたいと思い、Bからパソコンを買う申込みをし、Bが承諾したとしよう。ここでのAとBのやり取りは「（売買）契約」と呼ばれるが、これは法律行為の一種である。そして、契約が有効に成立すると、BからAへと、パソコンを自由に使うことができる権利である「所有権」が移転するほか、AにはBに対して「パソコンを引き渡せ」と言える権利（引渡債権という）や、BがAに「代金を支払え」と言える権利（代金債権という）が発生することとなる。

　この章では、この「法律行為」と法律行為の不可欠の構成要素である「意思表示」について、その意味や各規定について学んでいくこととする。

19-1-2.　法律行為の意義

　前述のように「法律行為」とは、人が自分の意思に基づいてある一定の権利関係を発生させようと意図して行う行為の総称であった。そして、民法は、自由な意思に基づいてなされた法律行為については、原則的に法律行為を行った者（たち）が望んだ法律上の効果をそのまま認めることを前提としている。つまり、**私的自治の原則**（☞ 17-3-1 の（2））がここでは当てはまる。

　この「法律行為」は、権利変動（たとえば所有権がAからBに移る）という法律上の効果を生じさせようとする**意思**（民法上こうした意思を**効果意思**と呼ぶ）と、その表明である**表示行為**によって構成されている「**意思表示**」の向かう方向や数に従い、**契約**、**合同行為**、**単独行為**の３つに分かれる。

　第１に**契約**とは、２つ以上の意思表示の合致により成立する法律行為である。贈与や売買、賃貸借などがその例である。これらの契約類型（民法上 13種類ある〔☞ 22-2-3 の（3）〕）については債権編の契約の各規定に詳しいルールが定められている。

　第２に**合同行為**とは、複数の意思表示が同一の目的のためになされることにより成立する法律行為である。一般社団法人の設立がその例である。契約の場合、意思表示の合致が必要なのに対して、合同行為の場合には同じ目的に向かって意思表示がなされる。したがって、契約の場合、１つの意思表示の効力が否定されるならば、その契約の効力も当然に否定されることになるが、合同行為の場合には、１つの意思表示の効力が否定されても、かならずしも、合同行為自体の効力の否定には直結しない（たとえば社団設立メンバーの１人の意思表示が取り消されたとしても、残りのメンバーで社団が設立される）。

　第３に**単独行為**とは、一個の意思表示だけで成立する法律行為である。取消し（☞ 20-2-2）、解除（☞ 22-2-2 の（1））、遺言（☞ 23-2-4 の（1））がその例である。

19-1-3. 公序良俗

では、具体的に法律行為に関する規定を条文の順に従い見ていこう。まず民法90条は「公の秩序または善良の風俗に反する法律行為は、無効とする」と定めている。「公の秩序または善良の風俗」は今日では両方あわせて「**公序良俗**」と呼ばれている。たとえば、AがBと「Cを殺してくれたら1億円を払う」という約束（＝契約）をしたとしよう。そして、実際にBがCを殺害してきたとする。この場合、Bが逮捕されるのを覚悟のうえで、Aに対して「1億円支払え」という民事裁判を起こしたら、いったいどうなるだろうか。もちろん国家（裁判所）は、このような反社会的な法律行為の実現に手を貸すことはない。そのことを宣言しているのが民法90条である。

ところで、民法90条の適用場面は、今日、上の例のような刑法上処罰されるような行為が目的とされた場合に限定されず、もっと広い範囲に及んでおり、とくに不公正な契約の規制手段として広く活用されている。そのような場面の典型として、相手方の困窮や急迫、強制状態を利用して著しく不利な内容の契約を締結させる行為である「**暴利行為**」の禁止が判例上認められている。

19-1-4. 強行規定と任意規定

ところで、民法には、90条の文言に見られる「公の秩序」に関する具体的な規定が存在する。そうした規定を**強行規定**（法規）と呼ぶ（☞4-2-3の（6））。民法175条は、「物権は、この法律その他の法律に定めるもののほか、創設することができない」と規定しているが、その例である。そして、こうした強行規定に反する法律行為は**無効**である（91条の反対解釈）。

他方で、民法には、一応条文は用意されているものの、それに従わなくてもよいことが規定されている場合がある（民法485条）。このように当事者の意思で適用を排除できる規定のことを**任意規定**（法規）と呼ぶ（☞4-2-3の（6））。ある規定が強行規定か任意規定かを見分ける際の1つのポイントは、ある行為を禁止する文言が規定に含まれているときは前者（たとえば民法175条）、「別段の意思表示」のように当事者の意思を尊重する文言が入っている場合（たとえば民法485条）は後者であるという点である。しかし見分けが難し

いものも存在する。

19-2. 意思表示

19-2-1. 意思表示とは何か

（1）意思表示の意義と成立構造

　次に、意思表示について見ていくことにしたい。前述のように、法律行為はつねに１つ以上の意思表示を構成要素として含んでいる。そして、この意思表示に欠陥等が存在し、その結果その効力が失われる場合には、法律行為の効力も失われる。民法93条以下の規定は、そうした意思表示の効力（が失われる場合）に関する規定である。

　ところで、民法93条以下の具体的な規定について学ぶ前に、意思表示の成立構造について学ぶ必要がある。というのも、意思表示のどこにどのような欠陥があるかによって、適用される条文に違いが生ずるからである。

　先ほどのAがBからパソコンを買う約束をしたという場面に沿って説明しよう。

　①まず、AがBからパソコンを買いたいと思った理由があるはずである。この理由を**動機**という。

　②そして、AがBからパソコンを買いたいという意思を抱く。これをもう少し法律的観点から説明すると、Bからパソコンという「物」の所有権を自分に移転するという法律上の効果を発生させようとする意思を抱いたということになる。この「法律上の効果」の発生に向けられた「意思」を（内心的）**効果意思**と呼ぶ。

　③そして、AがBに「パソコンを売ってほしい」と自分の効果意思を表明する。この行為を**表示行為**という。表示行為にはBの効果意思が現れているが、とくに表示行為上に現れている効果意思を**表示上の効果意思**と呼ぶ。

　この①から③の段階を経て意思表示が完成する。なお、意思表示もコミュニケーション手段の一種であるから、当然、それが相手に届かなければ（たとえば出した手紙が届かなかった場合など）意味がなく、そのような場合に

〈意思表示の成立構造〉

は意思表示の効力が発生しない。このことを定めた規定が民法97条であり、こうした考え方を**到達主義**と呼んでいる。

（2）意思の不存在と瑕疵ある意思表示

　ところで、正常な意思表示は、内心的効果意思と表示上の効果意思が一致している。ところが、まれに両者が一致しない場面が生ずる。これを**意思の不存在**（以前は「意思の欠缺」と呼んでいた）と呼ぶ。これについて規定を置いているのが93条から95条の規定である。こうした場合には、効果意思が正しく表示されていないので、その意思表示は原則として効力が否定される。なお、表示行為には正しく内心的効果意思が対応していなければならないという考え方を**意思主義**と呼ぶ。

「勉強に使いたい」「パソコン**甲**を買いたい」　　　「パソコン**乙**を買いたい」
「ゲームに使いたい」
など

表示行為に対応する効果意思が**ない**（意思と表示の不一致）
〈意思の不存在（欠缺）〉

　また、内心的効果意思と表示上の効果意思は一致しているが、相手方に騙されたり脅されたりして意思表示をしてしまう場合もある。このように、自由な意思に基づかずに意思表示をしてしまった場合を**瑕疵ある意思表示**と呼び、96条にこれについての規定が置かれている。この場合、効果意思そのものは正しく表示されているが、その形成過程に問題があるので、一律無効ということにはせず、意思表示を行った者に**取消し**を認めている。

　では早速、それぞれの具体的な場面について見ていくことにしよう。

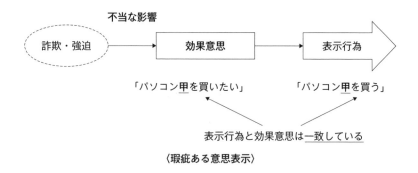

〈瑕疵ある意思表示〉

19-2-2.　意思の不存在①——心裡留保（93条）

> **例①**
>
> ＢがＡをからかうつもりで、本当はタダであげるつもりはないのに、「僕の持っているパソコンを君にあげるよ」と言った。この場合のＢの意思表示は有効だろうか。

　Ｂの意思表示を上の図に当てはめて考えてみよう。まず、Ｂは「僕の持っているパソコンを君にタダであげるよ」という表示行為を行っている。これに対して、Ｂの内心的効果意思はそもそも存在しないか、「タダであげるつもりはない」というものだから、両者は一致していない。つまり、意思の不存在がここで生じている。このように、意思表示をする者が「わざと」意思の不存在を生じさせる場面を**心裡留保**（93条）という。

　ところで、上で述べた意思主義の考え方に立てば、この意思表示は無効（すなわち、ただでパソコンをＡにあげる約束も無効）となるはずである。ところが、93条1項本文の規定を見てほしい。そこには、こうした場合でも「そのためにその（＝意思表示の）効力を妨げられない」と書かれている。つまり、意思表示は有効であるとしている。なぜなのだろうか。それは、こうした場合に、Ｂの申し出をＡが真に信頼していた場合には、Ａが気の毒だからである。このように、表示行為に内心的効果意思が対応していない場合でも、相手方（ここではＡ）の信頼を保護するために意思表示を有効にしようという考え方を**表示主義**といい、93条1項本文はこの**表示主義**に従って、意思表示を有効としているのである。

したがって、AがBの申し出は「冗談だな」とわかっていた、あるいは当然にわかるべきであったであったという場合には、Aの信頼保護の必要性はなく、Bの意思表示を無効としてよい。このことを定めているのか93条1項但書である。

19-2-3. 意思の不存在②──虚偽表示（94条）

> **例②**
>
> AはCから借金をしていた。ところが返せそうにない。そこで、CはAの自宅（甲）を差し押さえて競売にかけて、その代金から借金を返してもらおうと考えていた。ところが、これを察知したAが友人のBに、「家がCに競売にかけられてしまうので、Bに売ってしまったことにして、登記名義も一時Bにしておいてもらえないか」と持ち掛け、お互い、売る気も買う気もないのに甲の売買契約を締結した。この場合、Aの意思表示は有効だろうか。

次の場面は、（通謀）虚偽表示と呼ばれる場面である。まず例②にあるように、お互い売る気も買う気もないのに、「甲を売ります」「甲を買います」という表示行為を行っていることから、意思の不存在が生じていることがわかる。そして、これを「わざと」生じさせている点では心裡留保と同じであるが、ここでは、お互いに示しあわせて（＝通謀という）これを行っている点では異なっている。そして、この場合、AもBも相手方の意思表示が有効であるという点について何ら信頼していないのであるから、原則どおり無効としてよい。このことを規定しているのが94条1項である。

19-2-4. 意思の不存在③──錯誤（95条）

> **例③**
>
> ア．AはBが2台パソコン（甲と乙）を持っているのを知っていたが、Bにそのうち1台を買いたいと告げる際に、誤って、「甲」と表示すべきところを「乙」と述べてしまった。この場合の意思表示は有効だろうか。
> イ．Aは「甲」を欲しいと思い、「甲」を買いたいと正しく表示した。Aは、自分のパソコンが壊れていると思い、Bから購入しようと考えたとこ

> ろ、実はＡのパソコンは壊れていなかった場合はどうだろうか。

（1）錯誤の場面

　例③の各場面は**錯誤**と呼ばれる場面である。例③ア．ではＡは内心では、甲が欲しいという効果意思を抱いていたのに、誤って「乙が欲しい」と表示しており、ここでも意思の不存在が生じている。このように、誤って（意図せず）意思の不存在を生じさせてしまう場合を**表示錯誤**という。ところで、この表示錯誤はさらに２つの場面に分かれる。上の例のように、表示行為を行うときに書き間違えや言い間違えをしてしまった場合を**表示行為上の錯誤**と呼ぶのに対して、Ｂが持っているパソコンが２台あり、そのうち甲が欲しかったのに、乙をそれと同じものだと勘違いして「乙が欲しい」と表示してしまった場合のように、内心的効果意思を抱くレベルで物の同一性を誤ってしまったような場合を**内容錯誤**と呼んでいる。

　他方、例③イの場面では、Ａには意思の不存在は生じていない。しかし、Ａがパソコンを欲しいと思った理由について勘違いが生じている。こうした場面を**基礎事情の錯誤**（法改正以前は**動機錯誤**と呼んでいた）といい、95条１項２号に規定がある。これらの場面で、次の各要件を充たす場合には、誤って意思表示してしまった者に**取消し**が認められる。

（2）基礎事情の錯誤の要件

　表示錯誤については、前述のような場面に該当すれば、次の（3）の錯誤の重大性要件の有無の判断に進むが、基礎事情の錯誤については同条２項で、Ａの認識を「法律行為の基礎とすることの表示」が必要であるとしている。つまり、ＡはＢに向かって「私は自分が持っているパソコンが壊れてしまったのであなたから買うのだ」ということを相手方（Ｂ）に表示する必要がある。

（3）錯誤の重大性と重過失要件

　また、表示錯誤にせよ基礎事情の錯誤にせよ、軽微な勘違いでいちいち意思表示が取り消されたのでは、相手方は怖くて契約できない。そこで、95条

1項柱書は、錯誤が取引上の社会通念に照らして重大であることも要求している（重大性要件）。

さらに、錯誤は言ってしまえば「勘違い」であるところ、そうした勘違いは日常よく起きることに鑑み、ちょっと注意をすれば避けられた錯誤に基づいては取消しを主張できないこと、すなわち錯誤した者に重過失がある場合には取消しを主張できないことを定めている（重過失要件〔95条3項〕）。

19-2-5. 瑕疵ある意思表示（96条）

（1）詐欺

では次に、瑕疵ある意思表示の場面を見ていくことにしよう。まず、「**瑕疵ある意思表示**」とは、前述のように、内心的効果意思と表示上の効果意思は一致しているが（したがって意思の不存在の場面ではない）、内心的効果意思を抱く段階で、他者から不当な影響を受け、自由な意思に基づかずに意思表示をしている場合であった（☞ 19-2-1の（2））。これについて民法96条は2つの場面を定めている。

1つ目は**詐欺**である。詐欺とは、相手方に騙されて（この騙す行為を**欺罔行為**という）、意思表示をしてしまった場合である。たとえば、Bがパソコン甲の性能についてAにウソをついて、実際よりも高く売りつけたとしよう。この場合、Aの「パソコン甲を買いたい」という内心的効果意思は、Bのウソによって影響を受けている。こうした場合に「意思の不存在が存在しないから」という理由で、意思表示の無効や取消しを認めなかったならば、安心して取引に参加できないだろう。そこで民法は、こうした場合にも意思表示の取消しを認めている。ただし、一点、注意すべき点がある。BがAを騙すつもりでウソを言った場合、つまり、**故意**に事実と異なることを告げた場合でないかぎり取消しは認められないという点である。Bが故意ではないものの結果的に事実と異なることを相手に告げてしまい、Aが勘違いをした結果、意思表示をしてしまった場合には、錯誤の問題となる。

（2）強迫

強迫とは、相手方に**故意**に不利益な事実を告げて、意思表示をするように

仕向ける場合である。必ずしも相手に脅されて意思表示をした場合に限られ
ない（なお、刑法上の「きょうはく」は「脅迫」と書くが、民法上の「きょ
うはく」は「強迫」と書くので注意しよう）。こうした場合にも、効果意思を
抱く過程に瑕疵があることを理由に、意思表示を取り消すことができる。

━━ コラム1 ━━

消費者契約法

　今日の社会では、わたしたちはほとんどの場合、事業者とのあいだで契約
を締結している。事業者とわたしたち消費者のあいだでは、セールストーク
に見られるように、交渉能力や商品等に関する情報の質や量に著しい差があ
り、不利な契約を押し付けられることもしばしばである。そこで、こうした
「消費者契約」に関する特別法として、消費者契約法がある。
　それによると「消費者と事業者との間の情報の質及び量並びに交渉力の格
差にかんがみ、事業者の一定の行為により消費者が誤認し、又は困惑した場
合について契約の申込み又はその承諾の意思表示を取り消すことができる」
し、また「事業者の損害賠償の責任を免除する条項その他の消費者の利益を
不当に害することとなる条項の全部又は一部を無効とする」ことができる。
さらに「消費者の被害の発生又は拡大を防止するため適格消費者団体が事業
者等に対し差止請求をすることができる」ことも定められている。

19-2-6.　意思表示の無効・取消しと第三者の保護

━━ 例④ ━━

AがBに土地を売り、その土地をBがCに売ったとしよう。その後、これ
まで見てきた民法の規定に従い、Aの意思表示が無効あるいは取消しとな
った場合、AはCから土地を取り戻すことはできるのだろうか。

（1）無効・取消しと第三者

　例④についての規定が民法93条から96条の各規定のなかに置かれている。
まず、意思表示の無効・取消しを主張するAから見たときに、AとBは**当事
者**というが、Cのことは**第三者**（☞ 11-7）という。そして、Aが意思表示を無
効・取消しにすると、A・B間の契約は、はじめからなかったことになり、

当然、最初からBは土地を持っていなかったことになる。そうすると、Cもまたはじめから土地の権利を手に入れていなかったことになる（「**無権利の法理**」という）。そして、CはAから「それは私の土地だ。返してもらう」という主張をされてしまうことになる。

（2）第三者保護規定

　しかし、それでは、Cが何も知らずにBと契約していた場合には、気の毒であろう。そこで、民法93条から96条はそれぞれ、Aの上記のような主張に対して、ある一定の要件の下、Cに対抗手段を認めている。

　まず民法93条2項を見てほしい。同条同項は、「前項ただし書きの規定による意思表示の無効は、善意の第三者に対抗することができない」と規定している。これと同じ規定が、94条2項にもある。ここでの善意 (☞ 9-1) は、意思表示が無効であったことについて知らないこと指すが、そのような第三者には、Aは自分の意思表示が無効であったことを理由に土地の取戻を請求できないことになる。

　次に、民法95条4項と96条3項を見てみよう。ここでは「善意でかつ<u>過失がない</u>第三者」としている。民法93条と94条は、意思表示をした者がわざと無効な意思表示をしていた（そしてそれが有効であると第三者が信じていた）のに対して、民法95条と96条の場面は、わざとそうした意思表示を行ったわけではなく、民法93条や94条よりも真の権利者であるAの保護必

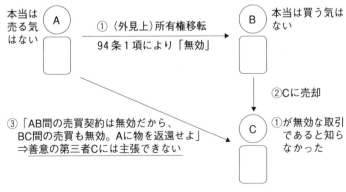

〈通謀虚偽表示と善意の第三者〉

要性が高いことから、この点を考慮して、第三者であるＣが保護されるためのハードルを上げているのである。

　ところで、民法96条3項をよく見てほしい。そこには「詐欺による意思表示の取消は」と書いてあり、強迫の場合については書かれていない。つまり、強迫を理由にＡが意思表示を取り消した場合には、Ｃの善意・悪意に関係なく、土地を返してもらえるのである。これは、強迫の場合にはＡに落ち度はなく（詐欺の場合には騙されたとはいえ、うまい話に乗ってしまった点で多少落ち度がある）、かりにＣが善意・無過失であったとしても、強迫に遭ったＡを保護しようという考え方に基づいている。

─── **練習問題** ───────────────────────────

〈確認問題〉

1. 人が自分の意思に基づいて、ある一定の権利関係を発生させようと意図して行う行為を（　①　）という。（　①　）は、2つ以上の意思表示の合致により成立する（　②　）と、同じ目的に向かって複数の意思表示がなされる（　③　）、一個の意思表示だけで成立する（　④　）がある。

2. 当事者が法律効果を欲し、かつそのことを外部に表明することを（　①　）といい、法によって実現する効果をめざす意思である（　②　）と表示行為を要素として成立する。

　　　ところで、表示行為があっても（　②　）が欠けていることを（　③　）といい、（　①　）自体には欠陥はないが（　②　）の形成段階において他者から不当な干渉を受けたものを（　④　）という。
　　　（　③　）のうち、まず、表意者が真意でないことを知りながら（　①　）することを（　⑤　）という。たとえば、売主が本心では売るつもりもないのに、「売る」と（　①　）をして成立した売買契約は、相手方が契約の成立を信じていた場合には、Ⓐ（ａ有効／ｂ無効）である。
　　　次に、真実の内心の意思がないのに相手方と通じて虚偽の外観をつくり上げることを（　⑥　）という。たとえば、債務者が債権者からの差押えを免れる目的で友人と相談して不動産の売買契約を結んだことにして、登記名義を友人の名義にした場合には、この契約はⒷ（ａ有効／ｂ無効）である。さ

らに、表示行為に対応する（　②　）が欠けており、しかも（　②　）が欠けていることにつき表意者の認識が欠如していることを（　⑦　）という。たとえば、Aが立派な建物甲とぼろぼろの建物乙を所有していたが、「もう乙は売ってしまおう」と思って、Bに「私の所有する建物を買わないか」と持ちかけたとしよう。このとき、Bは、Aが甲を所有していることは知っていたが（甲とは別に）乙を所有しているとは思わなかったので、甲のことであると誤解して「あの甲なら安い」と思い、乙を買う旨の売買契約を締結したとする。このような誤解に基づいて売買契約が締結された場合には、買主であるBの（　①　）は、Ⓒ（ａ有効である／ｂ取り消すことができる／ｃ無効である）。

　（　④　）のうち、表意者に害意を示し、恐怖の念を生じさせ、意思表示をさせる行為を（　⑧　）といい、（　⑧　）による（　①　）はⒹ（ａ有効である／ｂ取り消すことができる／ｃ無効である）。また、表意者を欺くことにより錯誤に陥れ、それに基づいて意思表示をさせることを（　⑨　）という。たとえば、売主がその事実がないことを知りつつ、近くに高速道路ができてこの土地が値上がりすると欺いて、それにより土地の売買契約を成立させた場合には、買主の意思表示はⒺ（ａ有効である／ｂ取り消すことができる／ｃ無効である）。

20. 法律行為（2）

　それでは、法律行為の規定の後半部分に入っていこう。ここでは、他人がした法律効力を自分に帰属させる場面である**代理**や、法律行為の効力の消滅場面である**無効・取消し**、将来の未確定の事実の発生によって、成立した法律行為の効力を左右させる場面である**条件**、ある一定期間の経過まで法律行為の効力をストップさせておく**期限**について学ぶ。

20-1. 代理

　代理制度を学ぶに際してまず留意すべきことは、基本構造として三者で成り立つ制度であるということである。それは実際に契約などの取引行為をする当事者と、取引行為による法律効果すなわち債権・債務が生じる当事者が異なることによる。法律効果が生じる当事者が本人（X）と相手方（Y）であり、取引行為をする当事者が代理人（A）と相手方（Y）である。

　代理制度とは、本人（X）に行為能力（☞18-1-2の（3））が欠けているため、あるいは、行為能力は備わっていても、時間的余裕や専門的知識がないため、または能力が欠けているため、自分に代わって一定の取引を代理人（A）に

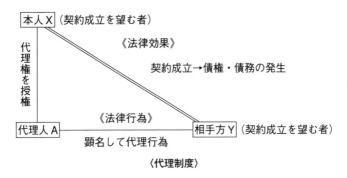

〈代理制度〉

依頼する制度である。

代理には、**任意代理**と**法定代理**がある。任意代理とは、取引行為をするのに本人には自信や余裕がない場合に利用できる制度である。法定代理は、本人が制限行為能力者（☞ 18-1-2 の（3））などの場合に法の定めに基づいて定められる代理をいう。法定代理では代理権の発生が本人の意思に基づかないが、それ以外の点では、2 つの代理制度では共通した考え方がとられる。

なお、代理には、代理人がさらに別の代理人を立てる場合である復代理がある。法定代理の場合には、代理人は自己の責任において自由に復代理人を選任できる（民法 105 条）のに対して、任意代理の場合には、代理人は、本人の許諾を得たとき、または、やむをえない事由のあるときにかぎって復代理人を選任することができる（民法 104 条）。

20-1-1. 代理の基本構造

授権→顕名→法律行為→法律効果

〈代理の基本構造〉

本人が、**代理権**を代理人に与える、すなわち**授権**することにより、代理ははじまる。代理権とは、何らかの法律行為（契約など〔☞ 19-1-2、22-2-2〕）を本人に代わって行うための権限であり、本人から与えられる。代理人は、自分が誰の代理人であるかを、取引の相手方に示したうえで（これを**顕名**という）、相手方とのあいだで法律行為を行う。この法律行為による法律効果は、行為をした代理人ではなく、本人と相手方とのあいだで発生する。

　たとえば、XがAに、Xの土地をYに売却する代理権を与えると、実際の売買契約はAとYとのあいだで行われるが、売買契約によって生じた債権・債務は、XとYに帰属する。Xが土地を明け渡さなかった場合に、Xが債務不履行責任（☞22-2-2の（1））を負わなければならなくなる。任意代理人となる者は、意思能力（☞18-1-1（2））を備えていればよく、行為能力（☞18-1-1（3））は代理人の要件ではない（民法102条）。

20-1-2.　広義の無権代理

　代理権がない者が、あたかも代理権があるかのように取引行為をした場合を、広義（広い意味）の**無権代理**といい、代理人のように振る舞った者を**無権代理人**という。無権代理行為は原則として**無効**であり、法律効果はXY間には発生しない。ただし、本人が、法律効果が自分に帰属することを認める（**追認**）と、無権代理行為は有効となる（民法113条）。本人は、追認するか追認拒絶するかを選択できる。また、相手方は本人に対して、追認するかしないかの意思決定を迫る（**催告**_{さいこく}）ことができるし（民法114条）、追認を得るまでのあいだに、自ら当該行為を取り消すこともできる（民法115条）。しかし、一定の場合には、追認がなくても本人に法律効果を帰属させることができる。これを、次に述べる**表見代理**という。

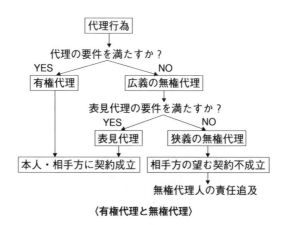

〈有権代理と無権代理〉

20-1-3.　表見代理

（1）表見代理とは

　無権代理の場合でも、有効な代理行為として扱われる場合がある。無権代理人にあたかも代理権が与えられているかのような外観（客観的事情）があり、そのような外観をつくり出すにあたって本人Xにも責任がある場合には、そのような外観を信じて取引を行った相手方Yを保護する必要がある。そこで、そのような場合に無権代理行為を有効な代理行為として扱い、その効果を本人Xに帰属させる制度を**表見代理**といい、またこうした考え方を**表見法理**という。民法は、表見代理が成立する場面として、大きく分けて次の3つの場面を用意している。

（2）代理権授与表示による表見代理（民法109条）

> **例①**
>
> X会社が取引を円滑にするためにAにX会社の専務取締役代理という肩書きだけを与えていたところ、AがYとのあいだでこの肩書きの下で権限がないのに取引をした。

　この場合、YがAに取引の権限があるとあると信じたことについて、善意・無過失であれば、A・Y間の取引の効果は、Xについて生ずる。

（3）権限外の行為の表見代理（民法110条）

> **例②**
>
> 不動産売買のためにXがAに権利証、実印、白紙委任状を交付したところ、AがX名義でYとのあいだで連帯保証契約を締結した。

　Aには不動産売買の権限しか与えられていないところ、Aはこの基本代理権の範囲を超えて、Yとの間で別の契約を締結した。これも無権代理に当たるが、YがAに連帯保証契約を締結する権限があると信じるにつき正当な理由がある場合には、Xとのあいだで連帯保証契約が成立する。

（4）代理権消滅後の表見代理（民法112条）

例③

X会社は取引のあったY会社に、その取引担当者Aの退職を知らせずにいた。Xは、これまでAにX会社社員であることを示す名刺を渡しており、退職時にこれをAから回収していなかった。Aはこの名刺を利用して、これまでと同様にY商品を購入し商品を受け取ったが未払いだったので、YがXに代金の請求をした。

この場合に、Aが退職後もX会社の取引担当者であるかのように見えたの

〈表見代理〉

は、XがAから名刺を回収しなかったためであり、Xには責められるべき事情がある。YとしてもいちいちAの退職の有無を調べなくとも当然だと判断されれば、XはYに代金を支払わなければならない。

20-1-4. 狭義の無権代理——無権代理人の責任追及

本人が当該無権代理行為を追認せず、表見代理も成立しないと、取引の相手方は無権代理人の責任を追及するしかない。上の例で、Xが追認せず、表見代理も成立しなければ、YはAに責任を追及することとなる。このように、本人ではなく無権代理人が責任を負うことになる場合が、狭義（狭い意味）の無権代理である。なお、本来の契約は、債務の性質によっては本人にしか履行できないこともあり、その場合、相手方は無権代理人に対して、損害賠償請求をすることとなる（民法113条）。

20-2. 無効および取消し

20-2-1. 無効

これまで見てきたように、法律行為が**無効**となるのは、意思能力のない者が法律行為をした場合（民法3条の2）、法律行為の内容が公序良俗（民法90条）や強行規定に反する場合、表意者の心裡留保について相手方が悪意の場合（民法93条1項但書）、虚偽表示の場合（民法94条1項）である。なお民法95条の錯誤については、改正前の効果は無効であったが、改正後は取消しに改められた。

それでは、「**無効**」とは、法律上、どのようなことを意味するのだろうか。**無効**とは、当事者が意図した法律効果が、はじめから当然に発生していなかったものとして扱われることである。

そして、後述の取消しは、**取消権**という権利を有する者（取消権者）しか主張できないのに対して、無効は、誰からでも主張できるのが原則である。これを**絶対的無効**という（☞11-6）。しかし、意思無能力者がした行為の無効については、意思無能力者の保護のために認められるものであるから、意思無能力者の相手方からの主張を許す必要はなく、意思無能力者の側

からのみ主張しうると理解されている。これを**相対的無効**という（☞11-6）。

　また、無効な法律行為を有効と認める意思表示、すなわち追認がなされて
も、無効な行為が行為の当初から有効になることはなく、<u>新たな法律行為が
されたものとみなされる</u>（民法119条）。ただし、無権代理人が行った行為も
無効であるが、これについては本人が追認できる（民法113条〔☞20-1-2〕）。こ
こでは無効の意味が、「法律行為の効果が当初から全く発生していない」と
いうよりは、「無権代理人と相手方の間で成立した法律行為の効力が本人に
帰属していない」という意味での無効だからである。

20-2-2. 取消し

　次に、**取消し**とは、<u>一応有効とされた法律行為の効力を行為時にさかのぼ
って否定する意思表示である</u>。つまり、取消しの意思表示がなされるまでそ
の法律行為は有効であるが、いったん取り消されると、法律行為の効力は、
はじめにさかのぼって無効であったものとみなされる。これを**取消しの遡
及 効**という。

　この意思表示をすることができる権利を**取消権**といい（取消権を有する者
を**取消権者**という〔民法120条〕）、制限行為能力者が単独で法律行為をした場
合（民法5条以下）、意思表示に錯誤がある場合（民法95条）、瑕疵ある意思表示
がなされた場合（民法96条）に、取消権者に取消権が生ずる。

　取り消しうる行為は追認することができ（民法122条）、追認されると当該
法律行為は確定的に有効となる（つまり以後取り消すことができなくなる）。
また、追認の意思表示がなくても、一定の事実があれば、当該法律行為が確
定的に有効とされる場合がある。これを**法定追認**という（民法125条）。

　取消しには期間制限があり、追認することができるときから5年、または、
行為のときから20年を経過すると取消しをすることができなくなる（取消
権の**時効**による消滅〔民法126条☞21-2-4〕）。前述の無効には、こうした期間
制限が存在しない。

20-2-3. 原状回復義務

　法律行為が無効（あるいは取消しにより遡及的に無効）とされると、その

後はどのような処理がなされるのだろうか。たとえば、パソコンの売買が成立したが、それが無効（あるいは取消しにより遡及的に無効）となった場合を考えてみよう。

かりに、買主Aがパソコンの引渡しを受けている場合には、当然、これを売主Bに返さなければならない。これを**原状回復義務**という（民法121条の2）。原状回復とは「もとの状態に戻すこと」を意味するが、場合によってはこれが困難な場合もある。その場合には金銭で賠償することとなるが（価額賠償）、意思無能力者や制限行為能力者については、「現に利益を受けている限度で」（**現存利益**という）返還すれば足りる（同条3項）。

20-3. 条件・期限

（1）条件・期限とは？

当事者は、法律効果（☞5-1）の発生・消滅を、ある一定の事実にかからせることがある。たとえば、Aが「友だちから新しいパソコンを譲ってもらえたら、君に今使っているパソコンをあげよう」という契約を、Bとした場合である。このような、将来の不確実な事実に効力の発生をかからせるものを「**条件**」と呼ぶ。これに対して、「9月になったらこのパソコンを君に売る」という場合を「**期限**」付き契約という。「条件」は発生が不確実な事実なのに対して、「期限」はかならず到来する点で、両者は異なる。なお、「10月にパソコンを引き渡す」という契約を9月に締結した場合、売主であるAは、10月までパソコンを「引き渡さなくてよいという利益」を有している。これを「**期限の利益**」という（民法136条）。

（2）停止条件と解除条件

条件には、「友だちから新しいパソコンを譲ってもらえたら、君に今使っているパソコンをあげよう」というように、成立した契約の効力を、条件成就までストップしておく場面と、「君に今使っているパソコンをあげるが、友だちから新しいパソコンを譲ってもらえなかったら返してもらう」というように、ある一定の事実の発生によって、契約が無効になる場面がある。前

〈停止条件と解除条件〉

者を「**停止条件**」といい、後者を「**解除条件**」と呼んでいる（民法127条1項、2項）。

―― 練習問題 ―――――――――――――――――――――――――

〈確認問題〉

1．以下の文章の空欄に適切な語句を入れなさい。

　　代理人Aが有効な代理行為を行うためには、本人Xから（　①　）を与えられ、AはXのために当該法律行為を行うということをYに（　②　）せねばならない。（　①　）授与については、本人の意思だけで代理人を決定できる場合と、法の規定または家庭裁判所の選任により決定される場合がある。前者を（　③　）代理、後者を（　④　）代理という。（　④　）代理は、本人が未成年者の場合や、本人の（　⑤　）能力に衰えがある場合など、本人の保護を目的としている。

　　代理人がさらに別の代理人を立てることを（　⑥　）という。（　④　）代理の場合には、代理人は自己の責任において自由に（　⑥　）人を選任できるが、（　③　）代理の場合には、代理人は、本人の許諾を得たとき、または、やむをえない事由のあるときにかぎって（　⑥　）人を選任することができる。

　　本人Xから（　①　）を与えられていないのに、（　②　）をしてYとのあいだで契約を締結する場合、また代理権は与えられていても、その代理権の範囲を超えた取引をした場合を無権代理という。無権代理の場合に、本人が（　⑦　）すると法律効果は本人Xと相手方Yのあいだに発生するが、（　⑦　）が拒絶された場合、相手方は、（　⑧　）に対して責任を追及することになる。

　　無権代理の場合でも、有効な代理行為として扱われる場合がある。これを

（　⑨　）という。（　⑨　）には、3種類ある。1つ目は民法109条の
（　⑩　）によるものである。2つ目は民法110条の場合である。この場合
では、与えられた（　①　）外の取引をした場合、相手方に（　⑪　）があ
れば保護が与えられる。3つ目は民法112条の場合である。この場合では、
（　①　）消滅後であるにもかかわらず、AがXの名義でYと契約をした場
合に、そのような状態を放置していたXに責任を問うことによってYを保護
するものである。

2. 次の①、⑬は適切な記号を選択し、②〜⑨には適切な語句を記入しなさい。
　　また、下線部（A）については、該当するものを答えなさい。

　　法律行為が無効となるのは、①【（a）意思能力／（b）行為能力】のない
者が法律行為をした場合、民法93条の（　②　）の場面における相手方悪
意・重過失の場合や94条の（　③　）場合、法律行為の内容が（　④　）や
強行規定に反する場合である。無効であると認められたら、当事者が意図し
た法律効果は、はじめから当然に発生していなかったものとして扱われる。
　　取消しとは、民法95条の（　⑤　）の場合や、(A) 瑕疵ある意思表示が
なされた場合、未成年者などの（　⑥　）が単独で法律行為をした場合に、
一応有効とされた法律行為の効力を否定する意思表示をいう。つまり、取消
しの意思表示がなされるまでその法律行為は有効であるが、いったん取り消
されると、法律行為の効力は、はじめに（ⅰ）さかのぼって消滅する。これ
を取消しの（　⑦　）という。
　　この意思表示ができる者を取消権者といい、民法では120条に規定してい
る。取消し可能な法律行為の相手方は、いつ取り消されるかも知れないとい
う不安定な立場におかれることになるので、とくに（　⑥　）と取引した者
については、取消権者に対して取り消すつもりなのか、有効な法律行為とし
て認めるのか（これを（　⑧　）という）を（　⑨　）することができる
（民法20条）。（　⑧　）されると当該法律行為は確定的に有効となる。また
（　⑧　）の意思表示がなくても、一定の事実があれば、当該法律行為が確
定的に有効とされる場合がある。これを（　⑩　）という。
　　相手方の不安定な立場を考慮して、民法126条は取消権の期間制限を設定
しており、（　⑪　）なときから5年、行為時から20年で、（　⑫　）によっ
て消滅する。
　　無効の法律行為は、誰に対する関係でもその法律行為は効力を生ぜず、原
則として誰でも、いつまででもその法律行為の無効を主張することができる。
また、取消しとは異なり期間制限は設定されておらず、（　⑧　）の定めも
ない。無効な法律行為を有効と認める意思表示がなされると、⑬【（a）無効
な法律行為／（b）新たな法律行為／（c）取消しうる法律行為】がなされた
こととなる。

21. 期間の計算・時効

21-1. 期間の計算

　期間とは、ある時点からある時点までの継続した時間区分のことであるが、民法はこの期間の計算についてのルールを規定している。期間の計算については、期間の計算を開始する時点である起算点と、期間の計算を終了する時点である満了点がいつになるのかが重要となる。

　時・分・秒の場合は、すぐに期間の計算を開始する（民法 139 条）。これを即時起算という。たとえば、4 月 1 日午前 10 時に「いまから 10 時間以内に 10 万円を支払う」と約束をした場合には、4 月 1 日午前 10 時が起算点となり、この時点から期間の計算を開始し、10 時間という期間が経過する 4 月 1 日午後 20 時が満了点となる。

　日・週・月・年のように、期間が 1 日以上の単位による場合には、期間が午前 0 時から開始する場合（初日が丸 1 日ある場合）を除いて、初日は期間に算入しない（民法 140 条）。これを初日不算入という。そして満了点はその末日の終了時点になる。4 月 1 日の午前 10 時に「いまから 3 日間 10 万円を貸す」と約束した場合、4 月 1 日は含まれず、4 月 2 日の開始時を起算点、4 月 4 日の終了時点が満了点となる。

21-2. 時効

時効と聞くと刑事事件における時効を思い浮かべる人も多いだろう。刑事手続き上の時効は公訴時効といい、犯罪が終わったときから一定期間を過ぎると公訴が提起できなくなる制度である。民法上の時効には、**取得時効**と**消滅時効**とがあり、前者は、<u>一定期間他人の物を占有することにより、その物に対する権利を取得するというもの</u>であり、後者は<u>一定期間、権利が行使されなかった場合に権利が消滅するというもの</u>である。

21-2-1. 時効の援用

民法145条は、時効は当事者が**援用**しなければ、裁判所がこれによって裁判をすることができないと規定する。これは、<u>時効の利益を受けるためにはその援用をする必要がある</u>ということである。時効の利益とは、時効の完成により権利を取得する、または、債務が消滅することであり、援用とはそのような時効による利益を受ける意思を表明することである。

時効の援用は「**当事者**」が行うことができる旨規定されている。たとえば、借金をしている本人（債務者）が、その債務について時効による消滅を主張することは問題ないだろうが、そのほかには、どのような者が含まれるかが問題となる。この点につき、民法145条は「当事者（消滅時効にあっては、保証人、物上保証人、第三取得者その他権利の消滅について正当な利益を有する者を含む。）」と規定している。

援用の効果が及ぶ範囲は相対効であると考えられている。BがAからお金を借りており、Cがその物上保証人となっているケースを考えてみよう。CがAB間の貸金債権の消滅時効を援用したとすると、その効力はAとCとの関係においてのみ生じることになる。つまり、AとCとの関係においては、AB間の貸金債権の消滅にともなって抵当権は消滅し、Cは物上保証人としての地位から解放されることになるが、Bが援用していないと、AとBとの関係において債権は消滅せず、なおAはBに対して債務の履行を請求することができるのである。

21-2-2. 時効完成の障害

時効が完成前に進行している状態で、債権者の権利行使の意思を明らかにする一定の行為があることによって時効の完成が猶予されたり、時効期間が更新されたりすることがある。これらを時効完成の障害と呼び、それには**時効の更新、時効の完成猶予**とがある。

（1）時効完成の猶予

一定の事由が生じた場合に、進行中の時効の完成が妨げられることを時効の完成猶予という。時効の完成猶予が生じる事由として、民法は、裁判上の請求等（147条）、強制執行等（148条）、仮差押え等（148条）、催告（149条）、協議を行う旨の合意（150条）などを規定している。

（2）時効の更新

時効の更新とは、時効が一から新たな進行をはじめることである。民法改正以前は「中断」と呼ばれていたが、改正民法では「更新」に改められた。更新事由としては、裁判上の請求、強制執行等、承認が規定されている。

21-2-3. 取得時効

取得時効とは、法律で定められた要件を充たしたうえで、他人の物の占有を一定期間継続することで本権（占有を正当化する権利）を取得することができる制度である。たとえば、AがB所有の甲土地を自分の土地だと（過失なく）思い込んで、10年間その土地上に建物を建てて住んでいたとする。その後、本来の所有者Bから甲土地の返還請求があったとしても、Aは取得時効によって甲土地の所有権の取得をBに対して主張することができるのである。民法は、取得時効の成立要件を所有権と所有権以外の財産権に分けて規定している（162条・163条）。所有権以外の財産権には、地上権（265条）、永小作権（270条）、地役権（280条）などの用益物権や、不動産賃借権などが含まれる。実際には、土地の賃借権に関するものが多い。

取得時効が成立するためには、占有開始時に占有者が占有物が他人のものであるということについて善意・無過失であった場合には10年、悪意であ

った場合には 20 年の占有の継続が必要であるが、その他に①「所有の意思」
をもった占有、②「平穏かつ公然」な占有、③「他人の物」の占有であるこ
とが必要である。

　所有の意思とは、所有者と同じように物を排他的に支配しようとする意思
のことである。所有の意思のある占有を**自主占有**（所有の意思のない占有は
他主占有）という。所有の意思の有無は、占有者が内心でどう思ったかでは
なく、占有者がその物の占有を開始した原因（権原）たる事実によって外形
的、客観的に決まる。たとえば、Aが現在借りているマンションの部屋を
「この部屋を所有しよう」という意思をもって占有を継続したとしても、そ
の占有が賃貸借契約を権原としているのであれば、それは他主占有と判断さ
れてしまうことになる。上記の①②の要件は民法 186 条 1 項で推定されるの
で、そうではないと主張する側が反証しなければならない。

21-2-4. 消滅時効

　消滅時効とは、権利不行使の状態が一定期間継続したときに権利消滅の効
果を認める制度をいう。たとえば、AがBに対して金銭を貸し付けたが、そ
の後、Aが貸金債権の請求を 10 年間行わないと、AのBに対する債権はB
が消滅時効の成立を主張することによって消滅する。

　消滅時効の対象となる権利は、「債権」および「債権又は所有権以外の財
産権」であり、後者は、地上権、永小作権、地役権などの物権である。所有
権は、消滅時効の対象とならない。また、所有権から派生する物権的請求権
や、登記請求権も消滅時効にかからない。

―― **練習問題** ――――――――――――――――――――――――――――――

〈確認問題〉

1. 次の文章の（　　　）のなかに最も適当な語句を入れなさい。

　民法の時効には一定期間他人の物を占有することにより、その物に対する権
利を取得するという（　①　）と、一定期間、権利が行使されなかった場合

に権利が消滅するという（　②　）とがある。どちらの時効においても、時効の利益を得るためには、その利益を受ける意思を表明することである（　③　）を行わなければならない。（　③　）を行うことができるのは（　④　）であると規定されているが、消滅時効の場合、保証人、物上保証人、第三取得者などがこれに含まれる。

　時効が完成前に進行している状態で、債権者の権利行使の意思を明らかにする一定の行為があることによって時効の完成が猶予されたり、時効期間が更新されたりすることがあり、これらを（　⑤　）というが、そのなかで、一定の事由が生じた場合に、進行中の時効の完成が妨げられることを（　⑥　）、時効が一から新たな進行をはじめることを（　⑦　）という。

22. 物権法と債権法

　これまで民法総則について見てきた。以下では、物権法と債権法（23 では親族法と相続法）の概要についてごく簡単に紹介しておきたい。

22-1. 物権法

22-1-1. 物権の意義と性質

18-3 では、物権の客体である「物」について説明してきた。ここでは、本題の物権について説明する。

　物権は、物を直接的に、また排他的に支配する権利であり、世の中の誰に対してもそれを主張できる（**物権の絶対性**）という点に特徴がある（☞ 11-6 の用例1〔絶対的、相対的〕）。

　まず、直接的に支配するという意味を理解してもらうために、他人の土地を借りて家を建てる場合を例に挙げて説明してみよう。他人の土地を借りて、その土地の上に建物を建てて住むための権利として、民法は、物権である地上権と、債権である賃借権という、2つの種類の権利を規定している。工作物・竹林の所有を目的として他人の土地を利用する物権法上の権利を、地上

権（民法265条〔☞22-1-2の（3）〕）と呼ぶ。また、同じく、他人の土地を利用する場合、地上権を設定する以外に、民法典の第3編「債権」にある賃貸借契約（☞）を締結するという方法がある。土地の利用者と、土地の所有者が、賃貸借契約を締結すると、土地の利用者は、賃借権に基づいて、その土地を利用することになる。地上権に基づいて土地を使用する場合も、賃借権による場合も、その利用のあり方、あるいは利用形態はほぼ同じである。ただし、物権である地上権の場合、土地の利用者は土地を直接的に支配する権利を有しているのに対して、債権である賃借権の場合は、土地の所有者に対して「この土地をわたしに利用させろ」という債権を通して、土地を利用することになる。

　次に、排他的に支配するという意味であるが、これは自分だけがそれを行うことができるという意味である。それゆえに、同じ物の上には、同じ種類の物権は1つしか成り立たない（**一物一権主義**）。つまり、同じパソコンに対して、AとBが単独の所有権を有することはできないのである（ただし、複数人が同一の物を所有する共有という例外的なシステムがある）。

　物権には、上記のように、絶対性、排他性があり、第三者への影響が大きいことから、法律に定められたもの以外は、当事者が自由に創出することはできない。これを**物権法定主義**（175条）という。ただし、水権利や温泉専用権、入会権（☞22-1-2の（3））など、判例によっていくつかの物権が、慣習上の物権（☞4-4〔慣習〕）として認められている。

22-1-2. 物権の種類

　物権には、大きく分けると、所有権、占有権、用益物権、担保物権の4種類がある。以下、順に見ていこう。

（1）所有権

　所有権とは、物を全面的に支配することができる権利のことである。たとえば、時計について所有権を有している場合、その時計を自由に処分する（売る、贈与する、貸す、破棄するなど）ことができ、自由に使うことができ、あるいは使わないこともできる。また、所有している者が物を奪われたり、

所有を妨害された場合には、その物を取り返す権利（**返還請求権**）や、妨害を排除する権利（**妨害排除請求権**）を有している（これらを**物権的請求権**という）。

　ただし、そのような所有権にともなう自由に対しては、民法 1 条 1 項が公共の福祉による制限を加え（☞ 17-3-2）、また、民法 206 条は「法令の制限内」との限定を加えている。つまり、いかに**所有権の絶対**（☞ 17-3-1 の（1））が民法の原則だといっても、他人に迷惑をかけたり、法令に違反するようなかたちで物を使用・処分することはできないのである。このような所有権に対する法令の制限のなかで、最も種類が多いのが、土地に対する所有権に関するものである。自分の土地の上に建物を建てるときには、建築基準法をはじめとするさまざまな法令により、制限を受けることになる。また、同時に、隣の土地との関係も配慮しなければならない。民法は、このような隣の土地との関係、すなわち相隣関係を調整するために、多くの規定を置いている（民法 209〜238 条）。

　日常生活において「〜を持っている」というとき、多くの場合、「〜を所有している」ということを意図していることが多い。では、「所有している」とは何を意味しているのであろうか。たとえば、ある時計を所有しているというとき、もちろんその時計を腕にはめている場合もあれば、家に置いている場合もあるし、あるいは修理に出している場合もあるだろう。いずれの場合にも、その時計を所有していることに変わりはない。すなわち、「所有している」という言葉は、物理的にある物を支配している状態のことではなく、その物を支配する権原（権原について☞ 10-4）を有していることを示しているのである。

（2）占有権

　所有権とは上で説明したように観念的なものであるが、その所有権の証明は難しく、「悪魔の証明」ともいわれている。たとえば、手元にある時計を本当に自分の物かどうか証明しろと言われても、それは困難だろう。所有権をはじめとする、ある物を使用・収益する権原は、多くの場合、その物を物理的に支配している人が有している場合が多い。そこで、民法は、物を物理的

〈悪魔の証明〉

に支配している事実状態（これを「**占有**」という）を法的に保護し、物を事実的支配状態に置いている人に対して、所有権をはじめとする権原を推定（☞10-6）することにした。このように、物を事実上支配している者に認められる権利を**占有権**と呼ぶ。これは、物を拾った人や盗んだ人であっても認められる。Aが時計を占有している（時計に対して占有権を有している）ときに、Bがその時計に対する所有権を主張してきたら、Bのほうが、時計が自分のものであるという証明をしなくてはならない。また、占有者は、占有を他人に奪われたり、他人に邪魔された場合には、その相手に対して「占有を返せ」「占有を邪魔するな」と請求することができる。これを**占有訴権**と呼ぶ。

（3）用益物権

　所有権は、全面的な支配権であると説明したが、民法典には、**用益物権**と呼ばれる、土地を全面的に支配するのではなく、その使用価値のみを支配する権利が規定されている。つまり、所有権に比べて、支配内容が制限された物権である。この場合、用益物権者と土地の所有権者は異なることになり、用益物権者は、土地の所有者と用益物権設定契約を結んだ結果、用益物権を取得することになる。用益物権には、地上権、永小作権、地役権、入会権がある。

　地上権（民法265条）とは、工作物・竹林の所有を目的として、他人の土地を利用する権利である。工作物とは、建物・道路・電柱など、地上や地下の建造物のことであるが、建物の場合が多い。

　永小作権（270条）とは、耕作または牧畜の目的のために、他人の土地を利

用する権利である。永小作権については、現在ほとんど利用されていないといわれている。

　地役権（280条）とは、ある土地の便益のために、他人の土地を利用する権利である。たとえば、自分が有している土地から道路に出るのに、他人の土地を通行させてもらったほうが便利な場合に、その他人の土地を通行させてもらう権利（これを「通行地役権」と呼ぶ）などが、これに当たる。

　入会権とは、村落など一定の地域に住む住民集団が、山林などから薪や山菜をとるなどの収益をする、慣習（☞ 4-4）上の権利である（民法典に入会権の内容を定めた直接的な規定はない）。

（4）担保物権

　民法は、債権の回収の確保手段（担保）のための制度として、人的担保と物的担保制度を設けている。人的担保とは、債務者以外の第三者に対して債務を負わせるものであり、保証がこれに当たる（☞ 22-2-2の（2））。物的担保とは、債務者もしくは第三者の財産を、直接に債権回収の確保手段に当てるものである。その物的担保が、担保物権である。民法が規定する担保物権には、質権、抵当権、先取特権、留置権がある。

　BがAに対してお金を貸すときに、その回収手段として、A所有の時計を質入れさせると、BはAが借金を返済するまで、その時計を占有することができ、期日までに返済がなされない場合は、その時計からほかの債権者に優先して借金を回収することができる（具体的には時計を競売にかけ、競落されたことにより得られたお金から借金を回収する）。これを質権という。質権の場合には、AはBに対して時計を占有させなければならないが、物の占有を移転しないで、それを使用収益したまま担保に供する手段もある。それが抵当権である。AがBからお金を借り、その際に自己所有の土地にBのために抵当権を設定する契約を結んだとする。この場合、質権とは異なり、Bはその土地を占有せず、Aはその土地をそのまま使用することができる。Aが借金を返済できずに、Bが抵当権を実行したときには、Bはその土地から、ほかの債権者に優先して債権の回収をすることができるのである。抵当権は質権と異なり、物を担保に供しながらも、その物をそのまま抵当権設定以前

と同じように使用できるという点で、質権よりも便利であるが、抵当権は、一部の特殊な動産を除き、土地や建物などの不動産にしか設定することができない（民法369条1項）。

　上に挙げた質権や抵当権は、当事者間の契約によって設定される約定担保物権であるが、そのほかに、法律の定める要件が満たされる場合に、当事者の意思には関係なく成立する法定担保物権として、**先取特権**と**留置権**とがある。

　担保法の分野では、銀行や金融業者などが金融の需要に応ずるため、新しい担保（民法などに規定されていない担保。これを**非典型担保**という）を考

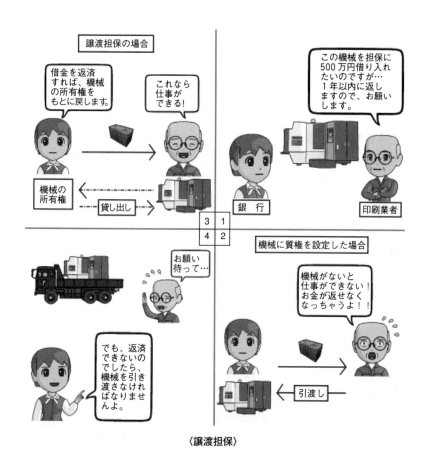

〈譲渡担保〉

案しており、これが慣習（☞ 4-4）になっていることがある。**譲渡担保**はその
1つである。企業が動産（☞ 18-3-2 の（1））を担保としたい場合に、譲渡担保
を利用することがある。たとえば、印刷屋が印刷機械を担保として、500 万
円を 1 年間借りたいと考えるときは、その印刷屋は、銀行から 500 万円を借
り入れ、この機械を銀行に譲渡（売却）し、それを 1 年間借り受けて使用す
る。そして、1 年以内に 500 万円および利子を返済するときは、この機械の
所有権は印刷屋に復帰する。印刷機械は動産であるから、これを担保とする
場合には、債権者にそれを引き渡す必要があるが（質権〔民法 342 条☞ 22-1-2
の（4）〕）、印刷機械を債権者（銀行）に引き渡したときは、印刷屋は印刷業
を営むことが困難になり、借り入れた資金を返済することが不可能になる。
しかし、譲渡担保の方法によれば、印刷屋は、印刷機械を使用しながらこれ
を担保とすることが可能である。譲渡担保は、判例（☞ 4-5）によってその有
効性が認められている。

22-1-3. 物権変動とは

　物権変動とは、物権の取得や喪失、または変更のことである。物を他人に
売る場合、その物に対する所有権を喪失し、その相手方は所有権を取得する
ことになる。これが典型的な物権の変動である。
　ところで、A所有の時計をBに譲渡したような場合、時計に対する所有権
は、いつAからBに移転するのであろうか。物の事実的な支配状態にともな
う占有権とは異なり、所有権は観念的なものであるため、いつ人から人に移
転したのか、外見からはわからない。民法 176 条は、物権変動が「意思表示
のみによってその効力を生じる」と規定している。この規定に従うと、時計
の売買契約の例では、時計の売買契約の締結、すなわち、当事者の「売りま
す」「買います」という意思表示（☞ 19-2）によって、時計の所有権（物権）
が移転（変動）することになる。このように考える立場を、**意思主義**と呼ぶ
（なお、法律行為の効力に関する「意思主義」は、これと同一の名称であるが、
別の概念である〔☞ 19-2〕）、一方で、物権の変動には、当事者の意思表示の
みでなく、そのほかに一定の形式や表象を必要とする立場もあり、これを**形
式主義**と呼ぶ。

（1）不動産の場合

　前述のように、物権変動は、民法176条によれば、当事者の意思表示だけで生じるが、それは外部の人からはよくわからないことが多い。ある物に対する所有権が他人に移転した場合に、契約の当事者どうしではそれがよくわかっていても、第三者からそれがわからないと都合が悪い。そこで民法は、不動産に関しては、**登記**という公示手段を設けて、権利の変動を公示するとともに、その登記を、不動産物権変動の**対抗要件**とした（177条〔☞9-5〕。つまり、所有権は当事者の意思表示だけで移転するが、登記をしないと、第三者に対して権利関係の変動を主張することができないとしたのである（これを**公示の原則**と呼ぶ）。

　たとえば、AがBとのあいだで、A所有の土地の売買契約を締結し、その後、AはCとのあいだでも、同じ土地の売買契約を締結した場合を考えてみよう。債権の部分であらためて説明するが（☞22-2-1）、この場合、AB間、AC間の契約は、それぞれ有効である。当然ながら、BとCのあいだで「この土地は自分のものだ」という争いが生じるが、このような二重譲渡事例において、BCはお互いがそれぞれ相手にとっての民法177条にいう「第三者」に相当するから、登記を備えないと、お互いがお互いに対して「この土地は自分のものだ」と主張することができない。そこで、たとえばCがBよりも先に登記を備えれば、この土地は確定的にCのものになる（☞9-5）。

　しかし、ここで1つ問題が生じる。民法176条に従えば、AB間で先に売買契約が締結された時点で、すでにその土地の所有権はBに移転しており、もはやCはAから同じ土地の所有権を取得することはできないのではないかという疑問である。つまり、民法176条と177条の整合性をどのように考えるのかという難しい問題が生じることになる。これに対しては、AB間、AC間の契約によって、それぞれ不完全で排他性のない所有権がBとCに移転するが、その際に、BとCに移転した所有権は、第三者に対して主張しえない不完全なものであり、登記を備えてはじめて完全な物権変動が生じるという説明がなされる。

　いままでの説明ですでに使ってきた言葉であるが、「第三者に対抗する」というときの「第三者」とはどういうことであろうか。第三者とは当事者以

〈二重譲渡〉

外の者のことであるが (☞11-7)、当事者以外であれば、無制限に「第三者」とされるわけではない。判例は「登記の欠缺〔欠けていること〕を主張する正当の利益を有する第三者」であるとしている。正当な利益を有する者とは、食うか食われるかの関係にある者どうしのことである。しかし、いかに食うか食われるかの関係にあるとはいえ、不法行為者 (☞22-2-4) であるとか、二重譲渡の買主で、ほかの買主を害する目的をもって、登記を備えて自己の権利を主張しようとするもの (**背信的悪意者**) などは、「第三者」に含まれない (☞9-5)。

（2）動産の場合

　次に、動産の物権変動について見ていくことにしよう。動産の場合、<u>公示手段</u>（☞ 22-1-4）は占有（☞ 22-1-2 の（2））であり、<u>物権変動の対抗要件</u>（☞ 9-5）は**引渡し**である（民法 178 条。ただし、船舶や自動車・航空機・農業用動産などの場合は、特別法により登記や登録や対抗要件であるとされている）。つまり、上記の二重譲渡の事例で、譲渡された物が時計などの動産の場合には、先に引渡しを受けた者が、その動産の所有権を獲得することになる。

　引渡しの種類には、**現実の引渡し・簡易の引渡し**（182 条）・**占有改定**（183 条）・**指図による占有移転**（184 条）がある。Aが自分の物をBに譲渡する場面を使って、この4つを説明しよう。

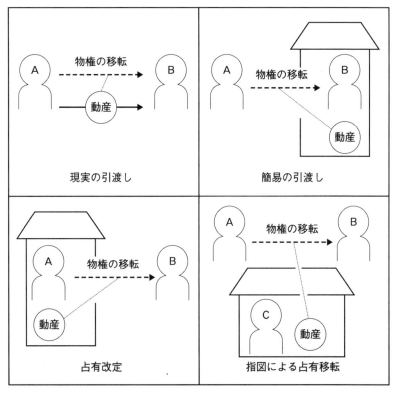

〈引渡しの種類〉

　現実の引渡しとは、物の物理的占有を、現実に相手に移転する方法である。簡易の引渡しとは、たとえば、AがBに貸している物をBに譲渡するとき、Bが借りている物をAに返し、それからあらためてAからBに現実の引渡しを行うという、本来のプロセスを簡略化し、当事者の意思表示（☞19-2-1）のみにより、AからBに引渡しを行う方法である。占有改定とは、たとえば、Aが自分の物をBに譲渡するが、その物をBから借りて引き続き占有しようとするとき、AからBに占有を移転したうえで、AがあらためてBからそれを借り受けるという本来のプロセスを簡略化し、Aが以後Bのために（Bのものとして）占有をする意思を表示することにより、AからBに引渡しを行う方法である。指図による占有移転とは、たとえば、AがCに貸している物をBに譲渡する場合、AがCに対し、以後はBのために（Bの物として）占有すべき旨を命じることにより、AからBに引渡しを行う方法である。

22-1-4. 公示制度と公信力

　ところで、Bが友人Aに本を貸していたところ、Aがその本を自分の物として第三者Cに売ってしまったとする。この場合、本はどうなってしまうのであろうか。もし、Cが、その本がBの物であるということについて善意・無過失であるならば、Cはその本の所有権を取得することになる。これを**即時取得（善意取得）**という。Cにしてみれば、Aが本を占有していたのであるから、当然Aのものだろうと信頼して購入したのであり、その信頼を保護するためである。このように、動産の場合、その公示手段である占有には、その外観を信頼して取引を行った者が保護され、その外観どおりの法的地位を保証されるという効力が与えられている。占有に与えられたこの効力を、**公信力**という。

　これを不動産の場合と比較してみると、不動産の場合、その公示制度（☞22-1-3の（1））は登記であるが、その登記名義人が、実際の所有者と異なっていた場合、登記を信頼して購入しても、登記ファイル（☞コラム1）の記載に従った法的地位を保証されるとはかぎらない（虚偽の登記を信頼した者が民法94条2項の類推適用によって保護される場合については、☞19-2-6の（2））。つまり、民法は、動産の場合には占有に公信力を与え、一方で不動産の場合には、登

〈善意取得〉

記に公信力を与えていないのである。

━━ コラム 1 ━━

不動産登記制度

　不動産登記制度とは、不動産登記法に定められており、不動産の表示および不動産に関する権利を公示することによって、不動産に関する権利の保全と取引の安全を図るものである。不動産登記法上の登記ファイルは、登記記録と呼ばれる。一筆の土地または一個の建物ごとに作成される電磁的記録に

〈公信力(1)〉

より編成される。登記記録には、どの不動産についての登記であるか（「表示に関する登記」）、またその不動産にどのような権利が存在するか（「権利に関する登記」）が記載されており、前者が記載されている部分を「表題部」、後者が記載されている部分を「権利部」という。表示に関する登記は、登記官が職権をもって行うことができるが、権利に関する登記は、登記義務者と登記権利者、すなわち、売買契約を例にとると、不動産の売主と買主の共同の申請により行われるのが原則である。

〈公信力(2)〉

22-2. 債権法

　それでは次に**債権法**の概要について見ていくこととしたい。399条から724条の2までが債権法の規定であるが、そのカバーする問題領域は多岐にわたる。ここではその一部について紹介しておこう。

22-2-1. 債権とは何か

　債権とは、特定の人が、特定の人に対して、ある一定の行為（これを給付という）を請求しうる権利である。たとえば、売主から、物を購入した買主

は、売主に対して「買った物を引き渡せ」という権利を有しているが、これは債権である。物権との違いは、物権が、誰に対してでも主張しうる権利であるのに対して（**物権の絶対性**）、債権は、債権の発生原因における当事者間（たとえば、売買であれば売主と買主）でしか主張できない（**債権の相対性**）、という点にある。

また、物権には**排他性**があるのに対して、債権には排他性がないので、同一内容の複数の債権が成立しうる。したがって、たとえば、AがBに土地甲を売ったあとに、Cにも甲を売った場合でも、所有者となれるのはBかCのいずれかであるのに対して（つまり、甲に成立する所有権は1つ）、債権には排他性がないのでBもCもAに対して甲の引渡債権を有効に取得することができる。

22-2-2. 債権総論の概要

（1）債権の発生原因・目的・効力

ア．債権の発生原因

では、債権は何から発生するだろうか。債権の発生原因は主に、契約、事務管理、不当利得、不法行為（☞ 22-2-3）である。契約から生ずる債権を**約定債権**といい、事務管理、不当利得、不法行為から生ずる債権を**法定債権**という。前者は契約、すなわち合意から生じることから、その内容は原則的には当事者が自由に決められるのに対して（民法521条）、後者は各規定の要件を充足すると自動的に発生し、その内容も法律に従い定まるという点で違いがある。

イ．債権の目的

ところで、債権の目的は「**給付**」であるが、どのようなものが給付対象となるか。まず、「お坊さんの唱えるお経」のような金銭的評価が難しいものであっても給付対象となりうる（民法399条）。ただし、「何かいいものをあげる」といったように、確定性のないものは給付対象とはなりえない。そうすると寿司屋で見かける「時価」という値段の表示方法は、確定性を欠く表示であり、「時価」の支払い義務はないということになりそうである。しかし、判例は、代金額の確定については、支払い時の支払額の確定基準さえ決まっ

ていれば、給付の確定性を欠くことにならないとしている。最後に、違法な物や取引が禁止されている物も給付対象とすることはできない。

　以上が、給付の一般的要件と呼ばれるものである。他方でも給付対象となりうるものについては、さまざまな観点から分類可能であるが、最も重要な分類として**特定物**と**種類物**がある。**特定物**とは、物の個性に着目し給付対象とした物である。たとえば、中古車を購入する際に、試乗などしてその車が気に入って購入する場合などである。これに対して、単に、種類、品質、数量を指示して給付対象とした場合を**種類物**という。たとえば、「甲」という銘柄のビールを 10 ダース注文した場合がこれに当たる。

　特定物は、当事者において代替性を有しない（つまり替えがない）ことから、これが滅失すると、ただちに履行不能を生ずる。これに対して、種類物の場合には、債権者としては、同種、同質、同数の物さえ引き渡されればよいのだから、かりに運送途中で、ビールがすべて割れてしまっても、債務者は別のビールを用意してこなければならない。これを**調達義務**と呼ぶ。「これが買主のビール 10 ダース」というかたちで「**特定**」がなされるまで、債務者は調達義務を負い続ける。特定物の引渡債務を負っている者には、こうした調達義務はないが、そのかわりに、目的物を滅失しないように「善良な管理者の注意」をもって、目的物を保存する義務を負う（**善管注意義務**という〔民法 400 条〕）。この義務を負っている者は、目的物が滅失してしまった場合、「自分としては最大限の注意を払って保管していた」と主張しても、その注意が、一般的に要求される程度を下回っていたときは、免責されない。

ウ．債権の効力（債務不履行と履行強制）

　では、債権が有効に発生したとして、債務者が債務の履行を正しく行わない場合に、債権者にはどのような救済方法があるだろうか。

　債務者が債務の履行を正しく行わない場合を「**債務不履行**」というが、これには大きく分けて三つの場面がある。

　①債務を期日になっても履行しない場合である「**履行遅滞**」
　②債務の履行がそもそもできなくなってしまった場合である「**履行不能**」
　③債務の履行がなされたが、それが不完全である場合の「**不完全履行**」

そして、これらに該当する場合で、債権者に損害が発生した場合（たとえば、自動車の売買で自動車の納車が遅れたせいでレンタカーを借りた場合）には、債権者（先の例では自動車の買主）は債務者（先の例では自動車の売主）に対して損害賠償を請求することができる（民法415条）ほか、債権者に**解除権**（契約をはじめにさかのぼってなかったことにする権利）が発生する。

履行遅滞のうち、履行期を過ぎても履行に意味がある場合には、相当期間を定めて催告したあとでなければ解除できないが（民法541条）、履行不能や履行期を過ぎると契約をした意味がなくなる場合（**定期行為**という。たとえば、結婚式のため注文したウェディングケーキの引渡債務）には、催告なしに解除できる（民法542条）。

〈どこまで損害賠償しなければならないの？〉

　なお、債権者に損害賠償請求権が発生するためには、債務者に**帰責事由**（過失などの落ち度）がなければならないが、解除権の発生のためには債務者に帰責事由は必要ない。

　そのほか、とくに、売買契約においては、履行された目的物が契約内容に適合していない場合（たとえば、合意した品質よりも質の悪い物が引き渡されたり、目的物に欠陥があった場合）には、買主は売主に対して、目的物の補修や代替物の引渡しなどを請求できる（**追完履行請求**〔民法562条〕）。

　以上に加えて、とくに①の場合で、履行期を過ぎても契約をした目的が達せられる場合には、国家の力を借りて債務者に強制的に履行をさせることも可能である。これを**履行強制**（民法414条）という。この場合、裁判所が、目的物を強制的に債権者である買主に引き渡すこととなる（こうした履行強制の方法を**直接強制**という）。

（2）多数当事者の債権・債務関係

　債務が履行されない場合の債権者の救済方法としては、上記のようなものがあるが、そのような不履行のリスクに備えて**担保**を取るということが行われる。たとえば、前述の抵当権を不動産に設定する場合がその典型であるが（☞ 22-1-2（4）　**物的担保**）、たとえば、これから借金をしたいと思ったAが貸主Bから担保の提供を求められたところ、Aにはめぼしい財産がないといった場合はどうすればよいだろうか。

　こうした場合の1つに、Cに**保証人**となってもらう場合がある。保証人とは、Aが借金を返せない場合に、Aの代わりにBに対して借金を返す債務（保証債務という）を負う者をいう。このように、ある人（ここでは保証人）の資力がAが負った債務の担保となっている場面を物的担保との対比で**人的担保**と呼ぶ。CがAの保証人となるには、Bとの間で保証契約を締結する必要がある（民法446条以下）。このように、「同一内容の給付を目的とする債権・債務が多数の者（ここでは債務者Aと保証人C）に帰属している関係」を**多数当事者の債権債務関係**という。民法にはそのほかに連帯債務などの規定が用意されているが、人的担保として機能するものが多い。

（3）債権の消滅

　では、発生した債権は何があれば消滅するだろうか。もちろん、契約が取り消されるなど債権の発生原因そのものが消滅する場合（☞19-1、19-2）や、消滅時効によって債権が消滅する場合（☞21-2-4）もあるが、これらは民法総則に規定されている。債権法に規定のある債権の消滅原因は、弁済、相殺、更改、混同、免除であるが、最も典型的なのは弁済と相殺である。

　弁済とは、債務者が債務の内容である給付をその本旨に従って実現し、これによって債権者が目的を達成したため債権が消滅したことをいう。たとえば、売買契約であれば、売買代金が契約で定められた期日や支払い方法に従い全額売主に支払われた場合である。

　相殺とは、たとえば、AがBに対して1000万円の債権「甲」を有し、他方でもBもAに対して1100万円の債権「乙」を有していたという場合、互いに対立しあう同種の債権を対当額で消滅させる意思表示である。この場合、「甲」と「乙」が対当額で消滅した結果、債権甲は完全に消滅し、債権乙は残額100万円となる。

22-2-3. 債権各論の概要①（契約法）

（1）契約の成立

　契約は申込みと承諾によって成立する（民法522条1項）。Bが先にした「そのパソコンを5万円で買う」という意思表示が「**申込み**」であり、申込みを受けたAがした「このパソコンを5万円で売る」という意思表示が「**承諾**」である。Aが、もし先に売却の意思表示をすれば、そちらが申込みとなる。もちろんAは、申込みを断ることが可能だが、「7万円なら売る」などと交渉を続けることも可能である。この場合、Aは「新たな申込み」をしたものとみなされる（民法528条）。なお、申込みは、一度してしまうと撤回できない（民法521条1項、524条）。これを「申込みの拘束力」と呼んでいる。申込みを受けた側は、その申込みに承諾を与えれば契約を成立させることが可能となるが、そうした申込みを受けた者の信頼を保護するためである。

　ところで、契約はいつ成立するのだろうか。とくに、当事者が手紙でやり取りしている場合が問題となるが、承諾の意思表示が効力を生ずるとき、す

なわち相手に到達したときである（**到達主義**〔民法97条〕）。

　なお、民法は、当事者間の交渉を通じて契約内容を練り上げられ、最後に合意に至るという契約を想定しているが、現代社会においては、事業者が不特定多数の者との契約をすることを想定して、画一的な契約内容を作成し（たとえば、スマホを購入する際に、店頭でタブレット端末等で契約条項を確認したことがあるだろう）、相手方はただ、それに承諾するかしないかの選択権しか有しない場合が多い。こうした画一的な契約条項の総体を**定型約款**という（民法548条の2）。定型約款により契約する場合には、その旨の合意（もしくは定型約款を契約内容とする旨の表示）が必要である。

（2）双務契約の効力

　契約が成立すると、さまざまな効力が生ずるが、民法は、互いの債務が相対立している契約（これを「**双務契約**」という）においては、**同時履行の抗弁権**と**危険負担**という制度が用意されている。

ア．同時履行の抗弁権

　先ほどの例で、Aがパソコンを期日になっても引き渡してくれなかったとする。場合によっては、そのことが債務不履行となるが、しかしだからといって、それを理由に「では自分も代金を払わない」とBは法律上いえるだろうか。「いえない」とすると、たとえばAが破産した場合、Bは代金だけ支払ってパソコンはもらい損ねる結果となる。そこで民法は、相手方が履行の提供（目的物の持参などのこと）をするまでは、自分も履行を拒絶できる権利を与えた。これを「**同時履行の抗弁権**」という（民法533条）。「**抗弁権**」とは、相手が何か請求してきたときに反論（抗弁）のためにだけ認められる権利である。

イ．危険負担

　たとえば、Bが引き渡すはずだった予定のパソコンが、引渡日の前に隣家の火事で燃えてしまったとしよう。Bの債務は履行不能となるが、問題は、Aの代金債務はどうなるのか、という点である。この問題を**危険負担**という。この場合、Aは代金の支払いを拒むことができる（民法536条1項）。そうすると、火事によって目的物（パソコン）が滅失したことの危険（リスク）を、

引渡債務を負っているBが負担したことになることから、民法のこうした立場は危険負担における**債務者主義**と呼ばれている。もちろん、「代金を支払わなくてもよい」というだけで、契約自体が消滅するわけではないから、契約を消滅させるためには、履行不能に基づく契約解除（民法542条☞22-2-2の（1））が必要である。

（3）典型契約

　民法には13種類の契約が規定されている。これらを**典型契約**と呼ぶ。典型契約はさまざまなタイプの契約があるが、形式的観点からの分類として、当事者に対価の支払い義務がある「**有償契約**」とない場合の「**無償契約**」、物の引渡しよってはじめて契約が成立するタイプの「**要物契約**」、方式（書面）によって合意しなければ、契約が成立しない「**要式契約**」、何らの方式も要求されず、合意のみによって契約が成立する「**諾成契約**」などである。

ア．財産権移転型

　まず、目的物の所有権が移転するタイプの契約として、**贈与**と**売買、交換**がある。**贈与**とは、当事者の一方が財産を無償で相手方に与える意思表示をし、相手方がこれを受諾することによって成立する契約である（549条）。**売買**は、当事者の一方が財産権を移転することを約束し、相手方がこれに対して代金を支払うことを約束することによって成立する契約である（555条）。いずれも諾成、無方式の契約である。なお、売買契約は有償契約の基本となる契約であり、その規定は他の有償契約に準用される（民法559条）。売買は、経済的には金銭と目的物の交換であることから、広い意味では交換契約の一種ともいえそうだが、民法上の**交換**は、互いに金銭の所有権以外の財産権を移転することを約束する場面にかぎられている（民法686条）。

　なお、民法は「債権」自体も移転対象とすることを認めている。たとえば、いますぐ現金が欲しいが、債務者から支払いを受けるのが月末であるという場合に、その債権を他人に売却して（たとえば100万円の債権を80万円で売却）、現金を得るということが行われている。これを**債権譲渡**という（民法466条以下）。ただし、債権譲渡はつねに売買や贈与という形式で行われるわけではない。そこでこれに関する規定は債権総論に置かれている。

イ．貸借型

　次に、物の貸し借りに関する消費貸借、使用貸借、賃貸借がある。

　まず**消費貸借**とは、たとえばお金の貸し借りのように、借りた物を消費する代わりに、後日、借りた物と同種、同質、同量の物を返還することを約束する契約である。ただし、消費貸借においては、そうした約束に加えて、①目的物の交付によって成立するタイプの消費貸借（要物的消費貸借〔民法587条〕）と、②契約の成立にとって物の交付は必要ないが、書面の作成を要するタイプの消費貸借（書面による諾成的消費貸借〔民法587条の2〕）に分かれる。なお、金銭の消費貸借には、利息が付される場合が多く、そこでの利率は、契約自由（民法521条）により、当事者間で自由に決められるのが原則である。しかし、そうすると高利貸しが横行し社会の健全な発展を阻害する。そこで、利息制限法は制限利率を定めこれを超える利息の合意を無効としている（利息1条）。また一定の要件のもと出資法により貸主に刑罰が科せられることもある（出資5条各号）。

　使用貸借とは、当事者の一方が目的物を借主に無償で貸す契約である（民法593条）。これに対して**賃貸借**とは、目的物を有償で借主に貸す契約である（民法601条）。たとえば、学生が一人暮らしをするためにアパートを借りる場合は、この賃貸借が結ばれている。なお、不動産の賃貸借は、借主の生活や営業に直結する契約であることから、賃借人保護の観点から民法の規定を補充、修正するため特別法として借地借家法が設けられている。

ウ．労務提供型

　当事者の一方が相手方に労務（サービス）を提供するタイプの契約として、雇用、請負、委任、寄託がある。

　雇用とは、労働者が労働に従事し、これに対して使用者が報酬を支払うことを約束することによって成立する契約であり、諾成、無方式の有償契約である（民法623条）。労働基準法や労働契約法に詳細な規定があり、かつ、これらが優先的に適用されることから、今日、民法の規定の意義は乏しい。

　請負とは、請負人が仕事の完成を約束し、これに対して注文者が報酬を支払うこと約束することによって成立する、諾成、無方式の有償契約である（民法632条）。たとえば、建物を注文して請負人に建てさせる場合などがこれ

に当たる。

委任とは、委任者に依頼された事務を、受任者が処理する契約であるが、依頼された事務が法律行為の場合を「委任」といい（民法 643 条）、依頼された事務が事実行為の場合を「**準委任**」という（民法 656 条）。委任は、諾成、無方式の契約であるが、有償の場合と無償の場合があるが、いずれの場合であっても受任者は事務処理に当たり善管注意義務を負う（民法 644 条）。

寄託とは、寄託者が受寄者に対して物の保管を依頼する契約であり、諾成無方式の契約である（民法 657 条）。寄託は、有償の場合と無償の場合があるが、無償の場合には、自己に物におけるのと同一の注意をもって預かった物を保管すればよい（民法 659 条）。なお、銀行に金銭を預ける場合も寄託に当たるが、この場合、銀行は預かった金銭を消費し、預金者から払い戻し請求があった場合には同額の金銭の払い戻しをする。こうした場合を**消費寄託**と呼ぶ（民法 666 条）。

エ．その他

その他の典型契約としては、組合、終身定期金、和解がある。

組合とは、各当事者が出資して共同の事業を営むことを約束することによって成立する、諾成、無方式の契約である（667 条）。労働組合や農業組合（農協）、生活協同組合（生協）も「組合」ではあるが、これらはいずれも特別法により法人格を与えられているのに対して、民法上の組合が成立してもただちに法人格が与えられるわけではない。

終身定期金とは、当事者の一方が相手方に対して、自己または相手方または第三者の死亡に至るまで、定期に金銭等を相手方や第三者に給付することを約束することによって成立する契約である（民法 689 条）。

和解とは、互譲によって争いを止める契約である（民法 695 条）。和解が成立すると、以後和解の対象となった事項について、事実と異なることが判明したとしても、再びその点を争うことはできなくなる（民法 696 条）。

22-2-4. 債権各論の概要②（不法行為法）

（1）不法行為に基づく損害賠償請求

21-1 で見たように、契約違反のように債務者が債務を履行しなかった場合、

債権者は損害賠償を求めることができる。ところで、民法上、損害賠償が求められるのは、こうした債務不履行の場合だけではない。債権者・債務者という関係にはない人たちのあいだでも、損害賠償が求められる場合がある。その場合とは、不法行為がなされた場合である。

── 例① ──

Aが自転車に乗っているときに、自らの操作ミスで歩行者Bに接触しけがをさせた。Bは1週間入院することになり、20万円の治療費がかかり、また、1週間仕事を休んだ間に働けば得られたであろう10万円の収入を失った。

この場合、Bの治療費と失われた収入は、加害者であるAによって補填されなければならない。これが不法行為の問題であり、民法709条に規定されている。

不法行為は、刑事上の刑罰（☞24-1）と明確に区別される必要がある。不法行為は、**損害の公平な分担**という見地から、損害を与えた加害者に、その生じた損害の補填という民事上の損害賠償責任を負わせる制度であり、加害者に国家により制裁を加えることが目的である刑罰とは、まったく異なるものである。それゆえに、ある行為が犯罪になると同時に不法行為になることもあれば、犯罪にならないが不法行為になる場合、犯罪にはなるが不法行為にはならない場合も存在する（☞1-3）。これは不法行為の成立要件と、刑法上の犯罪の成立要件（☞26-1）が異なることから生じる。

不法行為を理由として損害賠償を請求するためには、①権利または法律上保護される利益が侵害されたこと、②行為者に故意または過失があること、③被害者に損害が発生していること、④行為と損害のあいだに因果関係が存在していること、が必要であり、これらの要件について、個別的に見ていくことにしよう。

（2）要件①：権利または法益の侵害

権利または法律上保護される利益が侵害されたという要件について、2004（平成4）年の民法改正以前の条文では権利侵害に限定されていたが、判例

では、厳密な意味では権利とはいえないものであっても、**法律上保護される利益**であればよいとされてきた。その流れを受けて、2004 年の民法改正において、条文上も「他人の権利又は法律上保護される利益を侵害した者」と規定された。

（3）要件②：故意・過失

わが国の民法においては、「**過失責任の原則**」（☞ 17-3 の（3））がとられており、損害が生じても、行為者に故意または過失がなければ、不法行為は成立しないとされる。

故意とは、結果の発生を意図すること、わざとすることである。過失については、かつては行為者がその行為の当時、十分に精神を緊張させていたかどうかという、内心的な心理状態に重点を置いて理解されていたが、現在では、予見が可能であり、注意をすれば防ぐことができたと考えられる結果について、それを回避すべき義務を怠ったという、客観的に判断できる結果回避義務違反として理解されている。

（4）要件③：損害の発生

故意または過失により、違法な行為が行われた（他人の権利または法益が侵害された）としても、被害者に損害が発生しなければ、不法行為は成立しない。損害には、財産的損害だけでなく、精神的な損害も含まれる。財産的損害は、けがをしたことによって出費しなければならなくなった治療費や入院費のような積極的損害と、本来は得られるはずであったのに、入院したことによって得られなくなった収入のような、消極的損害に分けられる（☞ 9-4）。精神的損害とは、違法な行為によって受けた精神的ショックのことであり、**慰謝料**により償われる。

（5）要件④：因果関係

不法行為が成立するためには、**因果関係**、すなわち故意または過失による行為が原因となり、その結果として損害が発生した、ということが証明されなければならない。例②のように、自転車でけがをさせたような場合には、

この証明が比較的容易ではあるが、公害事件や医療ミスの場合には、知識や情報の少ない被害者が、これを証明することは容易ではない。そこで、判例は、厳密な科学的証明までは要求せず、一般人（一般の人、ふつうの人、平均的な人）が疑いをさしはさまない程度の**高度の蓋然性**（確からしさ）の証明があれば足りるとしている。

（6）要件⑤：責任能力

　成立要件とは少し異なるが、加害者が、不法行為による損害賠償責任を負うためには、**責任能力**が必要である。つまり、責任能力のない者は、不法行為責任が免除されることになる。責任能力とは自らの行為が違法であり、法律上何らかの責任の発生させることを理解できる程度の判断能力のことである。

　民法は、責任能力を欠く場合について、未成年者の場合（712条）と成人の場合（713条）とに分けて規定している。前者は、年齢を原因とする知能の不足により、上記の判断能力を欠いている場合である。これについては、事件ごとに個別具体的に判断する必要があるが、おおよそ12歳前後の知能に達していない者であるといわれている。後者は、精神上の障害により、上記の判断能力を欠いている場合であるが、わざと多量の酒を飲んで自らを酩酊状態にして一時的に判断能力を失ったあいだに他人にけがをさせたような場合には、損害賠償責任は免除されない（713条但書）。

22-2-5.　不法行為の効果

　不法行為により生じた損害の賠償は、金銭によってなされるのが原則である（民法722条1項〔☞ 10-8の用例2〕）。ただし、名誉が毀損された場合には、金銭による損害賠償に代えて、またはそれとならんで、新聞紙上における謝罪広告など、名誉を回復するのに適当な処置が、判決により命じられることもある（723条）。

―― **練習問題** ――

〈確認問題〉

1．次の文章の（　①　）～（　④　）には最も適切な語句を入れ、下線部Ⓐ
　　～Ⓗには ［　］ のなかから正しいものを選びなさい。

（1）一般に、（　①　）とは「物に対する直接の支配権」と定義され、
　　（　②　）とは「特定の者に対して一定の行為を要求する権利」と定義さ
　　れる。したがって、人と物との関係に関わるのが（　①　）、人と人との
　　関係に関わるのが（　②　）である。XとYが、同じ土地について、同時
　　に単独の所有権を有することはⓐ［ア 可能／イ 不可能］であり、Xの
　　所有権が完全に成立するとき、Ⓑ［ア Yにも所有権が成立する余地があ
　　る／イ Yは排除される］。このように、物権には排他性がⓒ［ア ある／
　　イ ない］。

（2）X劇場に出演する契約をしている歌手Sが、同日の同時刻にY劇場にも
　　出演する契約をしたとき、XのSに対する債権とYのSに対する債権は、
　　Ⓓ［ア どちらも完全に成立する／イ 前者のみが成立する／ウ 後者のみ
　　が成立する／エ どちらも成立しない］。このように、債権には排他性が
　　Ⓔ［ア ある／イ ない］。

（3）物権は、その種類・内容が法律上、制限されてⒻ［ア おり／イ おらず］、
　　物権の種類や内容を当事者が自由に決めることはⒼ［ア できない／
　　イ できる］。これを、（　③　）という。

（4）債権の種類や内容は、当事者が契約によって自由に決めることがⒽ
　　［ア できる／イ できない］。これは、（　④　）の原則の帰結である。

2．次の文章の（　）のなかに最も適切な語句を入れなさい。

　　物を全面的に支配することができる権利を、（　①　）と呼ぶ。（　①　）は、
　　物を実際に支配しているかどうかに関わりなく存在する権利であるが、物の
　　現実の支配に基づいて認められる権利を（　②　）と呼ぶ。また、（　①　）
　　のように全面的な支配権ではなく、土地の使用価値のみを支配する権利は、
　　（　③　）と総称される。（　③　）のなかには、工作物・竹木の所有を目的
　　として他人の土地を利用する権利である（　④　）、耕作または牧畜の目的
　　のために他人の土地を利用する権利である（　⑤　）、ある土地の便益のた
　　めに、他人の土地を利用する権利である（　⑥　）、村落など一定の地域に
　　住む住民集団が山林などから、薪や山菜をとるなどの収益をする慣習上の権
　　利である（　⑦　）がある。担保物権とは、債務者もしくは第三者の財産を、

直接に債権回収の確保手段に当てるものであるが、当事者の契約によって設定される約定担保物権として、（　⑧　）や（　⑨　）、当事者の意思に関わりなく、法律上の要件を満たすことによって発生する法定担保物権として、（　⑩　）や（　⑪　）がある。

3．次の文章の（　①　）〜（　⑨　）には最も適切な語句を入れ、下線部Ⓐ Ⓑには［　　］のなかから正しいものを選びなさい。

物権がいつ変動するかについて、わが国は（　①　）の立場をとっている。しかし、不動産の場合、（　②　）をしていないと、物権の変動を第三者に対抗することができない。たとえば、AがBに自己所有の土地を譲渡したのちに、Aは同じ土地をCにも譲渡したとする。この場合Ⓐ［ア　先に譲渡されたBが土地の所有権を取得する／イ　BもCも登記をするまでお互いに所有権を取得できない］。動産の場合は（　③　）が第三者への対抗要件となる。（　③　）には、（　④　）、（　⑤　）、（　⑥　）、（　⑦　）がある。AがBに貸していた本を、Bが自分のものとしてCに売却した場合、Cが善意・無過失であるならば、AはCに対して本の返還を請求できない。これを（　⑧　）という。この制度は、Bが有している占有を信頼した、Cを保護しようとするものである。このように、動産の占有には、その外観を信頼した者を保護する効力が与えられており、この効力を（　⑨　）と呼ぶ。不動産の場合は、無権利者である登記名義人から、その公示方法である（　②　）を信頼して購入した者は、その（　②　）が真実であった場合と同じ権利を取得することがⒷ［ア　できる／イ　できるとはかぎらない］。

4．次の文章の（　）のなかに最も適切な語句を入れなさい。

（1）債権は、契約から生ずる（　①　）と、事務管理、不当利得、不法行為から生ずる（　②　）がある。発生した債権が、正しく履行されない場合を（　③　）というが、これは、債務の履行が不能となった場合である（　④　）、履行期を過ぎても履行がなされていない場合である（　⑤　）、履行はなされたが不完全な方法でなされた場合である（　⑥　）に分かれる。そして、こうした場合に債権者には、（　⑦　）（民法415条）や（　⑧　）（民法541条、542条）といった救済手段が用意されている。（　⑦　）を相手方に対してする場合には、債務者に（　⑨　）がなければならない。これは、（　⑩　）主義の帰結である。

（2）契約は、先の申し出である（　①　）と、それに対する応諾である（　②　）によって成立する（民法522条）。とくに、双務契約が成立すると、民法533条の（　③　）や、民法536条の（　④　）といった効力が生ずる。民法には、そのほかに契約の基本モデルである13種類の

（　⑤　）を定めている（13 種類すべて言えるか確認しよう）。

5. 次の文章の（　①　）〜（　⑦　）には最も適切な語句を入れ、下線部Ⓐ
　Ⓑには ［　］のなかから最も適切なものを選びなさい。

　　不法行為は、損害の公平な分担という見地から、損害を与えた加害者に、
その生じた損害の補塡という民事上の（　①　）責任を負わせる制度であり、
刑法上の刑罰とは異なるものである。不法行為の成立要件と犯罪の成立要件
は異なるが、不法行為が成立すると同時に犯罪が成立することはⒶ［ア　あ
りえない／イ　ある］。
　　わが国の民法は、その三大原則の 1 つとして、（　②　）をとっているので、
不法行為が成立するためには、行為者に故意または過失が必要である。故意
とは、結果の発生を意図すること、わざとすることであり、過失とは、かつ
ては主観的過失であるととらえられていたが、現在は客観的な（　③　）に
違反したことであるととらえられている。次に、行為者に故意または過失が
ある場合においても、被害者に損害が生じていなければ不法行為は成立しな
い。損害には、財産的損害だけではなく、精神的な損害も含まれる。財産的
損害は、けがをしたことによって出費した治療費や入院費のような
（　④　）と、本来は得られるはずであったのに、入院したことによって得
られなくなった収入のような（　⑤　）に分けられる。さらに、不法行為が
成立するためには、故意または過失による行為が原因となり、その結果とし
て損害が発生したということ、すなわち行為と結果とのあいだの（　⑥　）
が証明されなければならない。これらの不法行為の成立要件はⒷ［ア　加害
者／イ　被害者］側が証明しなければならない。成立要件とは少し異なるが、
加害者が不法行為による損害賠償責任を負うためには、（　⑦　）が必要で
ある。つまり、（　⑦　）のない者は、不法行為責任が免除されることになる。

〈発展問題〉

6. 解除の要件について述べた次の各文が正しければ○を、誤りであれば×
　をつけなさい。また、誤っているものに関しては、どの点に誤りがあるか
　説明しなさい。

（1）定期行為の履行遅滞の場合には、無催告解除が可能である。
（2）履行期を過ぎれば、債権者はつねに契約解除が可能である。
（3）履行不能に基づく解除の場合には、履行が可能となる可能性があるので、
　　履行期まで待って解除の意思表示をしなければならない。
（4）定期行為の履行遅滞であっても、催告をしないと解除はできない。

23. 親族法と相続法

　ここでは、民法の親族編と相続編（あわせて家族法と呼ぶ〔☞ 17-2-2 の
(2)〕）について学ぶこととする。

23-1.　親族法

23-1-1.　親族を示す概念

　はじめに親族の範囲について確認すると、民法は①6 親等以内の血族、②
配偶者、③3 親等以内の姻族を「親族」と規定している（民法 725 条）。

　まず、**血族**とは、血のつながりのある関係を指す言葉である。親子、兄弟
姉妹は血族であるが、**配偶者**（夫婦の一方から見た他方のこと）は血族では
ない。**姻族**とは、配偶者の血族または血族の配偶者である。

　血族と姻族のなかには、**直系**と**傍系**の区別がある。直系とは上下に連なる
関係（父母、祖父母、子、孫）を指し、傍系とは、自らと同一の祖先から分
岐し、直下した形で連なる関係にある者（兄弟姉妹、いとこ）を指す。**親等**
とは、親族間の遠近を示す概念であり、数が小さい者ほど近い親族関係にあ
ることになる。その数え方は民法 726 条に規定されている。つまり、直系血
族間においては、両者間の世代の数を数えて数が決定される（同条 1 項）。傍

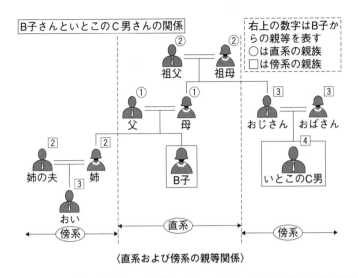

〈直系および傍系の親等関係〉

系血族間では、一方から同一の先祖にさかのぼり、その先祖から他方に下るまでの世代数を数える（同条2項）。

23-1-2. 家族の形成

（1）婚姻

婚姻とは、家族関係を構成するための行為であるが、婚姻届の提出（民法739条1項）をともなう**法律婚**と、婚姻意思を確認しあった者どうしが共同生活を開始する**事実婚**とに二分される。これらに加えて、各自治体ではパートナーシップ制度も認められており、婚姻制度における多様性への対応が必要である。民法における婚姻とは、上の法律婚に関する規律であるが、婚姻全体に共通する点が多々ある。たとえば婚姻や養子縁組について、能力制度における本人保護や意思表示における本人または相手方保護のための取消しや無効を主張することはできない。家族になろうとする意思は、最も尊重されねばならないからである。

現行民法では男子18歳以上、女子16歳以上なら、父母の両方または一方の同意があれば婚姻できる（民法731条、2022年から男女一律18歳となる）。婚姻したら、自分でアパートを借りるなど、法律行為（契約など〔☞19-1-2、22-2-3〕）の当事者になれないと不都合なので、婚姻時には未成年者でも、婚姻後

には成年として扱われ、行為能力の制限なく取引ができる。これを、婚姻による成年擬制（民法753条）といい、未成年者であるあいだに離婚したとしても、そのまま変わらずに成年として扱われる（ただし、この制度は2022年にはなくなる）。

　婚姻の効果として、夫婦は同氏を名乗ることとなり、同居・協力・扶助の義務を相互に負う（民法752条）。そのためにも、配偶者間には日常家事代理権（761条）があり、いちいち権限を与えなくとも、配偶者の代理人として、クリーニング店に預けた衣類の受け取りや、生活用品の購入など、日常生活に関する取引ができる。日常家事の範囲は、家族生活のあり方によって異なるが、生活の基盤に関わるような、たとえば住居としている不動産の売却などについては、代理権は認められない（☞20-1〔代理制度〕）。

（2）親子

　親子関係には、血縁上の関係に基づく**実親子関係**と、人為的な関係による**養親子関係**がある。実親子関係では、その子の出生が法律婚によるか法律婚外であるかで、嫡出子、非嫡出子と差別している。これは国際的に立ち後れているだけでなく、児童の権利に関する条約（1989年）にも反した状況であり、2013年には相続分の差別（2013〔平成25〕年改正前の民法900条4号但書）は違憲と判断され、撤廃された。

　いずれの子についても、未成年者である間は親が**親権**を行使する。親権とは、未成年の子に対して、親が生活を守り、社会生活に必要な教育などを与えるために認められた権利義務の総称である。法律婚の両親の下では、子にとっての親権者は両親であるが（共同親権が原則〔民法818条3項本文〕）、両親が離婚すると、どちらか一方だけが親権者となる（民法819条1項）。親権者が死亡などでいなくなると、家庭裁判所が選んだ未成年後見人がその子の親権を行う。親権者は、未成年の子の法定代理人（☞18-1-2（3））となり、子の利益のために、子の代理人となって取引行為をすることとなるが、子の所有するあらゆる財産を、自分の都合で利用することは許されない。このような行為を、**利益相反行為**という。たとえば、親が子の代理人となって、子の財産を親に贈与する契約を結ぶような場合である。このような利益相反行為を

する場合には、親権者は子の代理人として、特別代理人を選ばなくてはならない（民法826条）。

父または母による虐待または悪意の遺棄があるとき、その他、父または母による親権の行使が「著しく」困難または不適当であることにより子の利益を著しく害するときは、子、その親族等の請求により、家庭裁判所は、その父または母について、**親権喪失**の審判をすることができる（民法834条）。一方の親が親権を喪失する場合には、他方の親の単独親権となり、双方の親が親権を喪失する場合には、未成年後見が開始する。親権を喪失しても親でなくなるわけではないので、子の扶養義務（民法877条1項）を負い続け、また相続権にも影響はない。親権喪失は効果が強力すぎるため、いわゆる医療ネグレクトのような一定期間親権を制限すれば（子どもを病院に連れて行かない親に代わって他の者が病院に連れて行くなどすれば）、それで対応可能な事案には不向きとされてきた。そこで**親権停止**制度が創設された（2011〔平成23〕年改正）。親権の行使の困難または不適当な場合には、子、その親族等の請求により家庭裁判所は、その父または母について、親権停止の審判をすることができる。停止期間は2年を超えない（民法834条の2第1項）。

23-1-3. 家族関係の終了

縁組による家族関係は、当事者の意思によって解消することができる。婚姻関係の解消については離婚、養親子関係の解消については離縁という。

離婚については、協議、調停、審判、裁判という手続があるが、いずれも離婚意思が焦点となる。協議離婚は、当事者が離婚について合意し、離婚届を作成することによって成立する（民法763条、764条、739条）。この合意が得られない場合、離婚を望む配偶者の一方は、家庭裁判所に調停を申請する。調停が整わない場合に、家庭裁判所が審判により、親権などを定める（家事審判法）。これらの手続を経ても、当事者に納得のいく結果が得られない場合や、相手方配偶者が生死不明や精神病などの事情により、意思表示ができない場合には、裁判に訴えることとなる。これを裁判離婚という。

民法770条では、離婚の要件が挙げられている。このうち、同条1項1号、同条2項で、離婚を求めて訴えられる側に配偶者を異性として裏切る不貞行

為などがあることが、離婚原因として定められている。離婚原因をつくった当事者を有責配偶者というが、不貞行為に関する判例では、以前は、有責配偶者からは離婚を申し出ることはできないとする有責主義がとられていた。しかし現在では、現実の婚姻関係がどのような状況にあるかを重視するようになり、婚姻関係が破綻して 5 年以上経過していれば、有責配偶者からも離婚の申出ができるとする、破綻主義がとられている。離縁でも、離婚と同様の手続がなされるが、破綻主義はとられていない。離婚の効果は、財産分与（民法 768 条）と、婚姻前の姓に戻す復氏（民法 767 条）、子の親権者の決定（民法 766 条）などである。一方の親が親権を失ったとしても、親が子の生活費をまかなう義務である扶養義務は残る。離縁でも、同じく復氏などがその効果である。

23-2. 相続法

23-2-1. 相続とは

　<u>相続</u>とは、被相続人の死亡と同時に開始する、相続人への包括的な権利義務の承継である（民法 882 条、896 条）。相続開始と同時に被相続人の権利義務が承継される以上、相続人は、相続開始時に権利能力を有する主体として存在する必要がある。これを**同時存在の原則**という。胎児の権利能力に関する規定（民法 886 条 ☞ 18-1-2 の（1））はこの原則の例外を定めたものであるといえる。

　相続開始が開始すると、次のようなプロセスをたどる。まず、相続人は、**相続放棄**（民法 915 条、939 条）をするか否かを熟慮期間（ 3 カ月）内に決定しなければならない。相続放棄がされると、相続人だった者の相続権は相続開始時にさかのぼって消滅し、はじめから相続人ではなかったこととなる。熟慮期間を過ぎても相続放棄しない場合には、法が定めた相続分率（**法定相続分**〔☞ 23-2-2 の（3）〕）に従い被相続人の権利義務を承継する（**法定単純承認**〔民法 921 条 2 号〕）。相続人が複数いる場合には、その後、**遺産分割**がなされる（☞ 23-2-3）。

23-2-2. 相続人と相続順位、相続分

(1) 相続人

相続人とは、被相続人の相続財産を包括承継することができる一般的資格をもつ者をいうが、配偶者相続人と血族相続人に分かれる。配偶者は血族相続人と同順位で相続人となる（民法890条）。配偶者はつねに相続人となり、①血族相続人がいる場合にはその者と共同で、②血族相続人がいない場合には単独で相続人となる。内縁配偶者には相続権が認められない。これは、相続が戸籍に基づいて画一的に行われる必要があるためである。

(2) 相続順位

血族相続人には、順位があり、それぞれ以下の者がなる。第1順位の血族相続人は「子」である（民法887条）。子が被相続人よりも先に死亡している場合には、孫・ひ孫が相続することがある（**代襲相続**という。）「子」であれば、嫡出・非嫡出、養子・実子を問わず同順位で相続できる。第2順位の血族相続人は「直系尊属」（民法889条1項1号）である。第1順位の血族相続人がすべていないときに相続人となる。被相続人と親等の近い順に相続する（民法889条1項1号但書）。第3順位の血族相続人は「兄弟姉妹」である。

(3) 相続分

それでは、これらの相続人はどのような割合で相続財産を相続するのだろうか。そうした割合のことを「**相続分**」というが、これには①相続財産に対する抽象的な持ち分割合である「**相続分率**」（民法900条など）と、相続分率と特別受益（☞後述例④）に従い計算された具体的な取り分である「**具体的相続分**」（民法903条）がある。「相続分率」は、遺言がなければ、民法900条、901条が定めている法定相続分の割合に従うこととなる。遺言でこれと異なる割合が指定することが可能であるが（民法902条1項）、そうした場合の相続分を「**指定相続分**」という。

法定相続分は次のルールに従って決定される。民法900条1号から3号は、配偶者と第1から第3順位までの血族相続人ごとの組み合わせにより、法定相続分を規定しており、配偶者と血族相続人は常に同順位となる（民法890条）。

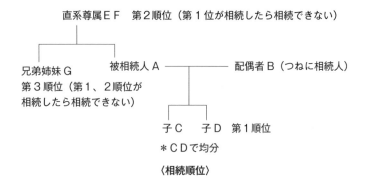

〈相続順位〉

ただし相続分が等しいわけではない。同順位の血族相続人が複数いる場合は、原則として人数で等分される（**均分相続の原則**〔民法 900 条 4 号〕）。

> **例①**
>
> Aには配偶者Bと子 CDE がいた。Aが死亡した場合の各人の相続分はどうなるか。相続財産は 3000 万円とする。

　例①の場合、配偶者Bと第 1 順位の子 CDE の相続分は 2 分の 1（民法 900条 1 号）となり、子 CDE は 2 分の 1 をさらに 3 人で均分する（＝各 6 分の1）ため、B＝1500 万円、CDE＝各 500 万円となる。2013（平成 25）年までは非嫡出子の相続分を嫡出子の 2 分の 1 とする規定が存在した。最高裁は、旧 900 条 4 号但書前段を違憲と判断し、現在同規定は削除され存在していない（最大決平 25・9・4 民集 67 巻 6 号 1320 頁）。

> **例②**
>
> Aには配偶者Bがいたが、子はなく、父母 CD がいたとする。各人の相続分はどうなるか。相続財産は 3000 万円とする。

　例②の場合は、民法 900 条 2 号により、「配偶者の相続分：第 2 順位の相続分＝3 分の 2：3 分の 1」となる。したがって、B は 2000 万円、CD は各500 万円相続することとなる。

> #### 例③
>
> Aには配偶者Bがいたが、子はない。Aが死亡したとき、すでに直系尊属は死亡していたが、Aの兄弟CDがいたとする。各人の相続分はどうなるか。相続財産は3000万円とする。Cが半血兄弟の場合はどうか。

　例③の場合は、民法900条3号により「配偶者の相続分：第3順位の相続分＝4分の3：4分の1」となる。そして、兄弟姉妹が複数いる場合は均分（民法900条4号本文）されるので、配偶者Bは2250万円、兄弟CDは各375万円となる。

　兄弟姉妹がAと父母の一方を異にする場合（半血兄弟）の場合には、民法900条4号但書により、父母を同じくする兄弟の半分となることから（D：C＝2：1）、配偶者Bは2250万円、兄弟Dは500万円、半血兄弟Cは250万円となる。

> #### 例④
>
> Aが死亡し、子BとCがAの相続財産4000万円を相続した（配偶者はすでに死亡しているものとする）が、Aの生前、Bは、自宅を購入する際に、Aから2000万円援助を受けていた。Cは、相続財産4000万円のうちBが2分の1をそのまま相続するのは不公平であると感じている。

　903条は、共同相続人のなかに、被相続人から「遺贈」や一定の「贈与」を受けた者がある場合に、その財産を「**特別受益**」として考慮して、具体的相続分を算定する旨規定する。具体的には、次のように算定される。

①相続時の財産＋特別受益＝**みなし相続財産**
②「みなし相続財産」×法定相続分＝**一応の相続分**
③「一応の相続分」－特別受益＝**具体的相続分**

　例④の場合、みなし相続財産は、相続財産4000万円＋Bの特別受益2000万円＝6000万円となる。なお、計算上、Bの受けた利益を遺産の額に戻すことを「**持ち戻し**」という。そして、Bの具体的相続分は、②6000万円×

1/2 ＝ 3000 万円（一応の相続分）　→③ 3000 万円 − 2000 万円 ＝ 1000 万円（具体的相続分）となる。Cの具体的相続分は、② 6000 万円 × 1/2 ＝ 3000 万円（一応の相続分）　→③ 3000 万円 − 0 ＝ 3000 万円（具体的相続分）となる。

例⑤

Aには死亡時に子 BC がいた（配偶者はすでに死亡しているものとする）。相続財産は 4000 万円であった。BはAの仕事を手伝い、Aの財産の維持増加に勤めたのに対して、Cは何も協力してはいなかった。

　民法 904 条の 2 は、共同相続人のなかに、被相続人の財産の維持増加について、特別の寄与をした者がいる場合には、その者の「**寄与分**」を考慮して具体的相続分を定めることとしている。具体的には次のように算定される。

　①相続開始時の財産 − 寄与分 ＝ みなし相続財産
　②みなし相続財産 × 相続分 ＝ 一応の相続分
　③一応の相続分 ＋ 寄与分 ＝ 具体的相続分

　かりに、Bの寄与分が 2000 万円の場合には、Bの具体的相続分は① 4000 万円 − 2000 万円 ＝ 2000 万円（みなし相続財産）、→② 2000 万円 × 2 分の 1 ＝ 1000 万円（一応の相続分）、→③ 1000 万円 ＋ 2000 万円 ＝ 3000 万円（具体的相続分）となる。

23-2-3. 遺産分割

　相続人が複数存在する場合、相続財産はひとまず共有とされる（898 条）。しかし、これは一時的・暫定的状態である。相続財産の最終帰属先を決定し、価値を分配する手続が必要となるが、これが**遺産分割**である。相続人が複数いる場合には、前述のように、遺産の共有状態から出発するが、遺産分割が行われると、相続開始時にさかのぼって、被相続人から相続人に対して権利・義務が承継されることとなる（民法 909 条〔遺産分割の遡及効〕）。

23-2-4. 遺言と遺留分

（1）遺言

　遺言は、人が自身の死後にその効力を生じさせることを意図してする身分上・財産上の意思表示であり、遺言は遺言者の死亡後に効力が生じる法律行為（単独行為〔☞ 19-1-2〕）である（985条）。遺言は大きく分けて、普通方式遺言と特別方式遺言がある。まず、普通方式遺言については、**自筆証書遺言**（遺言者による自筆が絶対条件となっているもの〔民法968条〕）、**公正証書遺言**（遺言内容を公証人に口授（公証人に直接、遺言内容を述べること）し、公証人が証書を作成する方式で、証人2名の立ち合いが必要〔969条〕）、**秘密証書遺言**（遺言内容を秘密にしつつ公証人の関与を経る方式〔970条〕）がある。特別方式遺言とは、普通方式遺言が不可能な場合の遺言方式であり（死亡危急時遺言〔976条〕や難船時遺言〔979条〕）、普通方式遺言が可能になってから遺言者が6カ月間生存した場合は、遺言は無効となる（民法983条）。遺言は、上記のように厳格な要式行為であることに加え、遺言でできる法律上の行為（法定遺言事項）も限定されている（民法781条2項、893条、964条、1006条、1022条）。

（2）遺留分

　　例⑥

　Aには死亡時に配偶者Bと子CDがいた。Aは、自分の出身大学Eに全財産（1億円）を包括遺贈する旨の遺言を作成し死亡した。

　Aは遺言によって他人に財産を承継させることができる（民法964条）。これを**遺贈**といい、財産を承継する者を**受遺者**という。なお例中の「包括遺贈」とは、特定の財産を指定せずに包括的な割合を示して遺贈する場合である。

　ところで、Aには遺族BCDがいるにもかかわらず、遺贈によって、全財産をE大学に帰属させてしまってよいのだろうか。民法は、こうした場合に、一定の範囲の法定相続人（兄弟姉妹以外の相続人〔1042条柱書〕）に対して、

最低限保障される遺産の取得分を認めた。これを**遺留分**という。遺留分の
割合は以下のとおりである。

遺留分権利者	遺留分の割合
① 配偶者のみ	2分の1（民法1042条2号）
② 子（その代襲相続人）のみ	
③ 配偶者＋子（その代襲相続人）	
④ 配偶者＋直系尊属	
⑤ 直系尊属のみ	3分の1（同条1号）

　遺留分権利者が複数人いる場合には、相続分の割合で遺留分が計算される
（民法1044条、900条）。例⑥の場合、表の②の場面に当たることから、5000万
円がBCDのための遺留分となる。そして、この5000万円をBCD各人の相
続分（Bは2分の1、CDは各4分の1）に従い、計算された金額が、各相
続人の遺留分額となる。そして、これをEが侵害している分（遺留分侵害
額）について、各相続人は、受遺者に対して、金銭の支払いを請求できる
（**遺留分侵害額請求**〔民法1046条〕）。

―― 練習問題 ――

〈確認問題〉

1．以下の文章の空欄に適切な語句を補充しなさい。

　　民法は6親等以内の（　①　）、（　②　）、3親等以内の（　③　）を「親
族」としている（民法725条）。
　　婚姻とは、家族関係を構成するための行為であるが、婚姻届の提出（民法
739条1項）をともなう（　④　）と、婚姻意思を確認し合った者どうしが
共同生活を開始する（　⑤　）とに二分される。
　　親子関係には、実親子関係と（　⑥　）関係がある。実子の相続分につい
て、（　⑦　）と非（　⑧　）とのあいだにかつて存在した差別は、撤廃され
ている。家族関係を結ぶことを総じて縁組といい、これは婚姻と（　⑨　）
関係とに共通する。当事者間で家族関係を断ち切ることを、婚姻では離婚、
（　⑨　）では離縁という。両者の違いは離婚では破綻主義がとられ、

（　⑩　）からの離婚請求が認められうる点である。

2．以下の文章の空欄に適切な語句を補充しなさい。

相続とは、被相続人の（　①　）と同時に開始する、相続人への権利義務の包括的な承継である。この権利義務を承継する者が相続人であるが、相続人には、（　②　）相続人と（　③　）相続人がいる。（　②　）はつねに相続人となり、（　③　）がいる場合は、その者と共同で、いない場合には単独で相続人となる。相続の順位について民法は次のように定めている。まず、第1順位の相続人は、（　④　）である。（　④　）が、被相続人よりも先に死亡している場合には、孫、ひ孫が相続人となるがこれを（　⑤　）という。第2順位の相続人は、（　⑥　）である。最後に、第3順位の相続人は（　⑦　）である。配偶者と各順位の相続人が受ける相続分については、特段の事情がないかぎり法定相続分が適用される。ただし、生前に相続人が被相続人から贈与を受けていた場合（これを（　⑧　）という）や被相続人の生前、特定の相続人が遺産の維持増加に寄与した場合（これを（　⑨　）という）には、それらが考慮された相続分が算定される。こうした相続分を（　⑩　）という。

遺言者は、遺言によって死後の遺産の処分を決定することができるが、遺言は厳格な方式主義がとられており、普通方式遺言による場合には（　⑪　）（　⑫　）（　⑬　）のいずれかによらなければならない。遺言によって財産を他人に譲り渡すことを（　⑭　）というが、これによって、全財産を特定個人に譲り渡す場合には、遺族の生活に影響が生ずることがありうる。そこで民法は、一定の割合で、受贈者に対して遺産の取戻しを請求できる権利を相続人に与えている。これを（　⑮　）請求という。

―― **Part 4　実力確認問題（法学検定〔ベーシック〕より）**――――――

問題1　権利能力に関する以下の記述のうち、誤っているものを1つ選びなさい。

1．自然人の権利能力は、出生にはじまる。
2．胎児は、遺贈について、すでに生まれたものとみなされる。
3．外国人は、権利能力を有しない。
4．自然人の権利能力は、死亡によって消滅する。

問題2　成年被後見人に関する以下の記述のうち、正しいものを1つ選びなさい。

1．成年被後見人とは、精神上の障害により事理を弁識する能力を欠く常況にあるとして、家庭裁判所による後見開始の審判を受けた者をいう。
2．成年被後見人は、一切の法律行為について、行為能力を制限される。
3．成年被後見人は、成年後見人の同意を得れば、確定的に有効な法律行為を自らすることができる。
4．成年被後見人は、事理弁識能力を回復することにより、当然に、行為能力者となる。

問題3　物に関する以下の記述のうち、誤っているものを1つ選びなさい。

1．民法において、物とは、有体物をいう。
2．物は、不動産と動産に二分される。
3．不動産は、土地または建物に二分される。
4．従物は、主物と別に処分することができる。
5．木から収穫される木の実は、天然果実と呼ばれる。

問題4　意思表示に関する以下の記述のうち、誤っているものを1つ選びなさい。

1．心理留保とは、自らの真意でないことを知りながらする意思表示のことである。
2．虚偽表示とは、虚偽の情報による勘違いを原因としてする意思表示のことである。
3．詐欺とは、相手方を欺罔して意思表示をさせることである。
4．強迫とは、相手方を畏怖させて意思表示をさせることである。

問題5　錯誤に関する以下の記述のうち、誤っているものを1つ選びなさい。

1．表示に対応する意思の欠ける意思表示は、錯誤を理由としてその取消しが認められることがある。
2．意思表示をした者が、法律行為の基礎とした事情について、その認識が真実に反していたときは、錯誤を理由として、その取消しが認められることがある。
3．錯誤に基づく意思表示が取消し可能なものとなるためには、その錯誤は法律行為の目的および取引上の社会通念に照らして重要なものであることが必要である。
4．錯誤が、それに基づく意思表示をした者の過失によるものであった場合は、意思表示の取消しをすることができない。

問題6　代理に関する以下の記述のうち、誤っているものを1つ選びなさい。

1．代理人は、本人が選任することも、本人以外の者が法律の規定に基づいて選任することもある。
2．代理人が有効に代理行為を行うためには、代理権の範囲内で行為するのみならず、行為の際に本人の名を明示する必要がある。
3．代理人が有効な代理行為をした場合、その行為の効果は本人と相手方とのあいだで直接発生する。
4．権限の定めのない代理人も、保存行為をすることができる。

問題7　無効・取消しに関する以下の記述のうち正しいものを1つ選びなさい。

1．無効な行為は、当事者が無効であることを知りつつ追認すれば、行為の当時にさかのぼって有効となる。
2．取り消すことができる行為は、取り消されるまでは有効であり、取消しによって行為の当時にさかのぼって無効となる。
3．未成年者であることを理由として契約が取り消すことのできるものとなった場合、この契約は、未成年者本人からも相手方からも取り消すことができる。
4．未成年者であることを理由として契約が取り消すことのできるものとなった場合、未成年者本人は成年に達する前であっても、自ら追認することによってこの契約を確定的に有効なものとすることができる。
5．無効な契約に基づく債務の履行として給付を受けた者は、相手方を現状に服させる義務を負うが、取り消された契約に基づく債務の履行として給付を受けたものはこうした義務を負わない。

Part 5

刑　　法

24. 刑法：イントロダクション

24-1. 刑法とは何か

　刑法とは何だろうか。一言でいえば犯罪と刑罰に関するルールであって、たとえば泥棒を窃盗罪で処罰するときに適用される。学習の大部分は犯罪の成否に関わる部分である。なじみのない条文も少なくないので、本格的な学習の前に本章で刑法という法律の全体像を見ておこう。まず、刑法という法律は、第1編総則と第2編罪の2つに分かれる。総則とは、民法で学んだように一般的なルールのことである。

24-2. 総則

①適用範囲（1〜8条）
　総則の最初には、適用範囲に関する規定がある。たとえば以下のような場合は日本の刑法は適用されるのだろうか。

> **例①**
> 日本を旅行中のドイツ人Xが、たまたま会った、日本を旅行中のイタリア人が持っていた財布をすりとった。

　第1条1項は「日本国内において罪を犯したすべての者に適用する。」と定めているから、例①では、Xに日本の窃盗罪（235条）が適用されることになる。2条から4条までは、一定の場合に国外で行われた行為についても日

本の刑法が適用される場合について定めている。ただ、こうした適用範囲の規定は、犯罪と刑罰そのものに関するものではないため、大学における刑法の学習においてはあまり扱われない。

②刑罰（9〜34条の2）

9条からは、刑罰についての規定である。刑罰の種類や、執行猶予を付すことができる場合（25条など）が定められている。

③犯罪の不成立（35〜42条）

35条から41条は、「……罰しない」という規定が続く。これらは、犯罪の成立を妨げるものである。たとえば以下のような場合を考えてみよう。

例②

日本を旅行中のドイツ人が、たまたま会った、日本を旅行中のイタリア人から殴りかかられたので、仕方なく突き飛ばして逃走した。

Xは人を突き飛ばしているから、暴行罪（208条）によって処罰されるように見えるかもしれない。しかし、正当防衛（36条1項）が適用されるので、「罰しない」という効果が生じる。35条から41条は、そのような処罰しない特別の理由を定めている。それらは犯罪の成立と関連するものなので、刑法の学習においてはとくに重要である。

なお、42条の自首は犯罪が成立したあとの問題なので、大学の学習では滅多に扱わない。

④未遂（43〜44条）

43条は未遂罪そのもの、44条は未遂の定め方に関する規定である。未遂犯も犯罪の1つなので、とくに重要である。**28**で詳述する。

⑤罪数（45〜54条）

54条からあとは、1人で複数の犯罪行為を行った場合について定めている。

例③

Xは、新宿の路上で通行人の財布をすりとったあと、上野でも別の通行人から財布をすりとった。

Xは2つの窃盗行為を行っている。窃盗罪の刑の長期（上限）は懲役10年であるから、Xに科される刑罰は最高懲役20年かというとそうではなくて、懲役15年が上限である。それは、上記2つの窃盗罪が併合罪（45条）の関係に立ち、その場合は2つの刑の合計を上限とするのではなく、重いほうの長期の1.5倍を上限とするという規定（47条）があるからである。

では、以下のような場合はどうだろうか。

例④

Xは、Aの家で空き巣を行った。

この場合も、Xは2つの犯罪を実行している。窃盗罪（上限は懲役10年）と住居侵入罪（上限は懲役3年〔130条〕）である。しかしこの場合は、両者が手段と結果の関係に立つので、合計でも1.5倍でもなく、「最も重い刑により処断する」（54条）。そのため、Xに科しうる刑の上限は懲役10年である。

45〜54条は、このような**罪数**に関する規定である。犯罪そのものとは直接の関わりはないが、事例問題で複数の犯罪行為が成立したときのために理解しておくとスマートである（ただし、刑法総論の授業の最後にすこし扱われる程度であろう）。

⑥共犯（60〜65条）

複数人による犯罪行為を共犯と呼び、60〜65条が定めている。犯罪と関連する規定であるから、とくに重要である。**28**で詳述する。

⑦刑の加重減軽（66〜72条）

66〜72条では、酌量減軽と、実際に刑を加重減軽する際の方法について定めている。実務的には重要であるが、犯罪の成否と関連しないため、大学で学ぶことはあまりない。

なお、73〜76条は削除されたため、存在しない。

24-3.　第2編　罪

　77条から264条までが、「第2編　罪」である。殺人罪や窃盗罪などの個別の犯罪が定められている。大学では、「刑法各論」や「刑法2」という名称の科目で学ぶ。これらは第1編総則の規定がすべて適用されるので、たとえば例②で学んだ正当防衛は、殺人罪にも暴行罪にも適用される。

　第2編については、**29**で詳しく学ぶ。

　最後に、刑法の全体像を図にまとめておこう。

　とくに大学の学習で学ぶ分野を太文字で示した。また、本書の以降の章で扱うものについては、（　　　）内にその章を示してある。

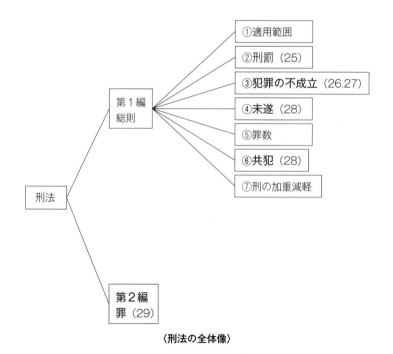

〈**刑法の全体像**〉

25. 刑法の基本構造／罪刑法定主義

25-1. 刑法とは何か？

　刑法とは、どのような法なのだろうか。

　手はじめに、「刑法」という名前の法律を見てみよう。すると、「……した者は、……に処する」という規定が多いことに気づくだろう。たとえば、窃盗罪の規定（刑法235条）は、「他人の財物を窃取した者は、窃盗の罪とし、十年以下の拘禁刑又は五十万円以下の罰金に処する」と定めている。この規定の前半の、「他人の財物を窃取した」というのが、「窃盗」という**犯罪**である。その犯罪を犯した者には、「十年以下の懲役又は五十万円以下の罰金」という刑罰が科されることになるのである。

　このように見てみると、刑法とは、犯罪と刑罰に関する法を指すことがわかる。刑法という言葉を狭い意味で使う場合は、「刑法」という名前の法律（これを「**刑法典**」ということも多い）を指すが、広い意味で使う場合は、犯罪と刑罰に関するその他の法律（たとえば軽犯罪法）も含まれることになる。大学の講義では、狭義の刑法が学習の中心となっている。

25-1-1. 刑法の基本構造

さて、「刑法」という法律の、目次の部分を見てみよう。すると、この法律が**2つのパートから成り立っている**ことに気づくだろう。第1編「総則」と、第2編「罪」の2つである。第2編に定められているのは、殺人罪や窃盗罪といったさまざまな犯罪類型であり、第1編は、それらのすべてに共通するルールである。

なお、刑法第1編の規定は、刑法第2編だけではなく、その他の広義の刑法にも適用される（刑法8条を参照）。たとえば、刑法38条1項本文では、「罪を犯す意思がない行為は、罰しない」とある。これは要するに、わざと（☞ 25-3）行った行為でなければ原則として（但書にはその例外が定められている）処罰しないということである。そのため、自分のものと勘違いして他人の傘を持ち帰ってしまったという場合は、窃盗罪で処罰されることはない（ただし、民事上の責任は別に生じる〔☞ 1-1、1-3〕）。なぜなら、わざと他人の財物を盗んだわけではないからである。同じように、変死体の現場の状況をわざと変更した場合は処罰できるが（軽犯罪法1条19号を参照）、うっかりつまずいたりして現場の状況を変えてしまった場合は、処罰できない。このように、刑法第1編の規定は、第2編だけでなく、他の刑罰法規（広い意味の刑法）にも適用される規定である。このことをふまえたうえで、刑法の分野に取り組もう。

25-1-2. 刑罰の種類

刑法とは、犯罪と刑罰に関する法ということであった。では、その刑罰とはどのようなものをいうのだろうか。

これは、刑法典のなかに答えがある。刑法9条では、**死刑、拘禁刑、罰金、拘留、科料**が挙げられており、これらの刑に加えて**没収**を科すこともできる。なお、それぞれの刑罰の内容は刑法11条以下に挙げられているが、大雑把に見ておくと、死刑は生命を奪う刑罰（**生命刑**）であり、拘禁刑および拘留は刑事施設で自由を奪う刑罰（**自由刑**）であり、罰金と科料は財産を奪う刑罰（**財産刑**）である。拘禁刑と拘留はいずれも自由刑であり、改善更生を図るために必要な作業や指導が行われる可能性がある点で共通しているが、刑

の期間において異なる（刑法12条および16条を参照）。

　ここに挙げられているもの以外は、刑法における刑罰ではない。そのため、罪を犯した少年を少年院に送致することも刑罰ではないし、**過料**として金銭を剥奪することも（たとえば、刑事訴訟法150条1項によれば、刑事訴訟で、召喚を受けた証人が出頭しなかった場合は10万円以下の過料に処せられる）、刑罰ではない。他方、刑法9条に挙げられているものであれば、刑法典以外の法に定められていても、刑罰である（たとえば、会社法960条の特別背任罪の規定を見てみよう）。

━ コラム1 ━

拘留と勾留、科料と過料

　ここでは刑罰について学んだが、「こうりゅう」と「かりょう」には同音異義語があるので、注意が必要である。それが、「勾留」と「過料」である。「**勾留**」（「未決勾留」とも呼ばれる〔刑法21条を参照〕）は刑罰ではなく、捜査や裁判のために被疑者または被告人（☞1-5）の身柄を確保する措置である（刑事訴訟法60条や207条を参照）。勾留は刑罰ではないから、勾留するためには、被告人または被疑者が「罪を犯したことを疑うに足りる相当な理由」が立証されれば足りる（刑事訴訟法60条を参照）。一方、刑罰としての「拘留」は刑罰であるから、これを科すためには、検察官が犯罪事実を「合理的な疑いを超えて」立証しなければならない。

　過料も、刑罰ではない。そのため、刑罰としての科料の場合と異なり、過料を科すための手続も刑事訴訟法ではなく、原則として非訟事件手続法の手続による（同法119条以下を参照）。

25-2. 罪刑法定主義

　さて、もう一度、刑罰の中身を見てみよう。刑罰は、死刑に代表されるように、かなり過酷なペナルティといえるのではないだろうか。そのような過酷なペナルティを科すのであれば、やはり慎重になる必要がある。

　そこで、**罪刑法定主義**という考え方が登場することになる。これは、「法律なければ刑罰なし」という標語で示されるが、詳しくいうと、「刑罰を科

すためには、犯罪と刑罰をあらかじめ法律（☞ 4-2-3 の（2）、16-2-2、16-2-3 の（2））で定めておかなければならない」という考え方である。国会の定める法律で定めなければならないわけであるから、**慣習や政令**（☞ 4-2-3 の（3）、16-3-4 の（1））によって定めることは許されない。ただし、法律で定めなければならないといっても、地方公共団体が定める**条例**（☞ 4-2-3 の（5）、16-5-3）による処罰は、一定限度で認められている（地方自治法 14 条 3 項参照）。また、法律では大枠だけを定め、詳細を政令などに委任することも認められている。

> **例①**
> Ⅹは、Ｙに対して、「お前の親友Ｚを殺す」と凄んで脅した。この行為を刑法の脅迫罪で処罰できるだろうか。

　例①の行為は、日常用語でいえば脅迫である。しかし、刑法 222 条の脅迫罪の規定を見ると、1 項は本人に対して害を加える旨を告知する行為を定め、2 項は親族に対して害を加える旨を告知する行為を定めているだけであって、親友を殺すと伝える（害を加える旨を告知する）ことは脅迫行為として規定されていない。

　刑法の分野では、罪刑法定主義はかならず守らなければいけない原理である（また、最高法規である憲法の 31 条および 39 条にもその精神が表れている）。そのため、例①の行為は、それを処罰する法律がないため、処罰することはできない。たしかに、この行為は、「お前の母親を殺す」と凄んで脅す行為（こちらは刑法 222 条 2 項の脅迫罪に当たる）と同程度に反社会的な行為であろうが、国家の気まぐれで刑罰を科すということを避けるために、このような原理を取り入れたのである。そうでなければ、何が犯罪であって、何が犯罪でないのかが、国民にとって不明確になってしまうからである。

25-3. 罪刑法定主義の派生原則

　罪刑法定主義を取り入れた理由は、恣意的な処罰を避けるためであった。しかし、「犯罪と刑罰を法律で定めなければならない」という原理だけでは、恣意的な処罰をすべて防げるわけではない。そこで、伝統的に、以下の 4 つ

の派生原則が必要とされている（なお、その他にもいくつか派生原則が挙げられることが多いが、ここでは伝統的な4つの原則をおさえておくことにしよう）。

25-3-1. 慣習刑法の排斥

まず、**慣習刑法の排斥**がある。慣習も、他の法分野においては、法律と同等の効力をもちうるが（法適用通則法〔「法の適用に関する通則法」〕3条を参照〔☞4-4-2〕）、刑法の分野ではそのようなことはない。慣習というあいまいなものを刑法の分野にもち込むと、恣意的な処罰が可能になってしまうからである。やはり、国民の意見を集約する場所である国会で、法律という明文のかたちで犯罪と刑罰を定めなければならないのである。

25-3-2. 遡及処罰の禁止

次に、**遡及処罰の禁止**がある（☞4-2-4の（2））。これは、問題になる行為が行われたあとに法律をつくり、その法律を行為の時点にさかのぼって適用することは許さない、という意味である。たとえば、先ほどの例①のような行為を考えてみよう。そのような行為を、2月2日に実行したとする。その時点では現行の脅迫罪の規定しかなかったのであるが、事態を重く見た国会が、3月1日に、刑法222条に、「親友に対して害を加える旨を告知して脅迫した者も、同様とする」という規定を追加する立法をしたとしよう。しかし、実際にその新しい法律を適用できるのは、その新法の**施行**（☞4-2-4の（1））以降になされた行為ということになる。そうでなければ、立法者が処罰したいと思っている人間が、ある行為をしてから新たな立法をして処罰をすること（要するに「後だしジャンケン」）が可能になってしまい、不条理な処罰がなされるおそれがあるからである。

なお、罪刑法定主義は犯罪と刑罰に関するものであるから、刑罰を新たに定めた場合や重く変更した場合も、新しい規定をさかのぼって適用することはできない。たとえば、現行の脅迫罪の規定で定められている刑は、最高でも2年の拘禁刑であるが、ある脅迫行為ののちに法改正をして最高5年の拘禁刑を科せるようにしたとしても、改正前に行われた脅迫行為に対して改正

法を適用することはできない。最高5年の刑を科すことができるのは、法改正のあとになされた行為からということになる。ただし、刑を軽くする場合は、法改正の前になされた行為に適用される（刑法6条を参照）。そのため、たとえば2月2日に脅迫行為が行われたが、3月1日に脅迫罪は最高でも1年の拘禁刑しか科さないというように法改正した場合、2月2日になされた行為であっても、最高1年の拘禁刑しか科すことができない。つまり、このように、被告人に有利な法改正の場合にかぎって、法律を遡って適用することが許されるのである。

遡及処罰の禁止を、時間の流れに沿って図にすると以下のようになる。

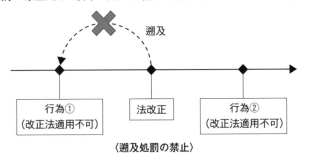

〈遡及処罰の禁止〉

25-3-3. 絶対的不定期刑の禁止

さらに、**絶対的不定期刑の禁止**がある。これは、自由刑（☞25-1-2）の法定のしかたと関わる問題である。たとえば、「窃盗をした者は、拘禁刑に処する」という規定があったとしよう。この場合、一応、「窃盗」という犯罪と、「拘禁刑」という刑罰が定められてはいる。しかし、だからといって、罪刑法定主義に違反しないといえるのだろうか。「拘禁刑に処する」という刑罰の定め方は非常にあいまいであり、刑罰を実質的な意味で「法」律で「定」めたといえるのか、疑問があるのではないだろうか（冒頭に挙げた窃盗罪の規定と比較してみよう）。なぜなら、「拘禁刑に処する」という定め方は、上限も下限も定められておらず、「絶対的」（☞11-6）に「不定期」だからである。そこで、このような規定の方法も禁止することが要請されるようになる。これが、絶対的不定期刑の禁止である。

なお、この精神にかんがみると、裁判官が実際に言い渡す刑の期間も明確

であることが望ましいから、「被告人を拘禁刑に処する」という言い渡し方もあわせて禁止されることになる。そのため、被告人が成人であれば通常は「被告人を拘禁刑5年に処する」と言い渡されるし、未成年者の場合でも、せいぜい、「被告人を拘禁刑3年以上5年以下に処する」といったように、<u>不定期とはいえ、一定の期間を定めたうえでの言い渡しになるにすぎない</u>（少年法52条を参照。これは相対的不定期刑といい、罪刑法定主義に反しない）。

25-3-4. 類推解釈の禁止

　最後に、**類推解釈の禁止**がある。法解釈の方法として、**類推解釈**（☞5-3-2の（4）①）も一般的には認められているが、<u>刑法の分野では類推解釈（より正確にいえば類推適用）をしてはならない。</u>

　たとえば、「お前の親友を殺す」と凄_{すご}んで脅したという例①の事例をもう一度考えてみよう。被害者にとっては、その親友は家族同然に大事な存在であったかもしれない。家族に対して害を加える旨を告知した場合に、刑法222条2項によって処罰されるのであれば、家族同然に大事な存在に対して害を加える旨を告知した場合にも、この条文には書かれていないが処罰されて当然だと思うかもしれない。これが類推解釈である。しかしこの結論は、<u>「法律に書いていない行為は処罰してはならない」という、罪刑法定主義の理念に反している</u>。なぜなら、現行法は本人か家族に対して危害を加える旨を告知した場合だけを処罰することにしているからである。類推解釈は、それ以外の場合も処罰するという結論を導くから、許されないのである（なお、**拡張解釈**（☞5-3-2の（2））は許されるが、類推解釈と拡張解釈の区別は、なかなか難しい〔☞5-4-2〕）。

—— **練習問題** ——————————————————————————————

〈確認問題〉

1．次の文章の（　　　）のなかに最も適切な語句を入れなさい。

　　刑法とは、（　①　）と（　②　）に関する法をいう。
　　刑法が予定する制裁は、刑罰という過酷なものであるため、その適用はとくに慎重でなければならない。そのため、「法律なければ刑罰なし」という、（　③　）主義が、刑法を支配する原則として認められている。この（　③　）主義の伝統的な派生原則として、以下の4つがある。

（1）（　④　）刑法の排斥：不文法による処罰は許されない。
（2）（　⑤　）処罰の禁止：刑罰法規を遡って適用することは許されない。
（3）（　⑥　）不定期刑の禁止：自由刑の期間も定めなければならず、たとえば、「窃盗を犯した者は拘禁刑に処する」という規定方法は許されない。
（4）（　⑦　）解釈の禁止：（　⑦　）解釈をすると、刑罰法規に定められていない行為をも処罰することになるため、（　⑦　）解釈は許されない。

〈発展問題〉

2．「刑法」という法律は、どのようなパートから成り立っているか、説明しなさい。

3．罪刑法定主義の内容を説明しなさい。

26. 犯罪の成立要件 （1）

26-1.　犯罪の成立要件

　ここまで、25（「刑法の基本構造／罪刑法定主義」）では、刑法とは、犯罪と刑罰に関する法であると学んだ（☞ 25-1）。また、刑罰とは、刑法9条に定められているもののみを指すということも学んだ。

　では、犯罪とは何を指すのだろうか。犯罪というと、殺人や窃盗などを思い浮かべる人が多いと思われるが、それらの行為がつねに犯罪として処罰されるかというと、疑問も生じてくる。たとえば、以下の2つの例を考えてみよう。

> **例①②**
> ①刑務官のXは、死刑の執行官に指名されたため、躊躇を覚えつつも、死刑執行のボタンを押して、死刑囚Aを死亡させた。
> ②Xは、山で遭難したあと、運よく下山することができたものの、金銭の持ち合わせもなく、しかも餓死する直前であったため、目に入ったパン屋から無断でパンを持ち去って食べた（このような事例は「困窮窃盗」と呼ばれる）。

　これら2つの例のXを処罰すべきかについては、疑問が生じるのではないだろうか。このように考えてみると、犯罪という言葉も、単純に定義づけることが難しくなってくる。

　そこで、学者だけでなく、法曹も含めて、刑法を扱う人たちは、犯罪を若干長いフレーズで定義づけている。すなわち、**犯罪とは、構成要件に該当し、違法で、有責な行為である**、という定義である。

　この定義には、**3つの要素**が挙げられている。すなわち、①「構成要件に該当」しているという部分、②「違法」であるという部分、③「有責」であるという部分である。そのため、この定義をふまえて、犯罪の要素を3つ挙げると、①構成要件該当性（「構成要件に該当」しているという性質）、②違法性（「違法」であるという性質）、③責任（有責性）（「有責」であるという性質）ということになる。これら3つの要素のうち、どれか1つでも欠けると、犯罪とはならない。

　これを図にすると、以下のようになる。

　以上3つの要件のうち、まずここでは、構成要件該当性と違法性について見ていくことにしよう（責任については☞27）。

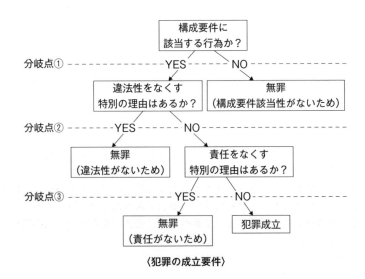

〈犯罪の成立要件〉

26-2. 構成要件該当性

26-2-1. 構成要件該当性とは？

　第1の要件である、構成要件該当性とは何であろうか。これは、<u>個々の刑罰法規</u>（刑法第2編「罪」と広義の刑法〔☞25-1〕に挙げられている規定のことである）<u>の定める犯罪の型に当てはまること</u>を意味する。具体例で考えてみよう。

> **例③④⑤**
>
> ③Ｘがｙの心臓をナイフで一突きにして、即死させた。
> ④ＸがＹを殴りつけて、全治2週間のけがを負わた。
> ⑤ＸがＹ商店のパンを、無断で持ち去った。

　たとえば、殺人罪（刑法199条）は、「人を殺す」という型をもっている。例③のＸの行為は、Ｙという「人を殺す」ものであるから、殺人罪の構成要件に該当する。傷害罪（204条）の型は、「人を傷害する」というものであるが、例④のＸの行為は、Ｙという「人を傷害する」行為といえるので、傷害罪の構成要件に該当することになる。また、窃盗罪（235条）は、「他人の占有する財物を窃取する」という型をもっているが、例⑤のＸの行為は、Ｙ商店（の店主）のもっている（占有する）パンという財物を盗って（窃取して）いるので、窃盗罪の構成要件に該当するということになるのである。

26-2-2. 構成要件の要素

　犯罪の型としての構成要件は、**行為**（実行行為と呼ぶことも多い）、**結果、因果関係、主体、客体**などの<u>要素から成り立っている</u>。これを殺人罪について見ると、次頁の図〈犯罪の構成要件〉のようになる。上記の例③で考えてみよう。

　このように、すべての要素が充たされたならば、Ｘの行為は、殺人罪の構成要件に該当することになる。これに対して、たとえば、Ｘが「殺した」（ナイフで刺した）相手が「人」（殺人罪の客体）ではなく、Ｙの持っている人形

構成要件要素	殺人罪の場合	例③の場合
主体（誰が）	人が	Xが
客体（何を／誰を）	人を	Yを
行為（どのように）	殺す（可能性のある）行為をする	ナイフで刺す
結果（どうなった）	人が死亡した	Yが死亡した
因果関係（なぜ）	行為「によって」人が死亡した	ナイフで刺したことが原因となってYが死亡した

〈犯罪の構成要件〉

であれば、客体という要素が欠けているため、殺人罪の構成要件には該当しない。その場合、「他人の物」を「損壊した」罪である器物損壊罪（刑法261条）に該当することになる。器物損壊罪の客体である「他人の物」に、人形が含まれるからである。

　なお、犯罪の種類によっては、構成要件が上に挙げた要素のすべてを備えているわけではなく、たとえば、「結果」を必要としないものもある。しかし、それぞれの犯罪の構成要件が予定する要素がすべて満たされた場合、構成要件該当性が認められることになる。

26-2-3. 因果関係

　構成要件のさまざまな要素のうち、因果関係について、ここでやや詳しく説明しておこう。

　因果関係とは、原因と結果とのつながりのことをいう。構成要件で「結果」が要求される犯罪（殺人罪では、人の死という結果が要求されているし、傷害罪では、人の傷害という結果が要求されている）では、行為と結果とのあいだに、この因果関係が存在しなければならない。先ほどの例③および例④では、「XがYの心臓を突く」という行為が、「Yの死亡」という結果に対する原因となっていること、「XがYを殴りつける」という行為が、「Yの傷害」という結果に対する原因となっていることは明らかであろう。したがって、どちらの例でも、因果関係は認められる。

　しかし、因果関係があるかないか、じっくり考えなければならないケース

もある。以下の例を考えてみよう。

> XがYに殺意をもって切りかかったが、Yはそれを撃退した。Yは意気揚々と引き上げていったところ、暴走車がYと衝突したため、Yは死亡してしまった。

　この場合、Xは切りかかるという殺人罪の実行行為を行っているし、死亡という結果も発生している。しかし、Xを殺人罪（より正確には、殺人既遂罪）とすることは不当である。YはXの行為のせいで死亡したわけではないからである。

　このようにして、殺人罪のように結果が構成要件の要素となっている犯罪においては、実行行為と結果のあいだの因果関係もなければならない。因果関係とは原因と結果の関係（行為者が創出した危険の現実化）をいうが、例⑥では、切りかかるという実行行為と死亡という結果の間に原因と結果の関係がないから、殺人既遂罪が成立しないのである。なお、Xは殺意をもって実行行為を行っているので、殺人未遂罪は成立する。既遂罪という用語は、このように未遂罪との区別が問題になっている場合に用いられる（殺人罪＝殺人既遂罪）。

26-3. 違法性

26-3-1. 違法性とは？

　以上のようにして、構成要件該当性が認められた行為だけが、違法性という次の段階（☞ 310 頁の図〈犯罪の成立要件〉の分岐点②）に進むことになる（分岐点①で構成要件該当性が「ある」という側に進んだ場合である）。刑罰法規の型に当てはまらない行為は、かりにどれほど反社会的であったとしても処罰しないのが、罪刑法定主義（☞ 25-2）の要請であるため、違法性以降の判断をする必要はもはやないからである。

　他方、刑罰法規の型に当てはまる行為でも、すべてを処罰すべきではない。それは、先ほどの例①（死刑の執行）や例②（困窮窃盗）のような事例を考

えても明らかであろう。そこで、違法性（および責任）のチェックが必要になるのである。

　違法性という段階では、<u>行為の**反社会性**の有無をチェックする</u>。もっとも、たとえば人を殺すといった、構成要件に該当する行為は、特別の理由がないかぎりは、処罰されるべき反社会的な行為であろう。しかし、それは逆に考えると、「特別の理由」があれば、処罰すべきほどに反社会的とはいえないということになる。そのため、違法性の段階では、<u>行為の反社会性を阻却する（なくす）「特別の理由」</u>の有無だけを検討すれば足りる。なお、「行為の反社会性（違法性）」を阻却する理由のことを、**違法性阻却事由**という。刑法の分野ではよく使われる言葉なので、覚えておこう。なお、「事由」とは、「理由」という意味である。

　違法性阻却事由に該当すると、その行為の違法性が失われるのだから、犯罪の成立要件が揃（そろ）わなくなる。したがって、<u>その行為は犯罪ではないということになり、処罰されない</u>ということになる。

26-3-2.　違法性阻却事由──正当行為・正当防衛・緊急避難

　では、具体的には、違法性阻却事由として、どのようなものが刑法に定められているのだろうか。刑法には、3つの違法性阻却事由が規定されている。**正当行為**（35条）、**正当防衛**（36条1項）、**緊急避難**（37条1項本文）である。以下では、1つずつ見てみよう。

（1）正当行為

　刑法35条には、「法令又は正当な業務による行為は、罰しない」とある。要するに、<u>法令に基づく行為と業務としての行為</u>は、違法性がなくなるので犯罪ではなく、処罰の対象にならない、ということである。冒頭に挙げた、死刑執行の事例（☞例①）は、「刑法」という法律の11条が定める刑罰の執行なのだから、「人を殺す」という構成要件に該当しているが、刑法35条によって違法性が阻却され、犯罪とならないのである。そのほか、ボクシングの試合で相手を攻撃する行為（208条の暴行罪の構成要件に当たる）や医師の手術行為（204条の傷害罪の構成要件に当たる）なども、それぞれ、正当行為として、違

法性が阻却されることになる。

（2）正当防衛

　次に、正当防衛を見てみよう。刑法36条1項には、「急迫不正の侵害に対して、自己又は他人の権利を防衛するため、やむを得ずにした行為は、罰しない」とある。この典型例は、以下のような場合である。

例⑦

XはナイフでYを刺して死亡させたのであるが、それは、YがXを日本刀で刺し殺そうとした瞬間に、やむをえずしたことであった。

＜正＞　　＜不正＞

〈正当防衛〉

　正当防衛は、要するに、自分や他人を守るために、しかたなく行った行為であれば、違法性がなくなるから処罰されない、というものである（ただし、「やむをえずにした」〔しかたなく行った〕かどうかの判断は、実際の裁判では相当に厳格であり、この点には注意しなければならない）。

　正当防衛の規定には、「不正」という言葉が使われている。そこで、正当防衛は「正対不正」の関係といわれている。すなわち、違法性が阻却される正当な防衛者（☞例⑦のX）と不正な侵害者（☞例⑦のY）の利益が対立しているということである。

（3）緊急避難

　正当防衛が「正 対 不正」の関係なのに対し、「正 対 正」の関係として示されるのが、緊急避難である。刑法37条1項本文には、「自己又は他人の生命〔……〕に対する現在の危難を避けるため、やむを得ずにした行為は、これによって生じた害が避けようとした害の程度を超えなかった場合に限り、罰

しない」とある。ここでは、たんに「現在の危難を避けるため」としか書かれておらず、「不正」という言葉が見当たらない。ここに、緊急避難の大きな特徴がある。

緊急避難の典型例として、次の場合を考えてみよう。

> **例⑧**
>
> Xの隣家が火事になり、Xは火の手から逃れるために、やむをえず、完全耐火のYの家に上がりこんだ。

〈緊急避難〉

この場合、Xは、勝手にYの家に上がりこんでいるのであるから、Xの行為は住居侵入罪（刑法130条前段）の構成要件に該当する。しかし、この事例でXを処罰するのは酷であり、違法性を阻却することが望ましく、Xは「正」として扱うべきである。他方、Xに勝手に家に上がりこまれたYも、誰かに対して「急迫不正の侵害」をしたわけではない（したがって、Xの行為は正当防衛には当たらない）。XもYも善良な一市民であり、「正」なのである。このように、緊急避難は「正 対 正」の関係として示されることになる。

緊急避難では、<u>違法性が阻却されることになる行為によって被害を受けた側（☞例⑧のY）</u>も「正」なので、違法性が阻却されるための要件は、正当防衛の場合より厳格なものとなっている。その1つが、条文中の「これによって生じた害が避けようとした害の程度を超えなかった場合」という部分である（法益の均衡）。たとえば、負傷するのを避けるために、他人を死なせてしまったという場合は、緊急避難が適用されない。なぜなら、「生じた害」は、人の死亡であるが、「避けようとした害」は、人の傷害（負傷）だからである。生命という利益と身体という利益とでは前者が重いため、上記の要件を満た

さなくなってしまうのである。

26-3-3. 違法性──まとめ

　構成要件に該当する行為は、通常は違法であるが、刑法に定められている3つの違法性阻却事由のどれかに該当する場合は、違法とはならない。どの違法性阻却事由も、行為の違法性を阻却して無罪にするという効果は同一であるが、適用される場面がそれぞれ異なっている。それをまとめると、以下のようになる。

違法性阻却事由		条文
緊急行為	正当防衛	36条1項
	緊急避難	37条1項本文
正当行為	法令行為および正当業務行為	35条

〈3つの違法性阻却事由〉

　正当防衛や緊急避難は、国家の救済を待つ余裕がない場合に用いられる違法性阻却事由という点で共通している。それぞれの条文で、「急迫」や「現在」という単語が用いられていることからも、明らかであろう。他方、正当行為は、条文にそのような単語がないことからわかるように、緊急である必要はない。

　ところで、冒頭に挙げた困窮窃盗（☞例②）の場合はどうなるのだろうか。どの違法性阻却事由にも該当しそうにない。実は、困窮窃盗の場合は、違法性ではなく、責任と関わる問題なのである。責任については、次の27（「犯罪の成立要件（2）」）で考えることにしよう。

────── 練習問題 ──────────────────────

〈確認問題〉

1．次の文章の（　①　）〜（　⑦　）には最も適切な語句を入れ、下線部Ⓐ
　　Ⓑには［　　］のなかから最も適切なものを選びなさい。また、下線部(a)

のひらがなを漢字に直しなさい。

　　犯罪とは、一般的に、（　①　）に該当し、（　②　）で、（　③　）な行為とされている。

　　（　①　）に該当するとは、個々の刑罰法規の定める犯罪の型に当てはまることをいう。たとえば、Ｘが殺意をもってＹの心臓を一突きにして即死させたという場合、Ⓐ［㋐殺人罪／㋑傷害罪／㋒過失致死罪］の構成要件に該当する。

　　（　②　）性の段階では、（　②　）性をなくす特別の理由、すなわち、（　②　）性（ａ）そきゃくじゆうだけを検討すれば足りる。刑法では、（　②　）性そきゃくじゆうとして、（　④　）、（　⑤　）、（　⑥　）の３つが定められている。

　　たとえば、ＸはナイフでＹを刺して死亡させたのであるが、それは、ＹがＸを日本刀で刺し殺そうとした瞬間に、やむをえずしたことであったという場合、上記の３つの（　②　）性そきゃくじゆうのうちの（　⑦　）に当たり、（　②　）性がそきゃくされる。そのため、この場合のＸは刑事裁判において、Ⓑ［㋐一級低い罪で処罰される／㋑量刑で考慮される／㋒無罪になる］。

〈発展問題〉

２．次の①〜③の行為がそれぞれ、何という犯罪の構成要件に該当するか答えなさい。

　①人を殺す行為
　②人のポケットから財布を抜き取る行為
　③人をけがさせる行為

３．ＸはＡを殴って傷害を負わせたが、それは、Ａに殴られているＢを救うためにやむをえずにしたことであった。この場合、Ｘのしたことは犯罪となるか、またそれはなぜか、説明しなさい。

27. 犯罪の成立要件 （2）

27-1. 責任とは？

　犯罪が成立するための第3の要件は、責任である（☞ 26-1）。違法性阻却事由があれば無罪になる（☞ 26-3-1）のだから、責任という第3の段階を考えなければならない行為は、構成要件に該当し、違法なものである（310頁の図〈犯罪の成立要件〉でいうと、分岐点③の段階が、「責任」の問題である）。そのため、26-1で挙げた例①（死刑執行の例）は違法性がない（阻却される）から、もはや責任の有無を検討する必要はない。しかし、**26-1**の例②（困窮窃盗の例）は違法性はある（阻却されていない）ので、責任についても検討したうえで、本当にその行為が犯罪かどうかを考えることになる。

　責任とは、違法な行為をしたことに対して、<u>「そんな悪い（違法な）ことをしたらダメじゃないか！」</u>といった非難ができること、すなわち**非難可能性**を意味する。

　そこで、困窮窃盗の事例（☞ 26-1の例②）を考えてみよう。この事例で、パンを盗んだ者に違法性阻却事由を当てはめることはできない。緊急避難を適用できると考えることは、不可能ではないが、緊急避難は、先に見たように要件が厳格であるため（☞ 26-3-2の（3））、「やむをえずにした」とはなかな

かいいにくい。そのため、違法な行為をしたと判断されることになるだろう。しかし、この者を本当に処罰すべきだろうか。この者に対して「パンを盗んだらダメじゃないか！」といって非難するわけにはいかないだろう。このように、違法な行為をしたけれども非難ができない場合、責任はないということになる（もちろん、民事責任はこれとは別に生じるので〔☞ 1-3〕、パンの代金は返還しなければならない）。そして、責任がなければ犯罪ではなく、処罰すべきでないことになる。

　もっとも、違法な行為をした者に対しては、通常はそのような非難ができる（責任がある）だろうから、責任の段階でも、そのような非難ができない特別の理由、すなわち**責任阻却事由**（責任をなくす特別の理由）があるか否かを検討すれば足りる。

27-2. 責任阻却事由

　では、責任阻却事由にはどのようなものがあるのだろうか。刑法には、責任阻却事由として、刑事未成年（41条）と責任能力の不存在（39条）の2種類が定められている（なお、現在、刑法40条という条文は削除されたため存在しない）。また、刑法に規定はないが、適法な行為を期待できなかった場合も、責任が阻却されると考えられている。

27-2-1. 刑事未成年

　刑法41条は、見てのとおり、14歳未満の者の行為は処罰しない旨を定めている。これは、14歳未満（☞ 10-1〔未満〕）の者は、成人に比して善悪を判断する能力が未熟であるため、強い非難ができないという考えを基礎にしている。たとえば、以下の例を考えてみよう。

> **例①**
> 5歳の子ども2人がけんかをはじめて、一方が他方に、すり傷を負わせてしまった。

この事例では、他人にけがを負わせてしまったのであるから、その子ども

は傷害罪の構成要件（他人に傷害を負わせる）に当てはまっているし、正当防衛などの違法性阻却事由もない。しかし、善悪の区別のできる成人がけがを負わせる場合と比較して、同じような非難ができないことは明白であろう。なぜなら、成人は、他人を傷つけることが処罰されるほどに悪い行為であると明確に理解しているが、5歳の子どもはそのような善悪の判断能力が未熟だからである。そこで、刑法は、14歳で区切って、その年齢に満たない者に対しては、一律に非難しないということにしたのである。

27-2-2. 責任能力

責任能力については、刑法39条が定めている。この条文は、心神喪失という状態にある者の行為は処罰せず（1項）、心神耗弱という状態にある者の行為は、刑を軽くする（2項）、という趣旨の規定である。

心神喪失とは、ことの善悪を弁える能力（**弁識能力**）、および、それに従って自分の行動を実際に制御する能力（**制御能力**）のいずれかが、まったく欠けている場合を指す。そのような状態にある者は、違法な行為をしたとしても、違法であることを理解できなかったり、理解できてもその行為をやめる（制御する）ことができないのだから、非難を加えることは適切ではない。そのため、39条1項は責任を阻却し、処罰しない旨を定めているのである。

たとえば、以下の例を考えてみよう。

例②

Xは、ふだんはおとなしい人物なのだが、居酒屋で深酒をしてしまい、自分が何をしているかわからないほどの泥酔状態で、居酒屋の大事な赤ちょうちんを勝手に持ち帰ってしまった。

この事例のXの行為は、窃盗罪の構成要件に当たるし、違法性阻却事由もない。しかし、しらふの状態で同じ行為を行った場合と同じ非難は、おそらくできないであろう。酩酊の程度がきわめて高く、弁別能力か制御能力が完全に欠けている状態でそのような行為を行ったのだとすれば、39条1項に当たり、責任が阻却され、無罪となる。心神喪失は、精神の障害によって弁識能力か制御能力が喪失していれば成立するが、その精神の障害には、統合

失調症などの精神病だけでなく、酩酊も含まれる。ただし、酩酊を理由として心神喪失が認められることは、実際には多くはない。弁別能力または制御能力が減退しているにすぎないとして、せいぜい次の心神耗弱になるのが大半である。

　さて、**心神耗弱**（「しんしんこうじゃく」と読む）とは、弁識能力と制御能力のいずれかが、著しく減退している状態をいう。そのような状態にある者に対しては、能力が完全にある者と比較して、弱い非難しかできないため、39条2項は責任を減少させ、刑を減軽する旨を定めているのである。なお、刑法では、「減刑」とはいわず、「刑」を「減軽」すると表現するのが通例なので、この言葉づかいにも注意しよう。

　以上のように、刑法39条が定める2つの類型は、精神の障害（精神病や酩酊など）によって、善悪の判断能力（弁識能力）や、行動を制御する能力（制御能力）が失われたり、減少したりしている場合である。違法な行為をした者を非難するには、その者に、これら2つの能力があったことが前提となる。これが**責任能力**である。心神喪失は、責任能力を欠いている場合（「責任無能力」ともいう）、心神耗弱は、責任能力が大幅に減少している場合（「限定責任能力」ともいう）である。

27-2-3.　期待可能性

　ところで、最初の事例の困窮窃盗（☞26-1の例②）の場合、いままで見てきた2種類の責任阻却事由の、どれにも該当しそうにない。それでは、この者の行ったことは犯罪だとして、この者を処罰すべきなのだろうか。

　そのような場合に用いられる概念として、**期待可能性**というものがある。これは、適法な行為を期待できない者に対しては、責任を問うという意味の非難ができないから、責任を阻却するという考え方である。困窮窃盗の場合、適法な行為とは、「お金を払ったうえでパンを買う」というものであろう。あるいは、「お金がないなら、パンはガマンする」というのも適法な行為である。しかし、この事例で、行為者に対して、どちらの行為も期待できないことは明らかである。「お金を払ってパンを買え」といっても、お金がないから買うことはできないし、「パンはガマンしろ（さもなくば処罰するぞ）」

というのは、ここで食べなければ餓死してしまう人に対する言葉としては、あまりにも非人間的である。適法な行為を期待できない場合にも、非難ができないから、責任が阻却されると考えられている。この期待可能性という概念も、責任を考えていくうえで重要なので、覚えておこう。

ただし、期待可能性による責任阻却を定めた規定は、刑法には存在しない。このこともあって、期待可能性がないから責任が阻却されて無罪、とされた判例は、実際にはほとんどない。もしかりに、**26-1** の例②（困窮窃盗）のように、餓死寸前であったという事案が実際にあったとしても、おそらく、検察官が起訴しないだろうからである（☞1-5〔起訴便宜主義〕）。

27-2-4. 責任阻却事由——まとめ

責任阻却事由について、表にまとめると、以下のようになる。

責任阻却事由			刑法の条文
法定のもの	年齢を理由とするもの	刑事未成年	41 条
	精神の障害を理由とするもの	責任能力の欠如	39 条
法に定めのないもの	期待可能性（の不存在）		

〈責任阻却事由〉

27-3. 故意犯処罰の原則と責任主義

責任とは非難可能性であるが、同じ違法な行為であっても、わざとそうしたのか、うっかりそうしてしまったのかにより、非難すべき度合いは異なるだろう。この点に関連して、刑法には、以下のような重要な原則がある。

刑法38条1項本文には、「罪を犯す意思がない行為は、罰しない」とある。「罪を犯す意思」を**故意**と呼ぶが、故意とは要するに「わざと」ということである。つまり、38条1項は、刑法は原則として、わざと行った行為だけを処罰する旨を定めているのである。これを、**故意犯処罰の原則**という。他方、罪を犯す意思のない行為は、すべて処罰されないというわけではなく、38条

1項但書には、「ただし、法律に特別の規定がある場合は、この限りでない」とある。つまり、特別の規定があれば、故意による行為でなくても、処罰することは可能ということである。

　しかし、たとえば完全に不可抗力の場合には、行為者を非難するわけにはいかない。そこで、少なくとも過失のある行為でなければ、処罰してはならないという考え方が生じてくる。このような考え方を、**責任主義**（なお、民法の分野では、過失責任主義〔☞ 17-3-1 の（3）〕という言葉を使う。まぎらわしいが、由来の違いがあると思って慣れてしまおう）という。つまり、結果について責任を問えるような状態でなければ、処罰してはならないという考え方であり、少なくとも過失があれば、そのように責任を問うてもかまわないということである。なお、「**過失**」とは、要するに「うっかり」ということである。つまり、不可抗力の場合は処罰せず、注意すれば避けられた（だからこそ、「うっかり」なのである）場合だけを処罰するのである。以下の2つの場合を考えてみよう。

> **例③④**
> ③Xは自動車を運転していたところ、やや寝不足であったので、前方をしっかり見ていなかった。そのため、Yをはねて、けがをさせてしまった。
> ④Xが自動車を運転していたところ、当時はまったく知られていなかった睡眠時無呼吸症候群のために、運転中突然意識を失い、3人に大けがを与えてしまった。

　例③は、わざとけがをさせたわけではない。しかし、自動車運転過失傷害罪という規定（自動車の運転により人を死傷させる行為等の処罰に関する法律5条）があるため、この規定によって処罰することができる。他方、例④のような場合は、故意も過失もないので、処罰することができない（同じような事実関係で無罪とした判例として、大阪地判平成17年2月9日判時1896号157頁がある）。なぜなら、例④では、Xは、少なくとも運転当時は、ふつうに自動車を運転していただけであり、当時は、Xがそのような症状をもっており、事故を起こす可能性があることは、一般人も本人もまったくわからなかったために、その事故は、Xにとっても不可抗力であった（つまり無過失であった）からである。

故意犯処罰の原則と過失の関連を図にまとめると、以下のようになる。

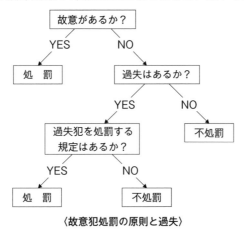

〈故意犯処罰の原則と過失〉

27-4. 責任——まとめ

　責任とは、違法な行為をした者に対する非難（「そんな違法な行為をしたらダメじゃないか！」という非難）ができることであった。しかし、通常は、違法な行為に対してそのような非難ができるわけだから、そのような非難のできない特別の理由（責任阻却事由）の有無を検討すれば足りる（☞ 27-1、27-2）。また、責任阻却事由とは別に、故意犯処罰の原則があるため、原則として、故意がなければ処罰しない。ただし、過失を認定することができ、過失犯処罰規定のある場合には、例外として処罰することができる。しかし、過失すらない場合は、非難するわけにはいかないから、責任はなく、処罰できない（責任主義〔☞ 27-3〕）。

　以上、**26** と **27**（「犯罪の成立要件」（1）（2））で、すべての犯罪に共通する 3 つの成立要件を見てきた。ある行為が犯罪となるのは、それが、①構成要件該当性（法の定める犯罪の型に当てはまること）、②違法性（反社会的であること）、③有責性（非難可能であること）、をすべて有する場合なのである。

―― **練習問題** ――――――――――――――――――――――――

〈確認問題〉

1. 次の文章の（　①　）～（　③　）には最も適切な語句を入れ、下線部Ⓐ
   ～Ⓒには［　　　］のなかから最も適切なものを選びなさい。また、下線部
   （ a ）のひらがなを漢字に直し、下線部（ b ）の漢字をひらがなに直しな
   さい。

   　刑法によれば、（　①　）歳に満たない者の行為は罰しないとされている
   （41条）。それは、そのような子どもに対しては、違法な行為をしたことにつ
   いて、非難ができないからである。
   　また、そのような非難ができない場合として、精神の障害を理由とするも
   のもある。これには、(a)しんしんそうしつ（39条1項）と（b）心神耗
   弱（39条2項）の2つがある。前者の場合、違法な行為に対する非難ができ
   ないため、Ⓐ［㋐無罪になる／㋑刑が減軽される／㋒量刑で考慮される］。
   後者の場合は、違法な行為に対する非難が減少するため、Ⓑ［㋐無罪になる
   ／㋑刑が減軽される／㋒量刑で考慮される］。
   　なお、刑法で定められている犯罪は、原則としてⒸ［㋐わざと行った／㋑
   うっかり行った／㋒その両方の］行為である（38条1項）。この「わざと」を、
   刑法上は（　②　）、「うっかり」を（　③　）と呼ぶ。

〈発展問題〉

2. 犯罪の成立要件を3つ挙げなさい。

3. Xが自動車を運転していたところ、当時はまったく知られておらず、本
   人も知らなかった、睡眠時無呼吸症候群のために、運転中突然意識を失い、
   3人に大けがを与えてしまった。この場合、Xを処罰することはできるか、
   また、それはなぜか、説明しなさい。

28. 犯罪の特殊な形態——未遂犯と共犯

28-1. 犯罪の特殊な形態

　これまでの議論では、単独で（**単独犯**）、結果が発生した場合（**既遂犯**）を想定してきた。次に、複数人で実行する場合（**共犯**）と、結果が発生しなかった場合（**未遂犯**）を見ておきたい。

28-2. 未遂犯

　未遂犯は、43条本文に定められている。また、未遂犯は処罰規定が各則に定められていなければ処罰されない（44条）。たとえば殺人罪に関しては203条で、窃盗罪に関しては243条でその未遂を処罰する規定がある。一般的には軽微でない犯罪について未遂犯処罰規定があると考えればよい。

　さて、未遂犯は43条本文が述べるように、「犯罪の実行に着手してこれを遂げなかった」というのが要件であり、その効果は「刑を減軽することができる」、すなわち任意的減軽である。未遂罪はたとえば以下のような場合に成立する。

> **例①**
>
> Xは、窃盗の目的で深夜、電気店に侵入し、店舗隅のタバコ売り場に行きかけたところで、たまたま居合わせた店員Aに取り押さえられた。

　この場合は、窃盗未遂罪である。未遂犯とは一般的には結果が発生しなかった場合のことをいうが、43条本文が定める通り「実行の着手」という段階にまでは至っている必要がある。したがって、それに至っていない段階（これを予備という）では未遂とならない。この予備は、殺人や強盗のようなきわめて重大な犯罪についてしか処罰規定がない（201条や237条）。

28-3.　不能犯

　もっとも、一見すると実行の着手があり未遂犯が成立しそうに見えるものの、処罰されるべきでない場合がある。以下の場合を見てみよう。

> **例②**
>
> Xは、Aを殺害しようと思って、呪いの儀式を行った。Xは、それで人が死ぬと本気で信じていた。

　たしかにXは、故意に基づいて一定の行為を行っている。しかし呪いの儀式で人を殺すことは絶対に不可能であるから、そのような場合まで処罰する必要はない。そこで一般的には、例②のように行為の性質上、結果を発生させることが不可能な場合を**不能犯**と呼び、不処罰としている。もっとも、行為者は結果が発生すると思っているが現実にはそれは不可能であるという場合は、実際にはそう多くはない。判例においても、硫黄で人を殺そうとした場合に殺人としては不能犯とした（健康被害については傷害罪を認めた）事案がある程度である。

28-4.　中止犯

　さきほど見た43条には、但書がある。「自己の意思により、犯罪を中止し

たときは、その刑を減軽し、又は免除する」というものである（**中止犯**）。「減軽し、または免除する」であるから、本文（通常の未遂犯）が任意的減軽であることと比較して、中止犯の場合は必要的減免と呼ぶ。あくまでも43条本文（未遂犯）を前提とした規定であるから、結果が発生して既遂犯となった場合には中止犯は成立しない。中止犯はたとえば、以下のような場合に成立する。

例③

Xは、Aを殺害しようと思ってライフルの狙いを定めたが、Aが娘Bと楽しそうに遊んでいるところを見て、思い直して中止した。

中止犯は、43条但書が定めるように、「**自己の意思により**」中止した場合でなければならない。例③は、誰かに強制されたわけでもなく、まさに自発的に中止したのであるから、中止犯が成立する。

28-5. 共犯の3形態──①共同正犯

次に、共犯を見てみよう。共犯の規定は60条以下にある。

60条が共同正犯、61条が教唆犯、62条が幇助犯である。共同して実行した場合が共同正犯、他人に犯罪を唆した場合が教唆犯、他人の犯罪を援助した場合が幇助犯である。

共同正犯は、「二人以上共同して犯罪を実行した場合は、すべて正犯とする」というものである。「すべて正犯とする」ので、すべて同じ刑で処断される。具体的に見てみよう。

例④

Xは、Aと一緒に、Cの家に侵入して2人で金塊を運び出した。

例④では、XとAが2人で金塊を運び出しているのであるから、窃盗（および住居侵入罪）という犯罪を「共同して実行した」といえる。この場合、2人とも窃盗罪の共同正犯として、いずれも10年以下の懲役または50万円

以下の罰金に処せられる(1)。

28-6.　共犯の3形態──②教唆犯

教唆犯とは、61条が定めるように他人に犯罪を唆して実行させる行為をいう。たとえば、以下のような場合である。

> ──　**例⑤**　──
> Xは、Aに、Cの家に侵入して金塊を持ち去るよう依頼したところ、Aはそれを実行した。

「唆す」とは犯罪の実行を決意させることであって、命令、依頼、懇願などを含む。その効果（刑罰）は、「正犯の刑を科する」なので、XはAと同じ刑で処罰される。

28-7.　共犯の3形態──③幇助犯

幇助犯とは、62条が定めるように正犯を幇助する行為である。たとえば、以下のような場合である。

> ──　**例⑥**　──
> Xは、AがCの家に侵入して金塊を持ち去る計画を聞いたので、Cの家の金庫の暗証番号を教えた。

幇助とは、物理的または心理的に犯罪の実行を促進させる行為である。例⑥のXは、金庫の暗証番号を教えることによって窃盗行為が容易になっているため、幇助犯が成立する。幇助犯の効果（刑罰）は、「正犯の刑を減軽する」（62条）である。減軽の方法は68条に定められているように、科される

---

(1)　なお、実際の量刑は、それぞれの犯情（たとえばどちらがより首謀的な役割を果たしていたか）なども考慮して決められるため、言い渡される刑（宣告刑）がXとAとで異なることは大いにありうる。「すべて正犯とする」というのは、言い渡すことのできる刑の範囲が同じであるという意味である。

刑罰によって異なるが、基本的には上限と下限が半分になると考えればよい。

　なお、教唆犯と幇助犯は、拘留または科料しか定められていない犯罪については処罰されない（64条）。拘留または科料しか定められていない犯罪は侮辱罪（231条）がある程度であるが、教唆犯と幇助犯は、そのような意味において正犯（共同正犯も含む）よりは軽い形態と考えられている。

―― **練習問題** ――

〈確認問題〉

1. 次の文章の（　①　）～（　⑨　）には最も適切な語句を入れ、下線部Ⓐ ～Ⓓには［　］のなかから最も適切なものを選びなさい。また、下線部 （ａ）（ｂ）のひらがなを漢字に直しなさい。

　　たとえば、AがBの胸をナイフで刺し、死亡させたとしよう。これまでの検討に従うと、違法性（ａ）そきゃくじゆうも責任（ａ）そきゃくじゆうもなければ、Aは、殺人（　①　）罪として処罰される（刑法199条）。では、Bが助かった場合はどうか。この場合には、殺人（　②　）罪として処罰される（刑法199条・203条）。生命という重大な利益を保護する場合には、（　②　）段階でも処罰されるのである（さらに、殺す目的でナイフを準備すれば、殺人（　③　）罪として処罰される）。その意味で、（　②　）は、（　①　）の前の段階を処罰の対象にしている。（　①　）の前の段階でも処罰すべきなのは、通常ならば結果が発生して（　①　）になるような、危険な行為がなされた、すなわち「（　④　）」があったからである（刑法43条本文）。先の例では、ナイフで刺したことが（　④　）に該当する。

　　客観的な状況から見て、そもそも犯罪ができないと判断される場合を（　⑤　）という。殺害目的で硫黄を飲ませる行為が、その一例である。

　　ほかにもさまざまな事例があり、（　②　）の成否が問題となるが、それを直接規定する条文がⒶ［㋐ある／㋑ない］ため、その解決は刑法43条本文の解釈に委ねられている。また、「（　⑥　）」により、犯罪を中止すれば、刑が（ｂ）げんけいまたは免除される（刑法43条但書）。この規定は、病院に運んだが被害者は死亡してしまったというような結果が、Ⓑ［㋐発生すると適用されない／㋑発生しても適用される］。

　　刑法典には、共犯（複数人が犯罪に関与する場合）の類型として、共同して犯罪を実行する（　⑦　）（刑法60条）、他人を唆して犯罪を実行させる（　⑧　）（刑法61条1項）、他人の犯罪を援助する（　⑨　）（刑法62条1

項）が定められている。（　⑧　）の例としては、AがBに、Ⓒ［㋐Cから為替手形を「盗めばよい」といって／㋑Cから為替手形を「一緒に盗もう」ともちかけて］、それが実行された場合が挙げられる。また、Ⓓ［㋐AがBと役割分担をして本屋から雑誌を盗んだ場合／㋑AがBの銀行強盗のために運搬用自動車を手配した場合］、Aは通常、（　⑨　）として処罰される。

〈発展問題〉

2．次の（1）～（4）の犯罪について、本文の記述を参考にしながら、その未遂、予備が処罰されているかを検討しなさい。

（1）他人の建造物等への放火罪（刑法 108 条・109 条 1 項）
（2）住居等侵入罪（刑法 130 条）
（3）詐欺罪（刑法 246 条）
（4）私文書偽造罪（刑法 159 条）

29. 刑法各論の概観

29-1．刑法各論（第2編　罪）を学ぶ意義

　すでに学んだように、刑法は第1編総則と第2編罪に分かれている。本章では後者を概観する。伝統的なカリキュラムでは、先に前者、次に後者を学ぶことになっているが、後者の知識は、前者を学ぶ際も有益である。たとえば、刑法総論（刑法1）の試験で以下のような事例が出題されたとしよう。

> **例①**
>
> Xは、家でアロマキャンドルの火を点したところ、香りに誘われて眠くなってきて家が燃えるかもしれないと思いつつ、そのまま寝込んでしまい、実際に火事になってしまった。

　刑法総論の試験であれば論じるべきは不作為犯である。火を消さなかったという不作為が、現住建造物放火罪（108条）の「放火した」に当たるかを検討すべきである。

　さて、108条は第2編の条文である。試験の論点に気づくためには、刑法総論を先に学ぶカリキュラムであっても第2編の全体像を知っておいて損はしない。実際に、さる高名な刑法学者が刑法各論の知識のない総論の答案はミゼラブル（悲惨）だと言われたこともあるくらいである。とはいえカリキュラムの都合上、総論を学習するさいに各論の知識がないことは通常は考慮されるであろう。

　なお、総論の講義の設例や判例でよく取り上げられる犯罪は、以下の解説において太文字で示し、あらためて最後でもまとめてあるので、総論の講義の際の参考にしてほしい。

29-2. 第2編の全体像

　第2編は、77条からはじまる。77条は内乱罪であり、「国の統治を破壊……」とある。このように、第2編は国を攻撃する罪からはじまる（一般的には**国家的法益に対する罪**と呼ぶ）。しばらく進んで106条になると、雰囲気が変わる。106条は騒乱罪であるが、これは、国ではなくて、一地方を害する罪である（**社会的法益に対する罪**）。さらにしばらく進んで、199条の殺人罪から、個人を害する罪がはじまる（**個人的法益に対する罪**）。

　このように見てくると、第2編の概略は以下のように図示できる。法律における順番は国家的法益に対する罪→社会的法益に対する罪→個人的法益に対する罪であるが、実際の重要性はその逆であるため、講義で学ぶ場合も個人的法益から学ぶのが通常である。本書でも、個人的法益から概観する。

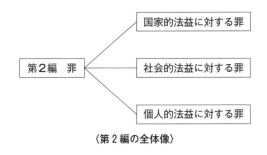

〈第2編の全体像〉

29-3. 個人的法益に対する罪

　個人が有する法益（法によって保護される利益）は、おおまかに、生命、身体、自由、名誉、財産である。多少の例外はあるが、刑法でもその順序でそれらに対する罪を列挙している。

29-3-1. 生命に対する罪

　生命に対する罪の代表格は**殺人罪**（199条）であるが、そのほか、胎児の生命に対する罪である堕胎罪（212条以下）、人の生命を危険にさらす罪（危険犯という）である遺棄罪（217条以下）などがある。「……に対する罪」といっても、それを失わせる罪だけではなく、危険犯のように、危険にさらす行為も処罰されることがある。

　刑法各論（または刑法2）という科目では、それらの条文の細部を学ぶ。たとえば、殺人罪の「人」は胎児や法人を含むのか（結論としては、いずれも含まない）といった具合である。入門レベルにおいては、すでに述べたように大まかにどのような罪が第2編で定められているかを知っていればよい。

29-3-2. 身体に対する罪

　身体に対する罪の代表格は**傷害罪**（204条）であるが、実質的にはその未遂犯として機能している暴行罪（208条）や、それらの罪を犯すつもりが勢いあまって死なせてしまった場合に適用される**傷害致死罪**（205条）などがある。

　傷害致死罪は、結果として人を死なせているが、殺意がない点で殺人罪と

異なる。この2つの区別は、総論を学ぶ際にも知っておくと有益である。

　また、生命・身体はとくに重要な利益であるから、過失による場合も処罰される（209条以下）。現実に適用されるのは、211条前段（**業務上過失致死傷罪**）または自動車運転過失致死傷罪（自動車の運転により人を死傷させる行為等の処罰に関する法律5条。なお、この法律はポケット六法やデイリー六法でも参照できる）である。

29-3-3．自由に対する罪

　自由に対する罪は、身体的自由（移動の自由）に対する罪である逮捕監禁罪（220条以下）、略取および誘拐の罪（224条以下）と精神的自由（意思決定の自由）に対する罪である脅迫の罪（222条以下）、性的自由に対する罪（176条以下）、住居の自由に対する罪（130条以下）に分かれる。

　性的自由に対する罪（いわゆる性犯罪）と住居の自由に対する罪の規定は殺人罪よりも前に置かれている。このように、国家的法益→社会的法益→個人的法益という順序は、目安ではあるが絶対的なものではない。

29-3-4．名誉に対する罪

　名誉に対する罪は、230条以下に定められている[1]。

29-3-5．財産に対する罪

　窃盗罪を定める235条以下が、財産に対する罪（財産犯）である。刑法は264条までであるから、財産に対する罪だけで、30条近くの条文があることになる。それだけに、財産に対する罪を使いこなせるようになることは、刑法各論を学ぶうえでは重要なことである。ただし、入門書レベルでは、**窃盗罪**（235条）、**強盗罪**（236条）、**詐欺罪**（246条）、**器物損壊罪**（261条）といった代表的な類型を知っていれば足りる。

---

(1)　これと毛色はずいぶん異なるが、業務妨害罪（233条以下）は、現実のニュースなどでよく登場する。

29-4. 社会的法益に対する罪

次に、社会的法益に対する罪を概観する。放火罪以外はイメージが沸きにくいが、具体例をふまえてイメージさえつかめば、それほど難しくはない。また、全体像をつかむのが目的なので、重要な類型だけを見ていくことにしたい。

29-4-1. 放火の罪

放火の罪は、108条以下で定められている。ここで、108条を見てほしい。殺人や窃盗に比べると、条文が複雑なことに気づくだろう。このように、条文が複雑なのが放火罪の特徴である。放火の罪は118条まであるが、何に放火し（火を放っ）たのか、それが故意か過失かによって罪名（適用条文）が分かれているため、多くの規定があるのである。他人の家に放火した場合は「現住建造物」であるから**108条**（現住建造物等放火罪）だが、他人のバイクに火を放った場合は110条1項（建造物等以外放火罪）である。

29-4-2. 偽造の罪

148条以下に通貨偽造の罪、154条以降に文書偽造の罪が定められている。偽造というと、「偽物をつくること」と思いがちであるが、以下のような場合はどうだろうか。

> **例②**
>
> Xは、Yからの借金をすでに返していたが、その際に領収書をもらっていなかったところ、Yから返金を督促されたので、Yの筆跡を真似て領収書を作成して、Yに提示した。

Xが作成した文書（領収書）に書かれていることがら（Xが借金を返済済みであること）は、真実であるが、結論としては偽造文書である。実際には領収書が作成されていないため、例②のような行為は、やはり文書の機能（信用性）を害するからである。このように見てくると、「偽造」とは、内容

が真実と一致しているかどうかではなく、他人の名義を冒用（勝手に使った）という点に見るべきであり、一般的にはそのように解されている。

　もっとも、とくに重要な文書については内容の真実性も重要であるから、その場合にも処罰されることがある。ただしその場合は、「偽造」ではなくて、虚偽作成という罪として扱われる（157条や160条）。

29-4-3.　風俗犯

　公然わいせつ罪（174条）、わいせつ物頒布罪（175条）や賭博の罪（185条以下）をまとめて風俗犯と呼ぶ。具体的にどこまでを「わいせつ」と呼ぶかなど、現実の適用まで検討すると考える点の多い類型である（興味をもった人は、入門を終えて専門科目で頑張ってほしい）。

29-5.　国家的法益に対する罪

　国家的法益に対する罪は、まず、内乱罪（77条）などの国家体制や国家の安全に対する罪、外国国章損壊罪（92条）などの外国に対する罪があるが、これらが実際に問題になることはきわめてまれであり、現実に重要なのは賄賂罪（197条以下）などの国家機関の民主性に対する罪と公務執行妨害罪（95条1項）などの国家・地方公共団体の作用に対する罪である。以下では、その2つを概観したい。

29-5-1.　国家機関の民主性に対する罪

　この類型において重要なのは、賄賂の罪（197条以下）である。賄賂の罪も多くの類型があるが、現実においても、学習においても単純収賄罪（197条1項前段）が最も重要である。単純収賄罪は、公務員が「その職務に関し」（職務関連性）賄賂を収受などすることが要件である。職務関連性が認められるかどうかが賄賂罪の議論の中核であるが、詳細は刑法各論で学んでほしい。

29-5-2.　国家・地方公共団体の作用に対する罪

　この類型に当たるのは、公務執行妨害罪（95条1項）のほか、逃走の罪（97

条以下）などである。

　公務執行妨害罪は、職務執行中の公務員に対して「暴行又は脅迫を加え」る罪である。したがって、その他の方法（たとえばいたずら電話など）で公務員の職務を妨害する場合は、同罪は成立しない[2]。このように、見聞きしたことのある犯罪類型でも、実際の規定と最初のイメージが乖離（かいり）している場合も少なくないので、しっかり六法で規定を確認することは、やはり重要である。

29-6. おさらい

　最後に、総論の学習上、とくに必要な条文についておさらいしておこう。本章で取り上げてきた類型のうち、殺人罪、傷害罪、傷害致死罪、業務上過失致死傷罪、窃盗罪、強盗罪、詐欺罪、器物損壊罪がそれに当たる。ここでは、財産犯以外のそれぞれの類型の典型例[3]と、注意事項を挙げておきたい。

29-6-1. 殺人罪の典型例

> **例③**
> Xは、ナイフでAの心臓を一突きにして即死させた。

　この事案は、故意（殺意＝殺人罪の故意）もあるので、殺人罪である。殺人罪そのものは、とくに注意事項はない。しかし、以下の傷害致死罪との違いは知っておいて損はない。

29-6-2. 傷害致死罪の典型例

> **例④**
> Xは、かっとなってAを殴りつけたところ、Aは転倒して頭部を強打し、死亡してしまった。

---

(2) その場合は、偽計業務妨害罪（233条後段）に問うのが現実の運用である。
(3) 「犯罪」について学ぶのが刑法の学習なので、穏便でない事例も含まれている。

　この事案は、殺人罪ではなく傷害致死罪である。傷害致死罪とは、傷害罪または暴行罪の故意はあるが、死亡については故意がない場合で、被害者が死亡してしまったときに適用される。このように、途中まで（基本犯と呼ぶ）故意があり、最終的な結果（死亡）については故意がない類型のことを**結果的加重犯**という。死亡について故意があるのが故意犯である殺人罪、途中までしか故意がないのが結果的加重犯である傷害致死罪である。なお、例④は、暴行の故意だけがある類型である。

29-6-3.　傷害罪の典型例

> **例⑤**
>
> Xは、指をけがさせてピアニストAを大会に出られなくさせてやろうと思って、Aの指をバットで殴打したところ、Aは骨折してしまった。

　この事案は、骨折させようという傷害の故意があり、結果として骨折という傷害罪の結果も生じているため、傷害罪の典型例である。ただし、傷害罪は暴行罪の故意しかない場合も成立する。

29-6-4.　業務上過失致死傷罪の典型例

> **例⑥**
>
> 1　医師Xは、Aに対して胃カメラでがん検診を行っている際、看護師と雑談をしていたために手元が狂って、Aの鼻腔に全治2週間の傷害を負わせてしまった。
> 2　医師Xは、Aに対して胃カメラでがん検診を行っている際、看護師と雑談をしていたために手元が狂って、Aの胃に穴を開けてしまい、Aは死亡してしまった。

　いずれの場合も、211条が適用される。もっとも、被害者に生じた結果が傷害の場合と死亡の場合で区別はすべきであるから、例⑥-1の罪名は業務上過失致傷罪、例⑥-2の罪名は業務上過失致死罪である。

　現在は、自動車事故の場合は自動車運転過失致死傷罪（自動車の運転により

人を死傷させる行為等の処罰に関する法律5条）が適用されるが、その法律が定められる前は以前は業務上過失致死罪が適用されていた。自動車事故に関する過去の判例を学ぶ際、罪名が業務上過失致死罪となっているのはそのためである。

29-6-5. 財産犯について

窃盗罪、強盗罪、詐欺罪、器物損壊罪は、総論の学習でまま取り上げられる類型であるが、ひとまずは、条文を一読しておけば足りる。かつては、他人の飼い犬を殺傷した場合にも器物損壊罪が適用されることに注意が必要であったが、現在は動物愛護法における殺傷罪の法定刑の上限が懲役5年に引き上げられ、そちらが適用されることになった[4]。

---

(4) ただし、同法で保護される愛護動物は、「牛、馬、豚、めん羊、山羊、犬、猫、いえうさぎ、鶏、いえばと及びあひる」および、「その他、人が占有している動物で哺乳類、鳥類又は爬虫類に属するもの」（44条）であるので、飼われている蛙を殺害した場合は器物損壊罪、蛇を殺傷した場合動物愛護法という違いが生じることには注意が必要かもしれない（法律学習においては豆知識にとどまる）。

── **Part 5　実力確認問題（法学検定〔ベーシック〕より）** ──

問題1　以下の記述のうち、誤っているものを1つ選びなさい。

1. 罪刑法定主義の「法律なければ犯罪はない」という原則の要請から、刑法の法源は国会において法律の形式で立法された法律に限られることを原則（法律主義）としている。

2. 刑法には罰則の委任の一種として、法律において処罰の対象となる行為の枠を一応定めたうえで、構成要件の細目を政令以下の命令に委任する、いわゆる「白地刑罰法規」が存在する。

3. 条例は、政令以下の命令と異なり地方議会の議決を経て立法されている点で、罪刑法定主義の民主主義的要請を満たしているといえるので、法律の範囲内である限りにおいて、罰則規定制定の包括的委任が認められている。

4. 一定の先例拘束性が認められる判例は、法源として法律と同様の効力を有することが認められている。

問題2　以下の文中のカッコ内に入る語の組み合わせとして、適切でないものを1つ選びなさい。

犯罪は、行為が（　a　）（　b　）（　c　）という3つの犯罪成立要件を順次備えるときに成立する。たとえば（　d　）は、（　a　）の段階で問題となる要素であり、（　e　）は、（　b　）の段階で問題となり、（　f　）は（　c　）の問題である。

1. a ＝構成要件該当性　　d ＝因果関係
2. b ＝違法性　　　　　　e ＝正当防衛
3. b ＝違法性　　　　　　e ＝期待可能性
4. c ＝有責性　　　　　　f ＝違法性の意識の可能性

問題3　以下の文中のカッコ内に入る語ことして、使用されないものを1つ選びなさい。

犯罪によっては、たとえ（　a　）が行われても、そこから一定の結果が発生しないかぎりは構成要件該当性が認められないものがある。このような犯罪を結果犯と呼ぶが、結果犯においては、（　a　）のほかに、（　b　）および（　c　）が構成要件要素となる。

1. 実行行為　　2. 故意　　3. 結果　　4. 因果関係

問題4 以下のうち、正当防衛が成立ために要求されていないものを1つ選びなさい。

1．侵害の急迫性　2．侵害の違法性　3．防衛行為の相当性　4．法益の均衡

問題5 以下の記述のうち、正しいものを1つ選びなさい。

1．犯罪の実行に着手しない限りは、処罰されることはない。
2．犯罪の実行に着手し、これを遂げなかった場合のすべてが、処罰されるわけではない。
3．犯罪の実行に着手し、これを遂げなかったときは、刑を減軽しなければならない。
4．自己の意思により犯罪を中止した時には、刑を免除しなければならない。

問題6 中止犯に関する以下の記述のうち、正しいものを1つ選びなさい。

1．犯罪の実行に着手した犯人が、後悔し、結果発生防止のために最大限努力をしたが結果が発生した場合、中止犯は成立せず通常の未遂犯が成立する。
2．中止犯が成立した場合、かならず刑を免除しなければならない。
3．放火の実行に着手した犯人が、新聞配達員が近づいてきたことに気がつき放火の発覚を恐れて消化したため放火未遂とどまった場合、判例によれば中止犯が成立する。
4．放火の実行に着手した犯人が近隣住民に「火事だ」と叫んで走り去ったあと、近隣住民が消火したため、放火未遂にとどまった場合、中止犯は成立しない。

付録１．法律学習に役立つ略語一覧

　本書のような入門書を「卒業」して、より専門的な書籍を読んだり、判決文を読んだりするようになったとき、覚えておくと便利な略語をいくつか挙げておく。

大判　大正○年○月○日：**大審院判決**　大正○年○月○日
民録：大審院**民**事判決**録**
刑録：大審院**刑**事判決**録**
　＊大審院とは、1875（明治 8 ）年に設置され、1947（昭和 22）年まで存続した最
　　上級の司法裁判所

最判　平成○年○月○日：**最高裁判所判決**　平成○年○月○日
最大判　平成○年○月○日：**最高裁判所大法廷判決**　平成○年○月○日
最◎小判　平成○年○月○日：**最高裁判所**第◎**小法廷判決**　平成○年○月○日
最決　平成○年○月○日：**最高裁判所決**定　平成○年○月○日

　＊最高裁の大法廷判決は、憲法判断が含まれるものや従来の判例が変更されてい
　　るものである。重要な判決が多いので、注意しよう。

東高判　平成○年○月○日：**東京高**等裁判所判**決**　平成○年○月○日
東地判　平成○年○月○日：**東京地**方裁判所**判決**　平成○年○月○日

民集　○巻○号○頁：最高裁判所**民**事判例**集**　○巻○号○頁
刑集　○巻○号○頁：最高裁判所**刑**事判例**集**　○巻○号○頁

　教科書・概説書のなかでは、法律の専門雑誌などのタイトルも、省略されて表記されることがある。これらの雑誌に掲載された判決のなかでも、重要なものは、教科書・概説書でも紹介されていることが多い。理解を深めるためにも、判決文を読んでみることを勧める。

判時：判例**時**報
判タ：判例**タ**イムズ
金判：金融・商事判例
訟月：訟務月報
金法：金融**法**務事情

付録2. 大学での試験とその取り組み方

　本書では、法学を学ぶための基礎的な知識を身につけてきた。数学の学習で公式を覚えることと同じように、基礎的な知識（単語）を身につける（覚える）ことは重要である。他方、公式を覚えたとしてもそれを実際に使うことができなければ数学の試験で点数を取ることができないのと同様、法学部での試験で点数を取ることは覚束ない。そこで本章では、これまで学んだ知識を大学の試験でどのように活かすかを考えていきたい。

1. 大学での試験

　大学での試験は、法学部にかぎらず、小論文形式であることが多い。少なくとも、そのような問題がたいていは含まれている。そしてその問題は配点の大きなウェイトを占めるので、それに適切に解答できないと合格できず卒業できないことになってしまう。

　まずは、どのような問題が出題されるのかを見てみよう。筆者が担当する刑法の科目を例に考えてみたい[1]。

例題1

　大学生Xは詰め替え用洗剤（200ｇ）を間違えて2つ買ってしまったので、1つを友人Aの自宅に届けたところ、Aに手渡す際に誤ってそれを落としてしまい、それがAの左足の小指の上に落ちたため、Aは骨折してしまった。A本人も気づいていなかったが、Aは不摂生な食生活を送っていたため、骨が極度に弱っていたことがのちに判明した。なお、Aは心が広く、骨折の診断を受けたあとも、「そんなので骨って折れちゃうんだね。脆いよね」と言ってXと談笑していた。

　Xは過失傷害罪の罪責を負うか。

　さて、この例題は、（出題者の「ひっかけ」のために）若干砕けてはいるものの、刑法総論（刑法1という科目名の大学も多い）の試験に出題されてもおかしくない事案である。大学の試験で出題されるということは、大学で学んだ知識を活かして解答しなければならない。したがって、以下のような答案は間違いなく落第になってしまう。

---

(1)　なお、民法に関しては、松原孝明＝堀川信一編『民法入門1　民法総則』（尚学社）207頁以下が参考になる。

解答例1

　Xは過失傷害罪の罪責を負うだろうか。

　たしかにXは誤って洗剤を落としてしまったので、過失傷害罪の罪責になりそうである。

　しかし今回は、洗剤を届けるという好意から生じた不幸な事故であるし、Aも「そんなので骨って折れちゃうんだね」と言って笑って許している。こうしたことから、Xに処罰は不要であると考える。そのため、Xは過失傷害罪の罪責を負わない。

　この解答は、それなりの理由で「過失傷害罪の罪責を負わない」という結論を導いている。しかし、本書で学んだような刑法の知識はいっさい活かされていない。そのため、このような答案は、刑法の単位を与えるに相応(ふさわ)しくない答案ということになる。

　では、どのように考えていけばいいのだろうか。

2．小論文型答案の大まかな構成

　とはいえ、解答そのものは小論文なのであるから、推薦入試対策などで書いたことがあるはずの、小論文の構成に沿って解答すればよい。小論文とは、通常は序論・本論・結論の順番で書かれるが、それを法学の学びと対応させると以下のようになる。

通常の小論文	法学の答案
序論	①問題提起
本論	②規範定立
	③あてはめ
結論	④結論

　大まかにいえば、最初に問題を提起して（上記①）、その問題についての一般的な考え方を示し（上記②）、それを事案にあてはめて（上記③）結論を示す（上記④）ということである。以下それぞれを詳細に見てみよう。

3．問題提起

　まず、小論文でいえば序論に当たる問題提起である。

　問題提起であるから、たしかに、解答例1のように「Xは過失傷害罪の罪責を負うか」と述べておけば、たしかに一定の格好はつく。ただし、できればもう一言あったほうがよい。それは、「なぜその点が問題になるか」という点である。実はこの点を書くことがいちばん重要で、いちばん難しい。そのため、小論文型の答案では、実際に答案を書きはじめる前に、上記①〜④で何を書くかをまとめておいたほ

うがよい。小論文である以上、全体のつながりが重要だからである。以下、まとめのために留意すべき単語にアンダーラインを引いてあるので注意しながら読んでほしい。

　さて、例題 1 では、因果関係が問題となる。因果関係という用語は本書ですでに学んでいるが、覚えているだろうか。この用語は、一般的には、「行為者が創出した危険が現実化したこと」とされている（☞ 26-2-3）。これをふまえると、例題 1 において因果関係が認められるかは疑問たりうる。なぜなら、まさに A が「そんなので骨って折れちゃうんだね」というように、通常であれば 200ｇ の詰め替え用洗剤を落とすという行為から骨折という結果は生じないとも考えられ、例題 1 の X は、骨折するほどの危険を創出しているとはいえない、という考え方もありうるからである。A の骨が弱っていたせいである、と考えることもできよう。このように、問題に取り組む第 1 段階として、何（どの概念・論点・単元）が問題になっているかを考えることが重要である。

　それがわかれば、たとえば、「因果関係との関連で問題となる。」という一文を足すとよい。事案から論点を正確に抽出したこと（ひいてはその論点を正確に理解していること）を答案に示すことができる（そのため、点数をもらうことができる）。

　そうすると、例題 1 の解答の冒頭には、以下のように示すことになる。

> X は過失傷害罪の罪責を負うか。因果関係との関連で問題となる。

　あまり頼ってほしくないが、「○の罪責を負うか。○との関連で問題となる。」の○の部分を入れ替えれば、他の問題にも使うことができる。

4．規範定立

　問題点がはっきりすると、次は、その論点（概念）についての考え方（内容）を明らかにする必要がある。例題 1 では因果関係が問題となっているのであるから、その定義を示せばよい。すなわち、「条件関係を前提として、行為者が創出した危険が結果に現実化したこと」である。この点を法学の学びにおいては規範定立と呼ぶのが一般的である。

　さて、ここで、専門科目の答案を書くためには、単語を覚えるだけでは実は足りないことが明らかとなる。結果についての責任を問うためには因果関係がなければならないということは、学ぶうえでの第一歩として重要である（そのため、本書は章ごとに確認問題でその単語を覚えているかのチェックを行っている）。ただ、その単語の定義を覚えて、そしてさらに、その単語（概念）を実際に用いるべき事例を理解してはじめて専門科目でも使える知識となる。

　たとえば例題 1 については、規範定立は以下のように行う。

> この点につき、因果関係は、行為者が創出した危険が結果に現実化したといえる場合に認められると考える。

なお、その規範（定義）に根拠があればなおよい。法学とは説得の学問だからである。たとえば上記の考え方（<u>危険の現実化説</u>）については、「なぜなら、厳しい制裁をともなう刑法においては、原因と結果の関係だけでなく、結果が行為者の仕業（わざ）として帰属できるかという視点が重要だからである」といった具合である。

5. あてはめ

このように考え方の筋道がはっきりしたら、それを基に事案を検討することになる。簡略化していえば、「規範を事例にあてはめる」のである。

例題 1 でいえば、X は人が骨折する危険を創出したといえるのか、その危険が現実化したといえるかを検討することとなる。危険の現実化という考え方によれば、どのような危険を創出したか、それが結果に実現したかが重要となる。——ここから先は本書で学んだことを超えているが——一般的な危険の現実化説によれば、客観的に存在したすべての事情を判断の基礎とする[(2)]。したがって、例題においてAの骨が極度に弱くなっていたことも判断の基礎となる。これをふまえて考えると、骨が極度に弱くなっている人の足の小指の上に 200 ｇ もの物体を落とすことは、骨折する危険を有しているといえる。また、骨折という結果はまさにその行為によって発生したものであり、危険が現実化したといえる。したがって、危険の現実化説によれば、因果関係があるといえよう。この点を答案に置き換えると、以下のようになろう。

> この点をふまえて事例を検討すると、X は、骨が極度に弱くなっているAの足の小指に 200 ｇ もの物体を落としているのであるから、骨折する危険を創出しているといえる。また、骨折という結果はまさにその行為によって発生したものであるから、X の創出した危険が現実化したといえる。したがって、X の行為とAの骨折という結果のあいだには因果関係がある。

あえて「型」を示すとすれば、「この点をふまえて事例を検討すると……」とはじめて、事案と規範の対応関係を示すのがあてはめである。上の回答例では、規範の前半部分「危険の創出」と「<u>骨が極度に弱くなっているAの足の小指に 200 ｇ もの物体を落とす</u>」という事実が、規範の後半部分「結果に現実化した」と「<u>骨折という結果はまさにその行為によって発生した</u>」という事実が対応している。

6. 結論

ここまで来ると、結論はもう出ている。因果関係がある以上、<u>過失傷害罪</u>は成立する。

---

(2)　したがって、丁寧なあてはめを行うためには、専門科目の教科書などで定義の詳細まで押さえておくことが肝要である。定義の詳細まで理解できているかどうかが、あてはめで問われているのである。

> そのため、Xは過失傷害罪の罪責を負う。

　もちろん、構成要件の要素は因果関係だけではないから（☞ 26-2-2）、厳密にいえば、過失傷害罪の罪責を負うという結論の前に過失などのその他の要素についても述べておくことが望ましい。ただし、それらの要素についてはごく簡単にとどめるべきである。というのは、最も議論すべきは因果関係であって、その他の点は争う余地がほとんどないからである。事例に「誤って」とある以上「過失」はあるし、「骨折」が「傷害」に当たることは誰も疑わないからである[3]。万一、「過失」や「傷害」の定義を長々と述べて、因果関係についてわずかしか触れていない答案があったとすれば、分量が多かったとしても落第を覚悟したほうがよい。問題提起が誤っている以上、書くべき点が書かれていない答案だからである。

7. まとめ

　これまで、アンダーラインを引いた箇所をまとめると以下のようになる。これが、答案の設計図である。

問題提起	因果関係
規範定立	危険の現実化説
あてはめ	「骨が極度に弱くなっているＡの足の小指に 200 ｇ もの物体を落とす」、「骨折という結果はまさにその行為によって発生した」
結論	過失傷害罪

　また、これまでの記述をまとめると、論文型の答案の骨格は以下のようになる。

> 　Xは過失傷害罪の罪責を負うか。因果関係との関連で問題となる。
> 　この点につき、因果関係は、条件関係を前提として、行為者が創出した危険が結果に現実化したといえる場合に認められると考える。なぜなら、厳しい制裁をともなう刑法においては、原因と結果の関係だけでなく、結果が行為者の仕業（しわざ）として帰属できるかという視点が重要だからである。
> 　この点をふまえて事例を検討すると、Xは、骨が極度に弱くなっているＡの足の小指に 200 ｇ もの物体を落としているのであるから、骨折する危険を創出しているといえる。また、骨折という結果はまさにその行為によって発生したものであるから、Xの創出した危険が現実化したといえる。したがって、Xの行為とＡの骨折という結果のあいだには因果関係がある。
> 　そのため、Xは過失傷害罪の罪責を負う。

---

[3]　また、刑法総論が1年次、刑法各論が2年次の科目である場合は、そもそもまだ学習していないことがらも多いので、採点者（教員）もその点を考慮していることであろう。

　もちろん、かなり簡略化してあるので、因果関係についてのその他の考え方を規範定立で述べるとか、あてはめにおいて、客観的に存在したすべての事情を考慮するなどの点もあれば、さらに理想的な答案になる。

8. その他の科目の例

　ここまで、刑法科目を例に挙げてきたが、問題提起からはじまる答案構成は他の科目でも応用できる。他の科目であれば、以下のような問題が考えられる。例題2は憲法、例題3は民法の問題である。

例題2

　Xは、人口が急激に増加しているA市で薬局を開設しようと思ったところ、A市は条例で「薬局による不当廉売によって市民の健康が害されることを防止するため、薬局を開設する場合、既存の店舗から100 m以上離れた場所に開設しなければならない」と定めているため、開設許可が下りなかった。A市の制限は憲法上許されるかどうかについて論じなさい。

例題3

　Xは、自宅マンションの登記簿上の所有者がAになっていることを知ったが、登記名義の変更には手間もお金もかかると思い、10年以上放置していたところ、それを知ったAがBと同マンションの売買契約を結んでしまい、Bから立ち退き請求を受けることとなった。XはBに対して所有権を主張することができるか。

例題2、3について答案の設計図をつくると、以下のようになる。

	例題2	例題3
問題提起	営業の自由の制限	権利外観法理
規範定立	目的二分論	有責性
あてはめ	警察目的ゆえに厳格な合理性基準	有責性あり
結論	憲法上許されない	主張はできない

　このように、どの科目においても、事案を見てから論点を抽出し（問題提起）、その問題を解決するための（たいていの場合は一般的に採られている）基準を提示し（規範定立）、それに基づいて事案を解決（あてはめ）すれば、結論は出る。

9. 1行問題について

　これまでの例1〜3は事例問題と呼ばれている事案である。あまりないかもしれないが、出題方式として、1行問題と呼ばれているものも存在する。たとえば以下のような場合である。

例題 4：刑法における因果関係について論じなさい。
例題 5：規制目的二分論について論じなさい。
例題 6：権利外観法理について論じなさい。

　要は、例題 1 ～ 3 で論点となる概念について論じなさいというものである。したがって、ごく簡単にいえば、それぞれの規範定立で述べるようなことを書けばよい。すなわち、たとえば例題 4 であれば、どのような理由で危険の現実化説を支持するのか、その考え方の定義はどのようなものか、というものである。ただ、事例問題に比べれば、その他のことを考える余裕があるわけだから、たとえばどのような場合に危険の現実化が認められるのかなどの具体例を示すなど、より詳細に述べることは可能であり、必要である。

練習問題解答

【１．法の２つの分野】
1．（１）①検察官②行政処分
　　（２）（ａ）（狭義の、狭い意味の）民事訴訟（ｂ）刑事訴訟（ｃ）行政訴訟
　　（３）（ア）
　　〈解説〉
　　1-1、1-2。（１）①☞ 1-5、（３）☞ 1-3。
2．①民事②刑事③民事④刑事⑤民事⑥刑事⑦刑事⑧民事⑨民事⑩刑事
3．〈解説〉（１）☞ 1-1、1-2　（２）☞ 1-4　（３）☞ 1-5　（４）☞ 1-1、1-2、1-3

【２．司法制度】
1．（１）Ａ　控訴　Ｂ　上告　Ｃ　公開　Ｄ　国民審査　Ｅ　リコール　Ｆ　検察審
　　　　査会
　　（２）ウ
　　（３）イ、ウ　　　憲法 55 条、憲法 64 条参照
　　（４）〔高等裁判所／地方裁判所／簡易裁判所／家庭裁判所〕
2．☞ 2-1-1
3．☞ 2-3

【３．法の分類】
1．（１）憲法、民法、刑法、商法、民事訴訟法、刑事訴訟法
　　（２）ア×　行政法は公法　イ正解　ウ×会社法は私法　エ×国家が私人に刑罰を
　　　　科す際のルールを定めるものであり公法
2．①実定法　②自然法　③実体法　④手続法

【４．法源】
1．①法源　②法律　③判例　④慣習　⑤法律　⑥命令　⑦政令　⑧省令　⑨条例
2．法の欠缺。民法の場合には条理に従い解決するが、刑法の場合には、罪刑法定主
　　義により、被告人は無罪となる。
3．☞ 4-2-4 の（２）
4．☞ 4-2-4 の（３）

【５．法の解釈と適用】
1．（１）①要件　②効果
　　（２）③事実認定　④法の適用　⑤文理解釈　⑥縮小　⑦拡張（拡大）　⑧拡張
　　　　（拡大）　⑨縮小　⑩欠缺　⑪類推　⑫反対　⑬類推　⑭反対　⑮罪刑法
　　　　定主義
　　　　Ⓐイ　Ⓑウ

2．〈解説〉
「財物」は一般的に「有体物」を指すとされているので（民法85条）、ゲーム上の
アイテムはデータであって有体物ではないので、「財物」にあたるとすることは類
推解釈であって許されない。そのため、窃盗罪で処罰することはできない。ただ
し、他者のアカウントを不正に利用する行為は不正アクセス禁止法によって処罰
される。

【6．法と社会規範】

1．（1）＝（イ）　（2）＝（エ）　（3）＝（ア）　（4）＝（ウ）　（5）＝（オ）
2．（エ）
3．（ア）
〈解説〉
1．☞6-1
2．☞6-2
3．☞6-3-1

【7．法と歴史】

①民主主義　②法の支配　③憲法　④所有権絶対　⑤私的自治　⑥夜警国家　⑦
ワイマール憲法　⑧社会権　⑨ニューディール　⑩福祉国家

【Part 1　実力確認問題】

問題1　正解4　☞3-2-1、3-2-3
問題2　正解4　☞4-6-1
問題3　正解3　☞2-1-1および23頁の図〈裁判所の組織〉
問題4　正解2　☞1-4、1-5、2-2-3
問題5　正解4　民訴法133条2項2号および刑訴法256条2項参照
問題6　正解1　☞5-3-2。反対解釈が、「Pでなければqでない」ことを理解で
きているかが問われている。

【8．条文の読み方と構造】

①第1項　②第2項前段　③第2項後段　④第9号　⑤柱書　⑥前段　⑦後段
⑧第4項本文　⑨第4項但書　⑩第2項第1号　⑪第2項柱書　⑫本文　⑬但書

【13．憲法の意義】

1．①形式　②実質　③立憲的意味の憲法　④国家権力（公権力、政治権力、権力も
可）
2．①国家権力（公権力、政治権力、権力も可）　②人権（権利、自由、基本的人権も
可）　③権力分立（三権分立、権力の分立も可）　④最高法規　⑤硬性憲法　⑥軟
性憲法　⑦人権（権利、基本的人権も可）　⑧統治（統治機構も可）　⑨違憲審査
権（違憲立法審査権、違憲法令審査権、司法審査権も可）　⑩人権（⑦と同様）

⑪統治（⑧と同様）　Ⓐ失う
　3．①1946（昭和21も可）　②11　③3　④1947（昭和22も可）　⑤5　⑥3
　⑦国民主権　⑧戦争放棄（戦争の放棄、平和主義も可）　⑨基本的人権の尊重　Ⓐ
　ない
　　設問　「法律ノ範囲内ニ於テ」
4．☞ 13-1

【14．人権（1）──人権の考え方と分類】

1．（1）A精神的自由権　B社会権　C参政権
　（2）①自由権　②社会権　③自由権　④社会権　⑤自由権　⑥社会権　⑦社会権
2．①公共の福祉　②制度的保障　③/④/⑤　政教分離原則／大学の自治／私有財産
　制度（順不同）　⑥幸福追求権（生命・自由・幸福追求権）　⑦法の下の平等
　〔設問〕　人権という考え方はそもそも国籍にとらわれず、すべての人間を対象と
　しているということ、また国際協調主義の観点からすれば、人権にかんする複数
　の国際条約を批准しているので、外国人にも人権を保障する義務が日本にはある
　とされる。よって、外国人についても、原則として人権の享有主体である。ただ
　し、例外的に外国人の人権が制約される場合がある。
3．（a）（b）は直接に問題となる。一方AとDの関係は私人間であるため、（c）は
　直接には問題とならない。
4．☞ 14-2-1

【15．人権（2）──個別の人権規定】

1．①精神的自由権　②社会権　③経済的自由権　④社会権
　⑤参政権　⑥精神的自由権　⑦国務請求権　⑧精神的自由権
　⑨社会権　⑩経済的自由権　⑪人身の自由　⑫精神的自由権
　⑬人身の自由　⑭社会権　⑮人身の自由　⑯精神的自由権
　⑰参政権　⑱国務請求権　⑲社会権　⑳精神的自由権
2．（1）表現の自由、憲法21条1項
　（2）職業選択の自由（営業の自由）、憲法22条1項
　（3）選挙権、憲法15条1項（44条）
　（4）生存権、憲法25条1項（25条2項）
　（5）公平な裁判所の迅速な公開裁判を受ける権利、憲法37条1項
　（6）信教の自由、憲法20条1項
　（7）表現の自由（報道、取材の自由）、憲法21条1項
3．（1）①勤労の権利　②資本主義　③生存権　④教育を受ける権利
　（2）憲法29条
　（3）認められないであろう。生存権は、憲法の規定だけを根拠として権利の実現
　　　を裁判所に請求することのできる具体的な権利ではないと考えられている。
　（4）憲法27条2項で労働条件などについて法律で定める旨が規定されており、
　　　実際に労働基準法などが制定されている。よって、これらの労働関連の法律

に違反するような労働条件は認められるのであれば、Aは違法であると主張できる。また、憲法28条の規定する労働基本権により、団結権・団体交渉権・団体行動権が認められているため、労働条件の改善に向けて雇用主と交渉したり、ストライキなどの行動をしたりすることが可能である。

【16. 統治機構】

1. ①権力分立制（三権分立制も可）　②国会　③内閣　④裁判所　⑤濫用
2. ①発議　②総議員　③衆議院　④両議院　⑤参議院　⑥国会議員　⑦弾劾裁判所　⑧内閣　⑨内閣不信任決議案　⑩内閣信任決議案　⑪解散　⑫総辞職
3. （1）○　（2）×　（3）○　（4）○　（5）×　（6）×　（7）×　（8）○
4. ①4　②解散　③6　④4　⑤25　⑥30　⑦465　⑧289　⑨176　⑩242　⑪146　⑫96
5. Ⓐ国会議員　Ⓑ文民　Ⓒ天皇　Ⓓ国会　Ⓔ首長　Ⓕ任命　Ⓖ内閣総理大臣が自由に　Ⓗ内閣総理大臣　Ⓘ国会議員
6. （1）○　（2）×　（3）○　（4）○　（5）×
7. （1）普通地方公共団体
   （2）都に置かれる区のこと
   （3）議会、長、議会の議員。長と議会の議員を、住民が直接選挙する。
8. （1）☞ 16-1-3
   （2）☞ 16-2-6 の（2）
   （3）☞ 16-2-6 の（3）
   （4）☞ 16-3-4 の（1）
   （5）☞ 16-3-5
   （6）☞ 16-4-2
   （7）☞ 16-4-1 の（2）
   （8）☞ 16-4-1 の（3）
   （9）☞ 16-5-1

【Part 3　実力確認問題】

問題1　正解4　☞ 13-2
　　選択肢4　×　憲法の目的は、人権の保障であり、限界を画すことにあるのではない。
問題2　正解3　☞ 13-3-1、14-2-2
　　選択肢3　×　公共の福祉に適合しているか否かの判断は非常に不明確なため、それだけを判断基準とするのは不十分である。個々の人権制限の法律の具体的状況を検討して判断していく必要がある。
問題3　正解4　☞ 15-1-1 の（1）
　　選択肢1～3　×　1～3の例（屋外広告、犯罪や違法性を実行させる目的でなされる表現、名誉毀損表現）も、一応は憲法21条の表現として保護の対象である。その上で、それらの表現の制限が合憲であるかどうかが判断されること

になるのである。

問題4　正解4　☞7-4、14-3

　選択肢4　×　自由権が「国家からの自由」、国家の不作為を求める人権なのに対して、社会権は「国家による自由」、国家の作為を求める人権である。したがって、前提となっている国家の役割は正反対である。

【18. 人および物】

1．①自然人　②権利能力　③行為能力　④無効　⑤制限行為能力者　⑥取消し　⑦親権者

2．①社団　②財団　③営利法人　④財産　⑤定款

3．①有体物　②不動産　③動産　④主物　⑤従物　⑥果実　⑦天然果実　⑧法定果実

【19. 法律行為（1）】

1．①法律行為　②契約　③合同行為　④単独行為

2．①意思表示　②効果意思（内心的効果意思）　③意思の欠缺（意思の不存在）
　④瑕疵ある意思表示（意思表示の瑕疵）　⑤心裡留保
　⑥通謀虚偽表示（虚偽表示）　⑦錯誤　⑧強迫　⑨詐欺
　Ⓐa　Ⓑb　Ⓒb　Ⓓb　Ⓔb

【20. 法律行為（2）】

1．①代理権　②顕名　③任意　④法定　⑤意思
　⑥復代理　⑦追認　⑧無権代理人　⑨表見代理　⑩代理権授与表示
　⑪正当事由／正当理由

2．①（a）　②心裡留保　③通謀虚偽表示　④公序良俗　⑤錯誤
　⑥制限行為能力者　⑦遡及効（「遡及的無効」も可）　⑧追認
　⑨催告　⑩法定追認　⑪追認可能　⑫時効　⑬（b）
　（A）詐欺、強迫

【21. 期間の計算・事項】

①取得時効　②消滅時効　③援用　④当事者　⑤時効完成の障害　⑥時効完成の猶予　⑦時効の更新

【22. 物権法と債権法】

1．①物権　②債権　③物権法定主義　④契約自由（私的自治、法律行為自由でも可）
　Ⓐイ　Ⓑイ　Ⓒア　Ⓓア　Ⓔイ　Ⓕア　Ⓖア　Ⓗア

2．①所有権　②占有権　③用益物権　④地上権　⑤永小作権　⑥地益権　⑦入会権
　⑧質権　⑨抵当権（⑧⑨は順不同）　⑩留置権　⑪先取特権（⑩⑪は順不同）

3．①意思主義　②登記　③引渡し　④現実の引渡し　⑤簡易の引渡し　⑥占有改定
　⑦指図による占有移転　⑧善意取得（即時取得も可）　⑨公信力（④から⑦は順不

同）　Ⓐイ　Ⓑイ

4.（1）①約定債権　②法定債権　③債務不履行　④履行不能　⑤履行遅滞　⑥不完全履行　⑦損害賠償請求権　⑧解除権　⑨帰責事由　⑩過失責任

（2）①申込み　②承諾　③同時履行の抗弁権　④危険負担　⑤典型契約

5.①損害賠償　②過失責任の原則　③結果回避義務　④積極的損害　⑤消極的損害　⑥因果関係　⑦責任能力　Ⓐイ　Ⓑイ

6.（1）○　（2）×「つねに」ではない　（3）×　履行期まで待つ必要はない

（4）×　履行期を過ぎれば催告の必要はない（☞21-3-3）

【23. 親族法と相続法】

1.①血族　②配偶者　③姻族　④法律婚　⑤事実婚　⑥養親子　⑦嫡出子　⑧嫡出子　⑨養親子　⑩有責配偶者

2.①死亡　②配偶者　③血族　④子　⑤代襲相続　⑥直系尊属　⑦兄弟姉妹　⑧特別受益　⑨寄与分　⑩具体的相続分　⑪自筆証書遺言　⑫公正証書遺言　⑬秘密証書遺言（⑩～⑫順不同）　⑭遺贈　⑮遺留分侵害額

【Part 4　実力確認問題】

問題1　正解3　☞18-1-2（1）および民法3条2項

問題2　正解1　☞18-1-2（3）および民法9条ただし書き、同10条参照

問題3　正解3　☞18-3-2

問題4　正解2　☞19-2-2～19-2-5

問題5　正解4　☞19-2-4　4の過失→「重」過失

問題6　正解2　☞20-1-1　2「本人の名を明示」→「本人のためにすること」

問題7　正解2　☞20-2-1、20-2-2　3「相手方」は取消権者になれない（121条）

【25. 刑法の基本構造／罪刑法定主義】

1.①犯罪　②刑罰（①②は順不同）　③罪刑法定　④慣習　⑤遡及　⑥絶対的　⑦類推

2.第1編（「総則」）および第2編（「罪」）から成り立っている。

3.刑罰を科すためには、犯罪と刑罰をあらかじめ法律で定めなければならないとする原則のこと。

【26. 犯罪の成立要件（1）】

1.①構成要件　②違法　③有責　④正当行為　⑤正当防衛　⑥緊急避難　⑦正当防衛（④～⑥は順不同）

Ⓐ㋐　Ⓑ㋒

（a）阻却事由

2.①殺人罪（刑法199条を参照）　②窃盗罪（刑法235条を参照）　③傷害罪（刑法204条を参照）

３．犯罪にならない。なぜなら、正当防衛が適用され、違法性が阻却されるからである。

【27. 犯罪の成立要件（２）】

１．①14　②故意　③過失
　　Ⓐ㋐　Ⓑ㋑　Ⓒ㋐
　　（ａ）心神喪失　（ｂ）しんしんこうじゃく
２．構成要件該当性、違法性、責任
３．処罰することはできない。なぜなら、Ｘには過失もなく、結果に対する責任を問える状況ではなかったからである。

【28. 犯罪の特殊な形態──未遂犯と共犯】

１．①既遂　②未遂　③予備　④実行の着手（実行行為でも可）　⑤不能犯　⑥自己の意思　⑦共同正犯　⑧教唆　⑨幇助
　　Ⓐ㋑　Ⓑ㋐　Ⓒ㋐　Ⓓ㋑
　　（ａ）阻却事由　（ｂ）減軽
２．（１）未遂および予備。未遂については、刑法112条が、「第百八条及び第百九条第一項の罪の未遂は、罰する」と規定している。予備については、刑法113条本文が、「第百八条又は第百九条第一項の罪を犯す目的で、その予備をした者は、二年以下の懲役に処する」と規定している（ただし、情状により、その刑が免除されることもある）。
　　（２）未遂。刑法132条が、「第百三十条の罪の未遂は、罰する」と規定している。
　　（３）未遂。刑法250条が、「この章の罪の未遂は、罰する」と規定しており、この章の罪（第37条「詐欺及び恐喝の罪」）のなかに、詐欺罪（刑法246条）は含まれている。
　　（４）なし。

【Part 5　実力確認問題】

　　問題１　正解４ ☞ 25-2、4-5-2
　　問題２　正解３ ☞ 26-2-3、26-3-2、27-2-3
　　問題３　正解２ ☞ 26-2-2
　　問題４　正解４ ☞ 26-3。正当防衛と緊急避難の違いに注意すること。
　　問題５　正解２ ☞ 28-2
　　問題６　正解４ ☞ 28-4

判 例 索 引

法 令 索 引

事 項 索 引

■執筆者紹介（執筆順、＊は編者）

＊石山文彦（いしやま・ふみひこ）
　1961 年生まれ。東京大学大学院法学政治学研究科博士課程修了。法哲学専攻。中央大学法学部教授。「『逆差別論争』と平等の概念」（森際康友・桂木隆夫編『人間的秩序──法における個と普遍』木鐸社、1987 年）、「言語政策と国家の中立性」（井上達夫・嶋津格・松浦好治編『法の臨界Ⅲ　法実践への提言』東京大学出版会、1999 年）、「多文化主義理論の法哲学的意義に関する一考察──ウィル・キムリッカを中心として（一）～（六）」（『国家学会雑誌』第 113 巻第 1・2 号、第 7・8 号、第 11・12 号、第 114 巻第 3・4 号、第 9・10 号、115 巻 9・10 号、2000～2002 年）、他。
【担当】　0

吉永圭（よしなが・けい）
　1979 年生まれ。東京大学法学部卒業。法哲学・法思想史専攻。大東文化大学法学部教授。『近代法思想史入門──日本と西洋の交わりから読む』〔共著〕（法律文化社、2016 年）、「ヴィルヘルム・フォン・フンボルトにおける自然法」（『ドイツ文学』第 152 号、2016 年）、「自由はなぜ正当化されるのか」（『論究ジュリスト』第 22 号、2017 年）、「法哲学のススメ──懐疑の効用」（『法学教室』2018 年 9 月号、2018 年）、「小野清一郎における法思想と仏教思想」（『大東法学』第 29 巻第 1 号、2019 年）、他。
【担当】　1、6、9-1、9-6、10-1、10-2、10-9

山本裕子（やまもと・ひろこ）
　1967 年生まれ。横浜国立大学大学院国際開発研究科博士課程後期修了。経済法専攻。大東文化大学法学部教授。『アメリカ国際商取引法・金融取引法』〔共訳〕（レキシスネキシス・ジャパン、2007 年）、「エクイタブル生命の経営危機と英国保険監督制度改革」（『横浜国際経済法学』）第 18 巻第 3 号、2010 年）、『企業・消費者・政府と法──消費生活と法』〔共著〕（放送大学教育振興会、2011 年）、「景品表示法改正による課徴金制度の導入が保険業に与える影響」（『損害保険研究』第 78 巻第 3 号、2016 年）、他。
【担当】　2、9-2、9-3、10-5、10-7、11-1、11-3、11-9、付録 1

＊堀川信一（ほりかわ・しんいち）
　1976 年生まれ。一橋大学大学院法学研究科博士後期課程修了。民法専攻。大東文化大学法学部教授。「莫大損害の史的展開(1)～(3)──その法的性質と要件・効果の結びつきを中心に」（『一橋法学』第 3 巻第 2 号、第 3 号、第 4 巻第 1 号、2003～2004 年）、「遺言の解明的解釈の方法と限界について──ドイツ法における示唆理論を参考に」（『大東法学』第 18 巻第 2 号、2009 年）、「暴利行為論における利得者側の主観的要件について──ドイツにおける議論を参考に」（『大東法学』第 19 巻第 1 号、2009 年）、「原因関係の無い振込みと振込依頼人の保護法理」（小野秀誠ほか編『松本恒雄先生還暦記念民事法の現代的課題』商事法務、2012 年）、他。
【担当】　3、4、9-7、10-6、10-8、11-2、11-7、11-8、17、19、20-2、20-3、22-2、23-2

＊山本紘之（やまもと・ひろゆき）
　1978 年生まれ。中央大学大学院法学研究科博士後期課程単位取得退学。刑法専攻。大東

文化大学法学部教授。「刑法における法の同化の必要性と限界」（髙山佳奈子／カール・リーゼンフーバー編『Rechtsangleichung: Grundlagen, Methoden und Inhalte ＝法の同化、その基礎、方法、内容』（De Gruyter Recht, 2006)、「過失犯における情報収集義務について——危惧感説との関連を中心に」（『法学新報』第112巻第9・10号、2006年）、「意図・目的概念についての一考察——ジェノサイドにおける解釈を中心として」（『大東法学』第18巻第1号、2008年）、他。

【担当】 5、10-3、24、25、26、27、28、29、付録2

河野良継（こうの・よしつぐ）

1971年生まれ。大阪大学大学院法学研究科博士後期課程修了。法社会学・比較法文化論専攻。大東文化大学法学部教授。「責任意識の制度化と近代化についての一考察（上）（下）」（『阪大法学』第50巻第4号、第6号、2000〜2001年）、「平均的消費者とは何者か（average consumer）？——英国におけるEU不公正取引手段指令国内法化をめぐる議論を参考に」（『大東法学』第16巻第2号、2007年）、「英国私法におけるReasonablenessの思考——英国・「合理人」（Reasonable Person）の法文化・試論」（角田猛之・石田慎一郎編『グローバル世界の法文化——法学・人類学からのアプローチ』福村出版、2009年）、他。

【担当】 7、8、12、13、14、15、挿絵。

松原孝明（まつばら・たかあき）

1975年生まれ。上智大学大学院法学研究科博士後期課程単位取得退学。民法（とくに不法行為法）専攻。大東文化大学法学部教授。「医療過誤訴訟における期待権侵害と行為態様評価について」（磯部哲・佐藤雄一郎編『医と法の邂逅第3集』尚学社、2018年）、『看護医療を学ぶ人のためのよくわかる関係法規』[編著]（学研メディカル秀潤社、2019年）、『民法入門Ⅰ民法総則』[共編著]（尚学社、2020年）、他。

【担当】 9-4、9-5、10-4、11-4、11-5、11-6、18-1、21、22-2-4

森　稔樹（もり・としき）

1968年生まれ。早稲田大学大学院法学研究科博士後期課程退学。行政法・租税法・財政法専攻。大東文化大学法学部教授。「地方目的税の法的課題」（『日税研論集』第46号、2001年）、「ドイツの地方税財源確保法制度」（日本財政法学会編『地方税財源確保の法制度（財政法叢書20)』龍星出版、2004年）、「地方税立法権」（日本財政法学会編『地方財政の変貌と法（財政法講座3)』勁草書房、2005年）、『演習ノート租税法』[共著]（法学書院、2007年〔初版〕、2008年〔補訂版〕、2013年〔第3版〕）、『新基本法コメンタール地方自治法』[共著]（『別冊法学セミナー』No. 211、日本評論社、2011年）、『税金のすべてがわかる現代税法入門塾[第8版]』[共著]（清文社、2016年）、「租税法における行政裁量」（『日税研論集』第65号、2014年）、「格差是正と租税法制度——日本およびドイツにおける議論を踏まえての序説的検討」（日本租税理論学会編『格差是正と税制（租税理論研究叢書24)』法律文化社、2014年）、「税源の偏在と地域間格差——地方法人税法（平成26年3月31日法律第11号)（地方自治関連立法動向研究1)」（『自治総研』434号、2014年）、「2015（平成27）年度税制改正の概要と論点——地方税制の重要問題を中心に」（『自治総研』440号、2015年）、他。

【担当】16

山口志保（やまぐち・しお）
1964 年生まれ。東京都立大学社会科学研究科基礎法学博士課程単位取得退学。民法契約法・消費者法専攻。大東文化大学法学部教授。「合意の意義の歴史的展開——『信義則』と『誠実交渉義務』の対比において⑴〜⑶」（『東京都立大学法学会雑誌』第 39 巻第 2 号、第 40 巻第 1 号、第 2 号、1999〜2000 年）、「裁判例からみた不動産仲介契約の報酬請求権の発生——交渉責任序説」（『三重法経』第 113 号、2000 年）、「アメリカ契約法における約束的禁反言の位置づけ」（『大東法学』第 52 号、2008 年）、他。
【担当】18-1、18-2、20-1、23-1

ウォーミングアップ法学［第2版］

2010 年 5 月 15 日　初　版第 1 刷発行
2020 年 3 月 31 日　初　版第11刷発行
2021 年 3 月 31 日　第 2 版第 1 刷発行
2024 年 3 月 1 日　第 2 版第 3 刷発行

（定価はカヴァーに表示してあります）

	石山文彦
編　者	山本紘之
	堀川信一
発行者	中西　良
発行所	株式会社ナカニシヤ出版

〒606-8161 京都市左京区一乗寺木ノ本町 15 番地
TEL 075-723-0111　FAX 075-723-0095
http://www.nakanishiya.co.jp/

装幀＝宗利淳一デザイン
印刷・製本＝創栄図書印刷

立法学のフロンティア

井上達夫・西原博史・井田良・松原芳博 編

現代日本の立法システムが大きく変動するなかで、民主社会において「より良き立法」はいかにして可能か。立法の改善のための的確な指針を提示しうるための、立法学の再構築を目的とした、学際的な協働の試み。

全三冊 各三八〇〇円＋税

ロールズを読む

井上彰 編

「正しい社会」のあり方をめぐる問いに正面から向き合い、人文・社会科学に多大な影響を与え続けるロールズ正義論。規範理論と経験科学の接点に着目しながら、その全貌を明らかにする決定版。

三八〇〇円＋税

ヨーロッパのデモクラシー
[改訂第2版]

網谷龍介・伊藤武・成廣孝 編

欧州29ヵ国とEUの最新の政治状況を概観する決定版。民主主義の赤字、移民とポピュリズム、新自由主義、福祉国家の危機等、デモクラシーをめぐる様々な困難に、欧州各国はどのように立ち向かおうとしているのか。

三六〇〇円＋税

入門 政治学365日

中田晋自・松尾秀哉・臼井陽一郎・金敬黙・平賀正剛 編

入門講義、基礎ゼミから公務員試験対策まで、この一冊で完全フォロー！入学式から最終ゼミ合宿まで、一年間の学生生活の流れに沿って、政治学と国際政治の基礎を楽しみながら学んでいこう。

二三〇〇円＋税